Carl Gebhardt

Schopenhauer und Brockhaus

Zur Zeitgeschichte der >Welt als Wille und Vorstellung<

SEVERUS

Gebhardt, Carl: Schopenhauer und Brockhaus. Zur Zeitgeschichte der >Wel
als Wille und Vorstellung<
Hamburg, SEVERUS Verlag 2013
Nachdruck der Originalausgabe von 1926

ISBN: 978-3-86347-420-1
Druck: SEVERUS Verlag, Hamburg, 2013

Der SEVERUS Verlag ist ein Imprint der Diplomica Verlag GmbH.

Bibliografische Information der Deutschen Nationalbibliothek:
Die Deutsche Nationalbibliothek verzeichnet diese Publikation in der Deutschen Nationalbibliografie; detaillierte bibliografische Daten sind im Internet über http://dnb.d-nb.de abrufbar.

Schopenhauer und Brockhaus

Zur Zeitgeschichte der »Welt als Wille und Vorstellung«

★

Ein Briefwechsel
herausgegeben von
Carl Gebhardt

Mit Bildern und Dokumenten
aus dem Schopenhauer-Archiv

SEVERUS

Schopenhauer zur Zeit der Vollendung des ersten Bandes der »Welt als Wille und Vorstellung« (1818/19).

Oelbild von Ludwig Sigismund Ruhl. Schopenhauer-Archiv, Frankfurt a. M., Stadtbibliothek.

Die Briefe, die hier, in einem beträchtlichen Teil zum ersten Male, aus der Verborgenheit eines Verlagsarchivs der Öffentlichkeit übergeben werden, haben im Grunde nur die Geschichte eines Buches zu ihrem Gegenstand. Das Buch, um das es sich handelt, hat sich, nachdem es mehr als ein Menschenalter lang verkannt und verborgen war, als eines der lebendigsten und erzieherischsten der philosophischen Weltliteratur erwiesen. Darum hat die Öffentlichkeit auch ein Recht, die Geschichte dieses Buches zu erfahren. Sie beginnt mit dem selbstbewußten Angebot eines jungen Gelehrten und der wagemutigen Annahme eines weitblickenden Verlegers und führt über menschliche Mißhelligkeiten, über Enttäuschungen und Hoffnungen zu einem philosophischen und buchhändlerischen Erfolg ohnegleichen. Man hätte wohl die Dokumente für sich sprechen lassen können, hätte man einer historischen Betrachtung genügen wollen, die darauf ausgeht, festzustellen, was ist. Die philosophische Betrachtung aber muß über die Zurückführung auf die Tatsächlichkeit des Geschehens hinaus nach Gesetzmäßigkeit und wirkender Kraft in allen ihren Gegenständen fragen. So schien es angebracht, dem Entstehungsgrund des Buches, den Gründen für Mißerfolg, erneuten Versuch, Fehlschlag und schließlichen Triumph nachzugehen. In diesem Sinne mußte die philologische Aufgabe einer Textedition sich zur philosophischen Aufgabe der Einordnung in die Zeitgeschichte notwendig erweitern.

Die Briefe, die hier zum erstenmal in extenso veröffentlicht sind, nachdem sie im Auszug schon in der Lebensgeschichte von Friedrich

Arnold Brockhaus (1876) und in der Geschichte des Verlags (1905) verwertet worden waren, befinden sich mit geringen Ausnahmen urschriftlich im Verlagsarchiv der Firma F. A. Brockhaus, deren Ruhmestitel es ist, Schopenhauers »Welt als Wille und Vorstellung« 1818 zum erstenmal, 1844, durch den Mißerfolg ungeschreckt, zum zweitenmal dem deutschen Volk dargeboten zu haben. Die Briefe, die Schopenhauer von Brockhaus erhielt, hat er wohl in der Regel nicht aufbewahrt; nur zwei Briefe, der erste, der ihm die Annahme des Verlagsangebotes mitteilte, und ein späterer, der den Mißtrauischen mit herbem Tadel zurückwies, haben sich in seinem Nachlaß gefunden und sind wohl durch den Testamentsvollstrecker an die Firma F. A. Brockhaus zurückgegeben worden. So mußte der Briefwechsel, soweit Friedrich Arnold Brockhaus und die Firma F. A. Brockhaus als Korrespondenten in Frage kommen, nach Möglichkeit aus den Kopierbüchern der Firma wiederhergestellt werden. (Die Briefe wurden in diplomatisch-getreuem Abdruck nach den Quellen wiedergegeben, wobei nur das m̄ und n̄ in mm und nn aufgelöst wurde, während die Schopenhauersche Ligatur ß beibehalten blieb.)

Dem Bestreben, die »Welt als Wille und Vorstellung« in ihrer Zeitgeschichte erscheinen zu lassen, mögen auch die Reproduktionen dienen, die den Text begleiten und die wertvolles bildliches Material zum erstenmal der Öffentlichkeit zugänglich machen. Faksimiles zeigen den ersten Brief Schopenhauers an Brockhaus mit dem Verlagsangebot, den Entwurf zum Verlagsangebot der zweiten Auflage der »Welt als Wille und Vorstellung« (auch dieser Entwurf ist aus dem Nachlaß Schopenhauers an die Firma Brockhaus gekommen), ferner das Titelblatt der ersten Auflage und die erste Manuskriptseite des zweiten Bandes der »Welt als Wille und Vorstellung« (das Manuskript des ersten Bandes ist nicht erhalten). Eine zeitgenössische Zeichnung von Vogel von Vogelstein gibt Friedrich Arnold Brockhaus wieder. Vier weitere Abbildungen zeigen Schopenhauer in den Jahren, die für die Geschichte der

»Welt als Wille und Vorstellung« entscheidend waren: das Ölbild Ruhls den jugendlichen Autor des Buches (1818/19), das Daguerreotyp vom 3. September 1842 den Philosophen in der Zeit, da er den zweiten Band vollendete, das Lunteschütz-Porträt von 1857 (es ist das dritte, das der französische Maler, der Schopenhauers Tischgenosse war, von ihm gefertigt hat, und seine Vorbesitzer sind Lindner und Grisebach gewesen) zeigt Schopenhauer in der Zeit, da er die dritte Auflage der »Welt als Wille und Vorstellung« vorbereitete, die Büste der Elisabeth Ney gibt Schopenhauer „am Ende seiner Bahn" und überliefert uns zugleich das einzige Profil, das wir von ihm besitzen. So zeigen diese vier Bilder, noch nicht oder noch nicht genügend bis heute reproduziert, einen ungekannten Schopenhauer und lassen uns ein ganzes Leben hindurch die „ungeheure Gedankenarbeit" verfolgen, als deren Ergebnis die »Welt als Wille und Vorstellung« in ihren beiden Bänden vor uns liegt.

I.

Die Veröffentlichung der »Welt als Wille und Vorstellung«

Die historische Einordnung der Philosophie Arthur Schopenhauers ist dadurch erschwert, daß das tragende Hauptwerk dieser Philosophie, die »Welt als Wille und Vorstellung«, im zweiten Jahrzehnt des 19. Jahrhunderts entstanden, aber erst im sechsten Jahrzehnt zur Geltung gelangt ist. Geformt in einer Zeit, da die Klassik Goethes, Schillers, Herders in ihrem Zenit stand und die Romantik der Schlegel, Tieck, Novalis im Aufstieg war, hat Schopenhauer selbst eine Zeit mitgeformt, die noch mannigfach in unsere Gegenwart hineinragt. Sieben Jahre vor seiner Geburt war die »Kritik der reinen Vernunft« erschienen; Fichte ist ihm im Leben um 26 Jahre, Hegel um 18, Schelling um 13 Jahre voraufgegangen; Friedrich Nietzsche war sechzehnjährig, als Schopenhauer starb. Gerade dieses Zeitüberbrückende der Philosophie Schopenhauers nötigt aber denjenigen zur Frage nach ihrer Zeitbestimmtheit, der in der Zeit nicht eine Folge gleichgültiger Jahreszahlen, sondern eine lebendig formende Kraft erblickt.

Wer den Versuch unternimmt, einen schöpferischen Menschen aus der geistigen Form seiner Zeit heraus zu verstehen, ist sich von vornherein dessen bewußt, daß Zugehörigkeit nicht Abhängigkeit bedeutet. Ist die „Wahrheit die Tochter der Zeit" und „Philosophie eine Zeit in Gedanken", so wäre der Philosoph, in dem nicht die Schöpferkraft seiner Zeit lebte, der nicht die Symbole seiner Zeit bildete, ein gleichgültiges Produkt des Zufalls, gemacht, nicht geworden. Schopenhauer wäre für uns ohne Belang, wenn nicht ein Zeitbewußtsein aus ihm spräche. Ewig ist nur, was zeitlich ist. „Jeder Lotus hat seinen Stengel."

1*

Nun ist Schopenhauer schon zweimal mit der Romantik in Zusammenhang gesehen worden, doch in beiden Malen in einem zu sehr materiell bedingten Zusammenhang. Windelband möchte in seiner »Geschichte der neueren Philosophie« das System Schopenhauers als ein „glänzendes Mosaik" aus den Grundgedanken der nachkantischen Entwicklung erklären. Sodann hat Joel im Anhang seines Buches über »Nietzsche und die Romantik« zahlreiche Belegstellen aus romantischen Dichtern gesammelt, aus denen die Verwandtschaft mit den Schopenhauerschen Gedankengängen erhellt. In beiden Fällen ist aber der im eigentlichen Sinne erst philosophische Versuch, Schopenhauers Lehre aus ihrem Einheitspunkt her zu fassen und diesen als den Einheitspunkt des romantischen Denkens aufzuweisen, in keiner Weise unternommen. Übereinstimmungen können Zufälligkeiten der Peripherie sein. Die Zugehörigkeit kann nur im Zentrum liegen.

Romantik ist mehr als der Zeitstil, der von 1800 bis 1830 in Deutschland herrschte und in einer bestimmten Dichterschule seinen sichtbarsten Ausdruck fand. Sie bedeutet über ihre Erscheinung im Anfang des 19. Jahrhunderts hinaus eine bestimmte Einstellung zu den Weltproblemen, genauer ein bestimmtes Weltgefühl, das in wiederholten Zeitperioden zur Herrschaft gelangt ist. Sein Widerspiel mögen wir, auch hier die Terminologie der deutschen Geistesgeschichte entlehnend, die Klassik nennen. Es ist schwer, die beiden Weltgefühle, Romantik und Klassik, wie sie im Rhythmus der Entwicklung sich ablösen, auf eine begriffliche Formel zu bringen, weil sie von den jeweils aktuellen Zeitproblemen her ihre Ausprägung erhalten. Vielleicht offenbart ihr Wesen sich der reinen Erkenntnis am klarsten in der Art, wie das eine und das andere Lebensgefühl das abstrakteste Weltproblem, das Problem des Raumes, faßt.

Für die Klassik ist der geformte, begrenzte Raum absoluter Wertbegriff, für die Romantik der formlose, unendliche. Der Klassik ist die Unendlichkeit ein Un-Wert, unerträglich ihrem Gefühl, die Romantik negiert die Grenzen, zersprengt die Form. Der Klassik ist das Unbegrenzte ein μὴ ὄν, ein Jenseits-der-Welt, der Romantik ist Welt und Unendlichkeit eines. Es gibt Klassik und Romantik, wo es Menschengeist gibt, in Kunst, Philosophie, Religion, Mathematik, Politik, Wirtschaft. Die Antike beginnt in der Formung der Vorsokratiker, verkündet das πέρας, die Grenze als Wert, und die Welt ist ihr „gleich dem Ringe der wohlgeründeten Kugel", und sie endet in der Entformtheit, dem ἄπειρον plotinischer Emanationen. Das Mittelalter beginnt mit der Statik romanischer Dome und dem Realismus der Universalien, und es endet in der Formauflösung des Flamboyant und des Nominalismus. Die Renaissance ist Form, Statik, Klassik, perfectio und finitio sind ihre Wertbegriffe; Michelangelo zerschlägt die Form, und das Weltgefühl des Barock strebt ins Unendliche. Im Wechsel herrscht das Gesetz.

Menschen, in deren Leben die Geschichte sich vollzieht, haben Schicksale. Wer die Pforten eines neuen Jahrhunderts öffnet, ist Schicksal: Michelangelo war das Schicksal der Renaissance (wie in unsern Tagen im umschriebenen Bezirk bildender Kunst van Gogh das Schicksal des Impressionismus). Das Schicksal deutscher Klassik wurde Kant.

Die Philosophie Kants ist nicht ein System unter Systemen, eine der vielen möglichen Weltdeutungen, die man prüft, vergleicht, annimmt oder verwirft. Sie ist Erschütterung jeder Selbstsicherheit, macht Epoche in dem, der zu erleben fähig ist, so wie die erste Liebe oder der erste Tod. Sie war die große Erschütterung ihrer Zeit. So hat Heinrich von Kleist sie empfunden: „Wir können nicht entscheiden, ob das, was wir Wahrheit nennen, wahrhaft Wahrheit ist, oder ob es uns nur so scheint. Wenn die Spitze dieses Gedankens dein Herz nicht trifft, so lächle nicht über einen andern, der sich tief in seinem heiligsten Innern davon verwundet fühlt. Mein einziges, mein höchstes Ziel ist gesunken, und ich habe nun keines mehr." Kant hat die Geformtheit einer objektiven Welt vernichtet, um die subjektive Formung eines nur seiner formalen Gesetzmäßigkeit, nicht seines materiellen Resultates sicheren Intellekts dafür einzusetzen. Funktion wurde, was Gegenstand gewesen. „Weh! Weh! Du hast sie zerstört, die schöne Welt, mit mächtiger Faust; sie stürzt, sie zerfällt! Ein Halbgott hat sie zerschlagen! Wir tragen die Trümmer ins Nichts hinüber und klagen über die verlorene Schöne." Die geformte, begrenzte Welt der Klassik sank vor dem Hammer der Vernunftkritik, und über der Trümmerstätte wölbt sich die Unendlichkeit der Romantik.

„In deinem Busen baue sie auf!" Die Philosophie der Romantik unternimmt den Versuch, die neue Welt aus der Subjektivität aufzubauen. Fichte erklärt die Funktion zum Grundprinzip: nicht mehr ein Sein, geformt, in sich geschlossen, ist die Welt, sondern ein Tun des Tuns, Tathandlung an Stelle der Tatsache. Und weil das Streben seiner Natur nach ins Unendliche geht, ist diese Welt Unendlichkeit: Philosophie der Romantik.

Schelling hat aus dem Prinzip das System gemacht. Seiner Freiheitslehre bedeutet Urgrund alles Seins der Wille, nicht mehr ein vernünftiger, die Sittlichkeit konstituierender Wille, in dem noch irgendwie die Gesetzlichkeit der praktischen Vernunft nachlebt, sondern der Urgrund und Abgrund Böhmescher Mystik, der dunkle, unbewußte Wille: „Es gibt in letzter Instanz gar kein anderes Sein als Wollen." Dieses Sphinxwort der Romantik hat in solcher Unbedingtheit neben Schelling niemand ausgesprochen außer der Frau, die mit den feinsten Sinnen das Geheimnis ihrer Zeit erfühlt: Rahel.

Die Weltdeutung Schellings, die wir pantheletisch, nicht pantheistisch, nennen mögen (denn sein πᾶν ist fürwahr kein θεῖον), birgt doppelte Problematik.

Das erste Problem ist dieses: Wie wird der Wille, der dunkle, unbewußte Grund des Seins, seiner selbst inne? Die Antwort, die Schelling der Frage gibt, lautet: durch Selbstanschauung des Absoluten, indem er den von Kant im Jenseits der Erfahrung gelassenen Begriff einer intellektuellen Anschauung in den an der Grenze des Rationellen und Irrationellen liegenden Begriff der Intuition umbiegt. Der diese Intuition zu letzter Anschaulichkeit steigert, ist der Künstler, der ja „das eigene Selbst zu aller Selbst erweitert", der im Kunstwerk eine „zur vollkommenen Ausgestaltung gelangte Erscheinung der absoluten Welteinheit" schafft. Die Kunst wird zum höchsten Organon der Philosophie, das philosophische System zum Weltgedicht: Romantik.

Das zweite Problem: Wie geht aus dem ἓν καὶ πᾶν des Willens die Vielheit der Erscheinungswelt hervor? Gegen diese Crux jeder Alleinheitslehre ruft Schelling den Platonismus zu Hilfe: die Ideen Platons dienen als principia individuationis, ordnen die Vielheit zu Einheiten, zerlegen die Einheit in ein System der Pluralitäten.

Schopenhauer hat, da seine Gedankenwelt im Werden war, die Einwirkung Schellings erfahren, dessen Werke er teils der Weimarer und der Göttinger Bibliothek entlieh, teils selbst erwarb und, wie die Bände der Gwinnerschen Bibliothek beweisen, genau studierte. (Zu den »Ideen zu einer Philosophie der Natur« schrieb er: „In diesem Aufsatz ist überhaupt viel Gutes und Wahres", was er später abänderte in: „ist überhaupt lauter Fichtianismus".) Er hat bei dem Anathema über die drei großen Nachkantianer stets einen Vorbehalt zugunsten Schellings gemacht, anerkannt, daß er „die Auffassung der Natur wesentlich verbessert und gefördert", von seinen „some merits" gesprochen und es entrüstet als Lüge zurückgewiesen, daß er ihn je einen Unsinnschmierer genannt. Die Erkenntnis der Welt als einer Willenswelt, die in der Intuition sich offenbart, mittels der Ideen sich in die Erscheinungsvielheit zerlegt, hat Schopenhauer mit Schelling gemein.

Schopenhauers Stellung in dieser von Kant bestimmten (und an Goethe orientierten) Welt der Romantik ist keineswegs nur durch eine Einwirkung Schellings erklärt — mit Recht haben 1856 Hillebrand und Asher den Philosophen gegen den auch von Weiße erhobenen Vorwurf der Entlehnung aus Schelling verteidigt, denn Schopenhauer ist schöpferisch, nicht, wie Windelband ihn nehmen möchte, Vermittler im Stile Friedrich Krauses —, viel mehr erklärt sie sich unmittelbar durch das Erlebnis Kantscher Philosophie als das romantische Grunderlebnis.

In welcher Lage hatte Kant die Welt gelassen? Mit der geformten Welt sank der geformte Gott. Der Hammer des Alleszermalmers zerschlug die Beweise für Gottes Existenz. Der Protestantismus, blutleer, weil er zuviel der ratio in sich aufgenommen — keine Religion kann ungestraft auf den Mythos verzichten —, starb an dem Vakuum dieses zertrümmerten Zentralbegriffs. Mochten auch der gutgläubige Kant oder der Ironiker Hegel der Gottheit eine Zuflucht in der Welt der Allegorien, Schleiermacher in einer Gefühlswelt zuweisen, zum zweiten Male klang der Menschheit der Ruf, den der Schiffer an Siziliens Küste erschauernd gehört: „Der große Pan ist tot." Der erste, der den Mut hatte, zu sagen, was war, der die Tragik der entgotteten Welt gestaltet, ist Schopenhauer. Wilhelm v. Gwinner hat mit der tiefen Einsicht des wahrhaft religiösen Menschen, der nicht bereit ist, die Dogmen des Symbolums mit Allegorien zu tauschen, auf die „schreckliche Isolierung einer Welt ohne höheres Bewußtsein" gewiesen, und in der Tat ist der Schmerz der Welt ohne Gott der letzte Grund des Schopenhauerschen Pessimismus. Die Welt, die für die Klassik Form und Zielsetzung hatte, ist unendlich und ziellos geworden; sie hat ihren letzten Sinn verloren. Der Gott der Klassik, der Gott des Deismus als ihrer letzten religiösen Phase, war ein Bildnergott, der geformt einer geformten Welt gegenüberstand. In romantischer Unendlichkeit lebt jetzt nur ein unendlicher, sich selbst wollender, zur Selbstformung unfähiger, darum sehnender, leidender Wille. Schopenhauers Wahrheitsmut hat das Geheimnis der Zeit ausgesprochen; darum ist er der Philosoph der Romantik.

Erst von hier aus erhält Joels dankeswerte Belege-Sammlung Bedeutung und tieferen Sinn. Die Welt ist Traum, für Schopenhauer wie für die Romantiker, Novalis, Tieck, Friedrich Schlegel: das Unendliche, Ungeformte geht nicht ein in Form und Begrenzung, verdichtet sich nur gerade zur Halbform des Traumes, um in rastlosem Spiele sich selbst aufzulösen. So ist das Leben ein Traumspiel, Traumglaube und Magie seine Folge, Theater sein Symbol — für die Dichter wie für den Philosophen der Romantik. In der unendlichen Funktion des Subjekts ist allein das Wesen der Dinge, und der den Schleier der Göttin von Sais hob — „Aber was sah er? Er sah — Wunder des Wunders! sich selbst", kündet Novalis, und der Wille war ihm gleicherweise der „Grund der Schöpfung und das Ich in seinem unsterblichen Charakter". Für diesen Irrationalismus der Romantik ist der Verstand als das Sekundäre das Minderwerte: Philisterbegabnis; die aus dem Willenserlebnis gespeiste Intuition allein ist erkenntnisschaffend, und wer die Intuition zu Symbolen zu verdichten vermag, das Genie allein Deuter der Welt, wie denn, durchaus romantisch, für Schopenhauer die Kunst „das allein eigentlich Wesentliche der Welt, den wahren Gehalt ihrer Erscheinungen" gibt. Diese Welt aber ist die Welt der Unendlichkeit; darum kann nur die Kunst dem Lebensgefühl der Romantik adäquaten Weltausdruck bedeuten, die im eigentlichen Sinne Kunst der Unendlichkeit ist: die Musik. Die Plastik als die formgebende Kunst, als der eigentliche Ausdruck für das Lebensgefühl der Klassik, steht der Romantik am fernsten; nie aber ist Musik so gewertet worden als hier, da sie zum Abbild des Wesens der Welt wird. Aus der Unbefriedigung unendlichen Strebens quillt Leid. „Schmerz und Leben heißen beide. Beide sind sich nah verwandt", so greift Tieck den Grundakkord der Romantik, der bei Novalis und Schlegel weiterklingt und seinen vollsten Ausklang in einem von der Rahel weitergegebenen Worte findet (der Name Rahels begegnet bei Joel nicht): „Grabe nur tief genug, und unter aller Erde ist Wasser und unter allem Leben ist Leid." Und so wurde Leid der Romantik „das schnellste

Tier, das zur Vollkommenheit trägt". Das Ziel aber hat schon Novalis gewiesen: „die Selbstverbrennung der Illusion, die Selbstauflösung des Triebes".

In zwei Beziehungen zeigt sich Schopenhauers Verbundenheit mit der Romantik im Besonderen. Tieck ist der Dichter, der den Empfindungen seiner Jugend den Ausdruck verlieh, und Tiecks »William Lovell« ist in Deutschland die erste Dichtung des Weltschmerzes. Ihn führt Schopenhauer in den Briefen seiner Jugend an: „Wir stehen und jammern und fragen die Sterne, wer je unglücklicher gewesen als wir, indes hinter unserm Rücken schon die spottende Zukunft steht und über den vergänglichen Schmerz des Menschen lacht", und auf seinen „Liebling Tieck" beruft sich im Briefe an den Sohn die Mutter. Dann aber ist unter allen Kultur-Reproduktionen der Romantik eine für Schopenhauer von entscheidender Bedeutung geworden: die Wiedererweckung der Sprache und Weisheit der alten Inder. In Weimar hat ihn Friedrich Majer, der Autor des Werkes »Brahma oder die Religion der Inder«, in die religiösen und philosophischen Vorstellungen Indiens eingeführt, und im Frühjahr 1814 hat er Anquetil-Duperrons »Oupnekhat« studierte, das ihm sein Leben lang als Erbauungsbuch begleitete. Jener Pessimismus der Romantik, der dem Geschehen die Würde der Einmaligkeit nimmt, die allein Geschehen zur Geschichte macht, hat in der grundsätzlichen Geschichtslosigkeit des indischen Denkens seine Bestätigung gefunden.

Kant, Schelling, Platon und die Upanishaden: hier ist die romantische Tetraktys der Schopenhauerschen Philosophie.

Von 1814 bis 1818 hat Schopenhauer in Dresden sein System gebildet, seine »Welt als Wille und Vorstellung« geschrieben. Bei keinem andern Philosophen ist die Lehre so ausschließlich in ein einziges Buch eingegangen wie bei ihm. Alles, was er später verfaßt, nicht nur der zweite Band der »Welt als Wille und Vorstellung«, sondern auch die »Ethik« und der »Willen in der

Natur« und vollends die »Parerga und Paralipomena«, sind nur Erweiterungen, Ergänzungen, Bestätigungen des Hauptwerkes, das er in den vier schöpferischsten Jahren seines Lebens schuf. Es ist, als habe er sein Leben einströmen lassen in das Buch, in dem er sich äternisiert: das Schicksal des Buches ist das Schicksal seines Lebens geworden, und die Jahrzehnte, die er noch durchlebt, haben dem Dienst an diesem Buche gegolten. So weitet sich die Geschichte der »Welt als Wille und Vorstellung«, wie sie aus vergilbten Briefen aufsteigt, zur Geschichte dieses Lebens, zur Schicksalsfrage dieser Philosophie.

Wenn wir das Bild Schopenhauers uns vergegenwärtigen, sehen wir den Greis mit der überbreiten zahnlosen Lippenlinie und der stilisierten Löwenmähne, wie ihn die letzte Photographie festgehalten. Wir sollten den Dreißigjährigen sehen, der die »Welt als Wille und Vorstellung« geschaffen. Seine Schöpfung steigt vor ihm auf „wie aus dem Morgennebel eine schöne Gegend". Auf den weiten Spaziergängen ergeben sich ihm die Elemente seines Systems, „gewissermaßen ohne Zutun, strahlenweise wie ein Kristall zu seinem Zentrum convergierend zusammenschießend", und wie er aus der Orangerie heimkehrt, Blüten auf seinem Rocke und im Rausch des Schaffens, und seine Wirtin empfängt ihn mit den Worten: „Sie blühen, Herr Doktor!" da ruft er frohlockend aus: „Ja, wenn die Bäume nicht blühen, wie sollten sie Früchte tragen."

So hat ihn, zwei Menschenalter später, ein Jugendfreund geschildert, der Maler Ludwig Sigismund Ruhl (1794—1887): „Ich sehe dich noch im Geist unter all den Figuren auf der Brühlschen Terrasse, hinter deren Erdendasein Zeit und Vergessenheit auch die letzte Spur schon verwehte. Du stehst wieder vor mir, mit der blonden, von der Stirn aufstrebenden Phöbuslocke, mit der sokratischen Nase, mit den stechend sich dilatierenden Pupillen, aus denen zerschmetternde Blitze fuhren." Und so hat Ruhl den Autor der »Welt als Wille und Vorstellung« gemalt. Ein stahlblauer Himmel steht hinter dem Kopf, und eine Landschaft ist hinter der linken Schulter angedeutet in der Stimmung schöpferischen Gewitters, und das Bild scheint gesammelter Elektrizität voll. Sinnlich schwellen die Lippen des kleinen, vollen Mundes, aber die Augen schauen strahlend klar in eine unendliche Ferne.

Noch eine andere Schilderung stellt den Autor der »Welt als Wille und Vorstellung« vor unser Auge, wie er dem Kreise der Dresdener Literaten als „Jupiter tonans" erscheint, nicht geduldig, sich in die Schwächen der andern zu fügen, und ebensowenig gewillt, seinen Eigentümlichkeiten im mindesten zu entsagen. „In dieser Hinsicht war er unverkennbar ein wenig l'enfant gâté, von offenherziger Ehrlichkeit, gerade heraus, herb und derb, bei allen wissenschaftlichen und literarischen Fragen ungemein entschieden und fest, Freund wie Feind gegenüber jedes Ding bei seinem rechten Namen nennend, dem Witze sehr hold, oft ein wahrhaft humoristischer Grobian, wobei nicht selten der Blondkopf mit den blaugrauen funkelnden Augen, der langen Wangenfalte auf jeder Seite der Nase, der etwas gellenden Stimme und den kurzen, heftigen Gestikulationen mit den Händen ein gar grimmiges Aussehen gewann. Mit seinen Büchern und Studien lebte er fast gänzlich isolirt und ziemlich einförmig, suchte keine Freundschaft, schloß sich auch niemanden besonders an, sah sich aber bei seinen weiten und raschen Spaziergängen gern begleitet, unterhielt sich dabei sehr lebhaft über einzelne literarische Vorkommenheiten, wissenschaftliche Gegenstände, hervorragende Geister, besonders gern über Drama und Theater. Wer ihn liebenswürdig, anziehend, belehrend haben wollte, der mußte mit ihm allein spazierengehen."

Diese Schilderung ist für uns von Interesse nicht nur um des Geschilderten, sondern auch um des Schilderers willen. Es ist Ferdinand Leopold Karl Freiherr von Biedenfeld (1788—1862), aus Schopenhauers Leben dadurch bekannt, daß er bei der Veröffentlichung der »Welt als Wille und Vorstellung« sozusagen Pate stand, indem er die Beziehungen zwischen Schopenhauer und

…drich Arnold Brockhaus.

Bleistiftzeichnung von Karl Christian Vogel von Vogelstein.
Verlagsarchiv von F. A. Brockhaus, Leipzig.

Friedrich Arnold Brockhaus vermittelte. In Karlsruhe geboren, hatte er sich dem badischen Staatsdienst gewidmet, war aber aus der Beamtenlaufbahn gelenkt worden, indem er sich mit der Sängerin Bonasegla-Schüler vermählte, die ebenso um ihrer Schönheit als um ihrer Kunst willen in ihrer Zeit hochgefeiert war. Ihretwegen hatte er seine Stellung mit einem literarischen Wanderleben vertauscht, das ihn von Dresden später als Theaterdirektor nach Berlin, nach Magdeburg und nach anderen Orten führte. Während seines Aufenthaltes in Dresden hat er gelegentlich für Brockhaus gearbeitet; so gab er 1819, im Erscheinungsjahr der »Welt als Wille und Vorstellung«, im Brockhausschen Verlage, der sich ja die Verdeutschung der Weltliteratur (Calderon, Holberg, Dante, Petrarca, Tasso, Kalidasa) angelegen sein ließ, unter dem Titel »Aglaja« eine Sammlung romantischer und historischer Erzählungen nach dem Russischen des Karamsin heraus.

Friedrich Arnold Brockhaus (1772—1823) gehört zu den bedeutendsten deutschen Buchhändlern im Anfang des 19. Jahrhunderts. In Dortmund aus einem Geschlechte von Pastoren geboren, hat er die Geradsinnigkeit, auch wohl gelegentlich die Starrsinnigkeit der Westfalen. 1805 hat er seinen Verlag in Amsterdam begründet, in den unsicheren Zeitläuften keinen ungeeigneten Ort für eine geistige Vermittlertätigkeit wählend. 1810 hat er, in schweren Schicksalen geprüft, seinen Verlag nach Altenburg verlegt. In ganz seltener Weise hat er verstanden zu organisieren, was im Bereiche des Geistigen bedeutet: Kräfte zu wecken und sie dem richtigen Ziele zuzuleiten. So übernahm er das schon von Hand zu Hand gegangene »Konversations-Lexikon« und baute es in sechs Auflagen zu einem Werke aus, das der Bildung des deutschen Volkes einen nicht geringen Dienst erwiesen hat. Und als die Befreiungskriege die Neuordnung Deutschlands in die Wege leiteten, begründete er seine »Deutschen Blätter«, um „Gemeinsinn zu erwecken, die deutsche Nationalwürde zu erheben, Haß gegen fremde Unterjochung und Vertrauen gegen uns selbst einzuflößen". In beiden Fällen, beim »Konversations-Lexikon« wie bei den »Deutschen Blättern«, ist Brockhaus nicht nur Herausgeber, sondern auch Redakteur gewesen, und zwar ein Redakteur, der wirklich den Geist der Publikation bestimmt und in vielfachen eigenen Beiträgen auch als kerniger und gedankenvoller Schriftsteller besteht. Daneben gab Brockhaus schon seit 1810 ein literarisches Taschenbuch »Urania« heraus, an dem u. a. Theodor Körner, Zacharias Werner, Rückert, Oehlenschläger, Tiedge, Wilhelm Müller, Gustav Schwab, Platen, Jean Paul, de la Motte Fouqué, Varnhagen mitarbeiteten. Ein junger Dichter wurde durch ein Preisausschreiben der »Urania« bekannt: Ernst Schulze, der Dichter der »Bezauberten Rose«, in Göttingen mit Schopenhauer befreundet. Er ist indes schon 1817 gestorben. Im Anschluß an das Taschenbuch hat Brockhaus eine Reihe dichterischer Werke verlegt, wenige, deren Namen heute noch gekannt ist, wie Werners »Vierundzwanzigster Februar«, keines aus dem engeren Kreise der romantischen Schule.

1817 übersiedelte Brockhaus mit seinem Verlage von Altenburg nach Leipzig. Das »Konversations-Lexikon« bildete auch hier den Mittelpunkt seiner Unternehmungen, und der Kreis der Mitarbeiter weitete sich; vom Herbste 1818 an erschien die fünfte Auflage. An Stelle der »Deutschen Blätter«, deren Zweck mit dem Abschluß der Befreiungskriege erfüllt war, trat seit 1817 die von Oken herausgegebene Zeitschrift »Isis«, die, zunächst gestützt von der in Weimar noch herrschenden Preßfreiheit, für den freiheitlichen Aufbau des neuen Deutschland eintrat, aber sich bald freilich auf das wissenschaftliche, insbesondere das naturwissenschaftliche Gebiet zurückziehen mußte. Auch ein enzyklopädisches Unternehmen »Zeitgenossen, Biographien und Charakteristiken« sollte der Zeit dienen, indem es in einem „Ehrentempel" die Lebensbeschreibungen der Männer vereinigte, die von 1789 bis 1815 den geschichtlichen Verlauf bestimmt hatten. Adam Müller, Karl Reinhard, A. W. v. Schlegel, Steffens, Tiedge, Varnhagen u. a. waren die Mitarbeiter, und Brockhaus selbst, von dem die Idee ausgegangen war, übernahm auch bald die Redaktion. Neben diesen beiden Zeitschriften gab Brockhaus vom Herbst 1818 noch eine literarisch-kritische Zeitschrift im Stile der englischen Reviews heraus, »Hermes oder kritisches Jahrbuch der Literatur«, deren Redaktion im ersten Jahrgang der Leipziger Philosoph Wilhelm Traugott Krug (1770—1842) führte, die aber auch schon 1819 Brockhaus selbst übernahm, um sie nach den Karlsbader Beschlüssen zum führenden Organ im Kampfe um die Preßfreiheit und die konstitutionelle Staatsform zu machen. Trotz dieser ihn sehr beanspruchenden redaktionellen und organisatorischen Tätigkeit hat Brockhaus aber auch zugleich in Leipzig eine Reihe von Werken herausgebracht, so die Dichtungen des früh verstorbenen Ernst Schulze, die Shakespeare-Übersetzungen von Johann Heinrich Voß und seinen Söhnen, einige Werke aus dem Gebiet der Medizin und des Mesmerismus, dann aber auch zwei Reisewerke der Johanna Schopenhauer und ihren großen Roman »Gabriele« (1819—1820), als ihm der Verlag der »Welt als Wille und Vorstellung« angeboten wurde.

Im Frühjahr 1818 erhielt Friedrich Arnold Brockhaus von dem ihm befreundeten Freiherrn v. Biedenfeld folgenden Brief:

Lieber Freund!

In aller Eile entledige ich mich eines Auftrags, welcher Ihnen vielleicht von einiger Bedeutung ist. Im Conv. Lex. haben Sie ad Verbum Farben u Farbenlehre, von Gilbert u Schmeißer bearbeitet recht anschaulich Newtons Lehre angeführt, aber Göthe u mehr noch von A. Schopenhauer kein Wort, was mit ihren Lehren das Publikum bekannt machte. Dennoch ist es gerade Schopenhauers Lehre, welche offenbar beginnt über Newton den Sieg davonzutragen u Göthes Werk zu krönen. Es scheint mir Pflicht Sie darauf aufmerksam zu machen. Wohl würde sich jemand in Dresden finden, welcher diesen Artikel schnell unter Schop. Aufsicht hier umarbeiten könnte, da Schmeißer mir selbst versicherte, den Göthe hierüber nicht einmal gelesen zu haben. Die Sache muß hier sprechen, nicht die Persönliche Meinung, u historisch sind Göthes u Schop. Ansichten nicht minder intereßant u Folgenreich als Newtons System.

Schopenhauer, dieser höchst intereßante Kopf, welcher vielleicht an Denkkraft u ernstem Willen u Tiefe des Studiums von keinem Lebenden überboten wird hat nun auch ein größeres umfaßendes Philosophisches Werk in der Arbeit welches im Juli 1818 fertig zur Abgabe wird. Noch hat er keinen Verleger gesucht, macht auf großes Honorar keinen Anspruch, da er Vermögen hat, u wünscht einen großen Buchhändler zum Verleger. Wäre dies nicht Ein Ihrer würdiges Unternehmen? Einige Zeilen an Schopenhauer würden Sie ohne Zweifel darüber ganz au fait setzen, u zweifelsohne ein Werk hervorbringen, welches Epoche machen, zerstören u mächtig aufbauen wird.

Hiermit habe ich gethan, was Freundes Pflicht heischt, — Sie müssen nun thun, was Erfahrung u Klugheit Ihnen rathen.

Karamsins Schluß in dieser Woche.

Allen Ihren Lieben viel Herzliches von

Ihrem

aufrichtigen Freund

Dr. 5 M. 1818.: Frhr von Biedenfeld

Brockhaus erwiderte am 20. März Herrn von Biedenfeld einigermaßen kühl, daß er mit Dr. Schopenhauer, den er schon durch das Zeugnis mehrerer Freunde als einen ausgezeichneten Kopf kenne, gern in Verbindung treten werde, ohne im besonderen auf das angekündigte Werk einzugehen, schrieb aber weiter: wenn Schopenhauer einen Artikel über seine Ansicht von den Farben schicken wolle, so könne dieser in der fünften Auflage des »Konversations-Lexikon« Platz finden.

Herrn Buchhändler Brockhaus in Leipzig.

P. P.

Da mir Hr. v. Biedenfeld gesagt hat, daß Sie, auf eine vorläufige Anfrage, nicht abgeneigt wären, ein Manuskript von mir zu drucken; so nehme ich mir die Freiheit Ihnen näher anzugeben, wovon die Rede ist.

Ich will nämlich zur nächsten Michaelis-Messe ein philosophisches Werk erscheinen lassen, an welchem ich hier seit 4 Jahren unablässig gearbeitet habe. — Es wäre nun einerseits sehr am unrechten Ort, dem Verleger gegenüber als Schriftsteller den Bescheidenen spielen zu wollen: andrerseits ist es überall unrecht den Charlatan zu machen. Daher will ich Ihnen zugleich offen u. gewissenhaft über mein Werk dasjenige sagen, woran Ihnen, meines Erachtens, gelegen seyn kann. Zugleich aber nehme ich Ihnen, als einem Mann von Ehre, hiemit das Versprechen ab, das Gesagte streng zu verschweigen, sogar den Titel des Buchs, welchen Niemand früher als aus dem Meßkatalog erfahren soll.

Mein Werk also ist ein neues philosophisches System: aber neu im ganzen Sinne des Worts: nicht neue ~~[illegible]~~ Darstellung des schon Vorhandenen: sondern eine im höchsten Grad zusammenhängende Gedankenreihe, die bisher noch nie in irgend eines Menschen Kopf gekommen. Das Buch, in welchem ich das schwere Geschäft, sie Andern verständlich mitzutheilen ausgeführt habe, wird, meiner festen Ueberzeugung nach, eines von denen seyn, welche nachher die Quelle u. der Anlaß von hundert andern Büchern werden. Jene Gedankenreihe war, dem Wesentlichen nach, schon vor 4 Jahren in meinem Kopfe vorhanden: aber um sie zu entwickeln u. sie durch unzählige Aufsätze u. Studien mir selber vollkommen deutlich zu machen, bedurfte es ganzer 4 Jahre, in welchen ich mich ausschließlich damit u. mit den dazu gehörigen Studien fremder Werke beschäftigt habe. Vor einem Jahre fing ich an das Ganze in zusammenhängendem Vortrag für Andre faßlich zu machen, u. bin damit eben jetzt fertig geworden. Dieser Vortrag selbst ist gleich fern von dem hochtönenden, leeren u. sinnlosen Wortschwall der neuen philosophischen Schule und vom breiten platten Geschwätze der Freunde von Kant: er ist im höchsten Grade deutlich, faßlich, dabei energisch und ich darf wohl sagen nicht ohne Schönheit: nur wer ächte eigene Gedanken hat, hat ächten Stil. Der Werth, den ich auf meine Arbeit lege, ist sehr groß: denn ich betrachte sie als die ganze Frucht meines Daseyns. ~~Diese~~ Der Eindruck nämlich welchen auf einen individuellen Geist die Welt macht, und der Gedanke, durch welchen der Geist, nach erhaltener Bildung, auf jenen Eindruck reagirt, ist allemal nach zurückgelegtem dreißigsten Jahre da, vorhanden u. geschehn: alles Spätere sind nur Entwickelungen u. Variationen desselben. Ist nun diese Reaktion, dieser Gedanke, ein vom gewöhnlichen, wie er sich täglich in Millionen Individuen wiederholt, verschiedener u. wirklich eigenthümlicher; so kann nun auch das Werk in welchem er sich ausspricht u. mittheilt, sogleich vollendet werden, sobald nur ein günstiges Geschick die Muße, die innere u. äußere Ruhe dazu giebt. Dies ist nun, wie ich glaube, mein Fall gewesen. Wollte ich demnach, gemäß dem Werthe, welchen ich auf

mein Werk lege, meine Forderungen an Sie abmessen, so
würden diese außerordentlich, ja unerschwingbar ausfallen.
Sogar aber wenn ich auch nur nach dem Werth, den,
meines Erachtens, das Manuskript für den Verleger
haben wird, die Forderungen machen wollte, würden
sie schon stark seyn. Allein auch dieses werde ich nicht,
weil ich nicht verlangen kann, daß Sie alles Gesagte
nur ganz auf mein Wort glauben, sondern Sie natürlich
anzunehmen müßten, ich sei durch Eigenliebe bestochen.
Dies annehmend bequeme ich mich von der Rücksicht
auszugehn, daß mein Name noch sehr wenig bekannt
ist; u. daß ein philosophisches Werk, solange es
keinen Ruhm erlangt hat, vor's Erste kein großes
Publikum findet, wiewohl nachher ein desto größeres.
Hierauf also gründen sich folgende höchst billige
Forderungen.
Das Werk hat zum Titel: "Die Welt als Wille
und Vorstellung, von Arthur Schopenhauer, nebst
einem Anhang, der die Kritik der Kantischen
Philosophie enthält." — Es wird, nach ungefährer
Schätzung, wenn, wie ich durchaus will, in groß Oktavo
mit höchstens 30 Zeilen auf der Seite gedruckt, 40 Bogen

einnehmen, die nicht in 2 Bände getheilt werden dürfen. Sie erhalten 2/3 des MS ganz gewiß Mitte Juli: nicht früher, weil ich jetzt, da es aber fertig, es selbst ins Reine schreiben will, um dabei ~~das~~ noch beträchtliche Verbesserungen im Vortrag einzunehmen. Das letzte 1/3 des MS erhalten Sie spätestens Anfangs September. Sie machen Sich verbindlich das Werk zur Michaelismesse zu liefern, auf gutem Druckpapier, in größtem Format, mit scharfen Lettern schön gedruckt. Sie versprechen in einem Kontrakt allerhöchstens 800 Exemplare zu drucken u. begeben sich förmlich aller Ansprüche auf eine 2te Auflage. Sie versprechen mir ~~mit~~ auf Ehre und Gewissen jeden Bogen 3 Mal u. das letzte Mal von einem wirklichen von mir genehmigten Gelehrten der das MS zur Hand hat, auf das sorgfältigste korrigiren zu lassen. Sie bezahlen mir das kaum nennenswerthe Honorar von einem Dukaten für den gedruckten Bogen, u. zwar gleich bei Ablieferung des M.S. denn ich reise, sobald ich es übergeben, nach Italien ab, welche Reise ich bloß dieser Arbeit wegen um 2 Jahre verschoben habe. Sie lassen mir endlich 10 Exemplare auf schönem Papier zukommen.

Ihnen das MS zur Durchsicht schicken, kann ich nicht,

theils weil es jetzt nur mir leserlich ist, theils weil ich es nicht aus den Händen gebe, solange keine Abschrift vorhanden, endlich auch weil ich beständig damit beschäftigt bin.

Ihre gefällige ganz entscheidende Antwort erbitte ich mir ohne Aufschub, weil, falls Sie meinen Antrag nicht annehmen, ich Jemanden, der nach Leipzig geht, auftragen werde, mir dort auf der Messe einen Verleger zu suchen.

Es scheint daß Hr: v. Lindenfeld Ihnen geschrieben, ich wollte den Artikel Farbe zum Konversationslexikon liefern: das ist aber ganz u. gar ein Irrthum: dergleichen Arbeiten mache ich nie. Ich hatte mich bloß dazu verstanden, daß wenn Hr: v. L. selbst jenen Artikel machen wollte, ich denselben durchsehn u. berichtigen würde, wie ich es dem Prof: Ficinus bei seinem Artikel Farbe zum Pierer'schen Wörterbuch gethan habe.

Letzten Herbst hatten Sie die Güte mir 2 Louisdór den Bogen für Beiträge zum Kunstblatt anzubieten, wovon ich jedoch keinen Gebrauch machen kann, da ich nie an Zeitschriften arbeiten werde.

Ich will nur noch bemerken, daß ich nicht etwa mich dazu verstehen werde, das Ms theilweise früher abzuliefern, als zur angegebnen Zeit. Die Vollendung die ich dem Werke geben will erlaubt das durchaus nicht.

Mich ergebenst empfehlend

Arthur Schopenhauer

Dresden,
d 28ten März
1818.

DRESDEN
28. März [illegible]

Herrn

Buchhändler Brockhaus

~~eigenhändig~~

frei.

Leipzig.

Daraufhin begann der direkte Briefwechsel zwischen Schopenhauer und Friedrich Arnold Brockhaus, indem Schopenhauer Brockhaus am 28. März 1818 den Verlag der »Welt als Wille und Vorstellung« anbot und Brockhaus am 31. März 1818 sich bereit erklärte, den Verlag zu übernehmen.

1. Arthur Schopenhauer an Friedrich Arnold Brockhaus.

Herrn Buchhändler Brockhaus in Leipzig.

P. P.

Da mir Hr. v. Biedenfeld gesagt hat, daß Sie, auf eine vorläufige Anfrage, nicht abgeneigt wären, ein Manuskript von mir zu drucken; so nehme ich mir die Freiheit Ihnen näher anzugeben, wovon die Rede ist.

Ich will nämlich zur nächsten Michaelis Meße ein philosophisches Werk erscheinen lassen, an welchem ich hier seit 4 Jahren unabläßig gearbeitet habe. — Es wäre nun einerseits sehr am unrechten Ort, dem Verleger gegenüber als Schriftsteller den Bescheidenen spielen zu wollen: andrerseits ist es überall unrecht den Charlatan zu machen. Daher will ich Ihnen zugleich offen u. gewißenhaft über mein Werk dasjenige sagen, woran Ihnen, meines Erachtens, gelegen seyn kann. Zugleich aber nehme ich Ihnen, als einem Mann von Ehre, hiemit das Versprechen ab, das Gesagte streng zu verschweigen, sogar den Titel des Buchs, welchen Niemand früher als aus dem Meß Katalog erfahren soll.

Mein Werk also ist ein neues philosophisches System: aber neu im ganzen Sinn des Worts: nicht neue Darstellung des schon Vorhandenen: sondern eine im höchsten Grad zusammenhangende Gedankenreihe, die bisher noch nie in irgend eines Menschen Kopf gekommen. Das Buch, in welchem ich das schwere Geschäft, sie Andern verständlich mitzutheilen ausgeführt habe, wird, meiner festen Ueberzeugung nach, eines von denen seyn, welche nachher die Quelle u. der Anlaß von hundert andern Büchern werden. Jene Gedankenreihe war, dem Wesentlichen nach, schon vor 4 Jahren in meinem Kopfe vorhanden: aber um sie zu entwickeln u. sie durch unzählige Aufsätze u. Studien mir selber vollkommen deutlich zu machen, bedurfte es ganzer 4 Jahre, in welchen ich mich ausschließlich damit u. mit den dazu gehörigen Studien fremder Werke beschäftigt habe. Vor einem Jahre fieng ich an das Ganze in zusammenhangendem Vortrag für Andre faßlich zu machen, u. bin damit eben jetzt fertig geworden. Dieser Vortrag selbst ist gleich fern von dem hochtönenden, leeren u. sinnlosen Wortschwall der neuen philosophischen Schule und vom breiten platten Geschwätze der Periode vor Kant: er ist im höchsten Grade deutlich, faßlich, dabei energisch und ich darf wohl sagen nicht ohne Schönheit: nur wer ächte eigene Gedanken hat, hat ächten Stil. Der Werth, den ich auf meine Arbeit lege, ist sehr groß: denn ich betrachte sie als die ganze Frucht meines Daseyns. Der Eindruck nämlich, welchen auf einen individuellen Geist die Welt macht, und der Gedanke, durch welchen der Geist, nach erhaltener Bildung, auf jenen Eindruck reagirt, ist allemal nach zurückgelegtem dreißigsten Jahre da, vorhanden u. geschehn: alles Spätere sind nur Entwickelungen u. Variationen deßelben. Ist nun diese Reaktion, dieser Gedanke, ein vom gewöhnlichen, wie er sich täglich in Millionen Individuen wiederholt, verschiedener u. wirklich eigenthümlicher; so kann nun auch das Werk in welchem er sich ausspricht u. mittheilt, sogleich vollendet werden, sobald nur ein günstiges Geschick die Muße, die innere u. äußere Ruhe dazu giebt. Dies ist nun, wie ich glaube, mein Fall gewesen. Wollte ich demnach, gemäß dem Werthe, welchen ich auf mein Werk lege, meine Forderungen an Sie abmeßen, so würden diese außerordentlich, ja unerschwingbar ausfallen. Sogar aber wenn ich auch nur nach dem Werth, den, meines Erachtens, das Manuskript für den Verleger haben wird, die Forderungen machen wollte, würden sie schon stark seyn. Allein auch dieses werde ich nicht, weil ich nicht verlangen kann, daß Sie alles Gesagte mir ganz auf mein Wort glauben, sondern Sie natürlich argwöhnen müßen, ich sei durch Eigenliebe bestochen. Dies annehmend bequeme ich mich von der Rücksicht auszugehn, daß mein Name noch sehr wenig bekannt ist, u. daß ein philosophisches Werk, solange es keinen Ruhm erlangt hat, vor's Erste kein großes Publikum findet, wiewohl nachher ein desto größeres. Hierauf also gründen sich folgende höchst billige Forderungen.

Das Werk hat zum Titel: „Die Welt als Wille und Vorstellung, von Arthur Schopenhauer, nebst einem Anhang, der die Kritik der Kantischen Philosophie enthält." — Es wird, nach ungefährer Schätzung, wenn, wie ich durchaus will, in groß Oktavo mit höchstens 30 Zeilen auf der Seite gedruckt, 40 Bogen einnehmen, die nicht in 2 Bände getheilt werden dürfen. Sie erhalten 2/3 des MS ganz gewiß Mitte Julii: nicht früher, weil ich jetzt, da es eben fertig, es selbst ins Reine schreiben will, um dabei noch beträchtliche Verbeßerungen im Vortrag vorzunehmen. Das letzte 1/3 des MS erhalten Sie spätenstens Anfangs September. Sie machen Sich verbindlich, das Werk zur

2*

Michaelismeße zu liefern, auf gutem Druckpapier, in großem Format, mit scharfen Lettern schön gedruckt. Sie versprechen in einem Kontrakt allerhöchstens 800 Exemplar zu drucken u. begeben sich förmlich aller Ansprüche auf eine 2te Auflage. Sie versprechen mir auf Ehre und Gewißen jeden Bogen 3 Mal u. das letzte Mal von einem wirklichen von mir genehmigten Gelehrten, der das MS zur Hand hat, auf das sorgfältigste korrigiren zu laßen. Sie bezahlen mir das kaum nennenswerthe Honorar von einem Dukaten für den gedruckten Bogen, u. zwar gleich bei Ablieferung des MS: denn ich reise, sobald ich es übergeben, nach Italien ab, welche Reise ich bloß dieser Arbeit wegen um 2 Jahre verschoben habe. Sie laßen mir endlich 10 Exemplare auf schönem Papier zukommen.

Ihnen das MS zur Durchsicht schicken, kann ich nicht, theils weil es jetzt nur mir leserlich ist, theils weil ich es nicht aus den Händen gebe, solange keine Abschrift vorhanden, endlich auch weil ich beständig damit beschäftigt bin.

Ihre gefällige ganz entschiedene Antwort erbitte ich mir ohne Aufschub, weil, falls Sie meinen Antrag nicht annehmen, ich Jemanden, der nach Leipzig geht, auftragen werde, mir dort auf der Meße einen Verleger zu suchen.

Es scheint daß Hr: v. Biedenfeld Ihnen geschrieben, ich wollte den Artikel F a r b e zum Konversationslexikon liefern: das ist aber ganz u. gar ein Irrthum: dergleichen Arbeiten mache ich nie. Ich hatte mich bloß dazu verstanden, daß wenn Hr: v. B. selbst jenen Artikel machen wollte, ich denselben durchsehn u. berichtigen würde, wie ich es dem Prof: Ficinus bei seinem Artikel Farbe zum Pier'schen Wörterbuch gethan habe.

Letzten Herbst hatten Sie die Güte mir 2 Louisd'or den Bogen für Beiträge zum Kunstblatt anzubieten, wovon ich jedoch keinen Gebrauch machen kann, da ich nie an Zeitschriften arbeiten werde.

Ich will nur noch bemerken, daß ich nicht etwa mich dazu verstehn werde, das MS theilweise früher abzuliefern, als zur angegebenen Zeit. Die Vollendung die ich dem Werke geben will erlaubt das durchaus nicht.

Mich ergebenst empfehlend

Arthur Schopenhauer.

Dresden,
d 28sten März
1818.

[Adresse:] Herrn
Buchhändler Brockhaus
eigenhändig
frei. Leipzig.

[Poststempel:] Dresden 28. März 18.

2. Friedrich Arnold Brockhaus an Arthur Schopenhauer.

H. D. Arthur Schopenhauer Wohlgeb. in Dresden.

Leipzig den 31. März 1818.

Ew. Wohlgeb. Antrag ist mir eben so schmeichelhaft als ich die Stipulationen womit Sie ihn begleiten angemeßen und billig finde u nehme ich ihn daher ohne weitres an. Sobald ich die bestimmten $^2/_3$ des MS in Händen habe, soll das festgesetzte Honorar gleich erfolgen. — Wünschen Sie, daß noch ein besonderer formeller Contrakt darüber abgeschloßen werde, so will ich ihn entwerfen u an Ew. Wohlgeb. einsenden.

Finden Sie Zeit u Lust die Art. meines Lex. über Farbe u Farbenlehre, die ich hierbey lege, zu revidiren, zu ergänzen u zu erweitern, so würde ich Ew. Wohlgeb. dafür sehr verbunden seyn.

Ew. Wohlgeb. können übrigens auf meine Discretion vertrauen u empfehle ich mich Denenselben auf das Ergebenste.

Brockhaus.

[Adresse:] Sr. Wohlgeboren dem Herrn
Dr. Arthur Schopenhauer
in Dresden.

Frey.

[Poststempel:] Leipzig 31. März 18.

Man hat sich mit Recht gewundert, daß Brockhaus so rasch sich entschließen konnte, den Verlag eines doch immerhin umfangreichen Werkes zu übernehmen, das er überhaupt nicht und dessen Autor er nicht persönlich kannte, und man hat vermutet, daß der Einfluß der mit Brockhaus befreundeten Mutter dem Sohne die Wege geebnet hätte. Das ist nicht sehr wahrscheinlich, denn die Mutter, seit 1814 mit dem Sohne verfeindet, hat nach allem, was wir wissen, nicht eben großes Verständnis für seine Bedeutung gehabt. Wahrscheinlicher, daß zu den „mehreren Freunden", die für den unbekannten jungen Philosophen Zeugnis abgelegt, in erster Linie Friedrich Gustav Schilling und Friedrich August Schulze (Laun), die beiden bekannten Romanschriftsteller, gehört haben, mit denen trotz des Altersunterschiedes Schopenhauer in Freundschaft verbunden war und die Brockhaus nahestanden, vielleicht auch Hofrat Böttiger, den Schopenhauer kannte und der an Brockhaus' »Literarischem Konversationsblatt«, das seit 1820 erschien, mitarbeitete.

3. Arthur Schopenhauer an Friedrich Arnold Brockhaus.

Herrn Brockhaus in Leipzig.

Es ist mir recht lieb, daß Sie meinen Antrag angenommen haben und ich nunmehr des ferneren Sorgens dieserhalb überhoben bin. Auch hoffe ich daß Sie dereinst finden werden, einen vortheilhaften Handel abgeschloßen zu haben. Nur bitte ich Sie in gutem Andenken zu behalten, daß bei unsrer Uebereinkunft mir keineswegs das Honorar, das doch in gar keinem Verhältnis zum Werthe des Werks oder auch nur zur darauf verwandten Zeit u. Arbeit steht, die Hauptsache ist, sondern vielmehr die genaue Erfüllung der übrigen Bedingungen in Hinsicht auf Druck u. Korrektur: nur wenn ich mit Zuversicht darauf rechnen kann, daß hierin alles nach den gemachten Bestimmungen geschieht, werde ich jenseit der Alpen Ruhe haben. Ich hoffe sogar, daß wenn Sie durch das MS sich werden überzeugt haben, wie weit es vom Alltäglichen absteht, Sie für das Aeußere des Buches noch mehr thun werden, als ich selbst geradezu verlangt habe.

Um einen Kontrakt muß ich, wie schon gemeldet, bitten: es kommt mir bei demselben hauptsächlich nur darauf an, daß Sie sich aller Ansprüche auf die 2te Auflage förmlich begeben, versprechen, nicht mehr als höchstens 800 Exemplare zu drucken u. sich verbindlich machen, das Werk zur Michaelis Meße, nach den Ihnen gemachten Bestimmungen gedruckt, zu liefern. Ich wünsche hierüber völlige Beruhigung zu haben.

Haben Sie nur die Güte dafür zu sorgen, daß Mitte

Julius 2 Setzer dazu bereit sind: denn sonst könnten bis Michael nicht die 40 Bogen gedruckt seyn. Auch bitte ich Sie, mir bis dahin zu melden, nach welchem Ort ich das MS senden soll.

Uebrigens wird das Werk die Censur paßiren müßen: denn obgleich keine Sylbe darin auf Regierungen u. dahin Gehöriges Bezug hat, auch Nichts gegen die guten Sitten darin steht, vielmehr im letzten Buch sich eine Moral ergiebt, die mit der eigentlich Christlichen genau übereinstimmt; so steht dennoch die ganze vorgetragene Philosophie mit den Dogmen der Jüdisch-Christlichen Glaubenslehre in einem zwar nirgends ausgesprochenen aber sich stillschweigend unleugbar ergebenden Widerspruch. Man ist nun in diesem Punkt zwar schon äußerst tolerant gegen die Philosophen geworden, ja gleichsam schon abgehärtet Dinge zu hören, die vor 50 Jahren Unheil herbeigezogen hätten, auch ist in meinem Buche die Kirche nirgends direkt angegriffen; so daß ich alle Hoffnung habe die Censur zu paßiren: indeßen kenne ich die Grundsätze derselben nicht ganz genau u. man kann nicht wißen wie die Herren manches auszulegen belieben möchten. Zu Abänderungen an dieser mir über alles wichtigen Schrift würde ich mich auch nicht entschließen. Ich denke aber daß im allerschlimmsten Fall Sie das Buch in Jena oder Merseburg könnten drucken laßen: doch hoffe ich daß es nicht dahin kommen wird. Uebrigens ist bekanntlich ein Verbot für ein Buch gar kein Unglück.

Für die mir gesandten Artikel des Lexikons habe ich wenig thun können. Denn der erste trägt die Newton'sche Theorie vor, die ich mit Göthe für falsch, ja absurd erkläre, und welche in dem Piererschen Lexikon von meiner Theorie aus der Stelle verdrängt ist, die sie seit mehr als 100 Jahren ungestört in allen Lehrbüchern einnahm: sie wird auch nach u. nach überall von der meinigen verdrängt werden, denn die Kraft der Wahrheit ist doch noch eine ganz andere, als die eines berühmten Namens, oder die des Geschrei's ordinärer Profeßoren. Zur Berichtigung dieses dort nach Newton vorgetragenen Artikels könnte ich also weiter nichts thun, als darunter setzen, daß das zwar ein altes Lied, aber doch kein wahres Wort daran ist.

Der 2te Artikel, „Göthische Farbenlehre" überschrieben, ist unvollständig, ungenügend u. (unter uns gesagt) wahre Handlanger-Arbeit. Um aber doch etwas Ihrem Wunsch gemäß zu thun, habe ich die offenbaren, mit Göthe's Farbenlehre, die es doch seyn soll, grade in Widerspruch stehenden Fehler berichtigt. Von mir scheint dem Manne noch nichts zu Ohren gekommen zu seyn, was, bei der Art wie er auszieht, sehr gut ist.

Ich bin mit vollkommner Hochachtung

Ihr

ganz ergebener

Arthur Schopenhauer.

Dresden,
d 3ten April.
1818.

Am 8. April schickte Brockhaus an Schopenhauer den Kontrakt („Ew. Wohlgeb. erhalten den nach Ihrer eigenen Bestimmung entworfenen Contract"), der folgenden Wortlaut hat:

4. Vertrag zwischen Arthur Schopenhauer und Friedrich Arnold Brockhaus.

Contract
zwischen dem Herrn Dr. Arthur Schopenhauer
in Dresden
und
Herrn Buchhändler Friedr. Arnold Brockhaus
in Leipzig.

1.)

Ersterer giebt dem Zweiten ein Werk im Verlag unter dem Titel: „Die Welt als Wille und Vorstellung von Arthur Schopenhauer, nebst einem Anhange, der die Kritik der Kantischen Philosophie enthält".

2.)

Dieses Werk wird von dem Zweiten in gr 8° gedruckt und zwar mit deutscher Schrift — sogenannter Fractur — 30 Zeilen auf die Seite. Das Ganze wird der Angabe des Herrn Verfassers gemäs 40 Bogen einnehmen, die in einem Band zu liefern und nicht in 2 Bände vertheilt werden sollen.

3.)

Der Herr Verfasser liefert dem Verleger das Manuscript zu zwey Drittel Mitte July ab und das letzte Drittel spätestens Anfang September.

4.)

Der Herr Verleger liefert das Werk, wenn die vorstehend bestimmte Ablieferungs-Zeit des Manuscripts pünktlich gehalten wird, in der bevorstehenden Michael Meße fertig.

5.)

Der Herr Verleger darf nicht mehr als 800 Ex: abdrucken lassen. —. Ihm ist die sorgfältigste dreimalige Correctur zur Bedingung gemacht und er ist darauf eingegangen. Zur dritten Correktur wird der Herr Verfasser entweder einen Leipziger nahmhaften Gelehrten dessigniren, oder einen ihm dazu vorgeschlagenen genehmigen.

6.)

Der Herr Verleger zahlt an den Herrn Verfasser gleich bei der Ablieferung des letzten Manuscripts das Honorar zu einem Dukaten für den gedruckten Bogen und liefert ihm nach der Vollendung des Drucks Zehn Frei Exemplare auf feinem Papier.

7.)

Der Herr Verleger begiebt sich aller Ansprüche und Rechte auf eine zweite Auflage, wenn solche nöthig werden solte.

8.)

Derselbe erwähnt dieser Unternehmung gegen Niemanden und soll das Publikum durch ihn erst im Michael Meß-Catalog davonn in Kenntniß gesetzt werden.

9.)

Der Herr Verfasser liefert das Manuskript nach Leipzig an den Herrn Verleger ab; der Druck selbst wird in Altenburg statt haben und dort die Censur passiren.

Dieser Contract ist zwiefach ausgefertigt und von beiden Contrahenten eigenhändig unterzeichnet worden.

Leipzig den 8 April 1818.

F. A. Brockhaus.

Dresden, den 11ten April 1818.

Arthur Schopenhauer.

5. Arthur Schopenhauer an Friedrich Arnold Brockhaus.

Herrn F. A. Brockhaus in Leipzig.

Hiebei erfolgt der unterzeichnete Kontrakt zurück. Mitte Julj werde ich pünktlich die $^{2}/_{3}$ des MS nach Leipzig senden.

Die Altenburger Censur glaube ich durchaus nicht fürchten zu dürfen, da unter einem so geistreichen Fürsten die Pfaffen unmöglich viel einzuwenden haben können. Auch würde ich mich im schlimmsten Fall an den Herzog wenden, der mir ganz gewiß darin allen Vorschub thun würde.

Mich ergebenst empfehlend

Arthur Schopenhauer.

Dresden.
d. 11ten April
1818.

6. Arthur Schopenhauer an Friedrich Arnold Brockhaus.

Herrn F. A. Brockhaus in Altenburg.

Da ich nunmehr in 8 bis 10 Tagen die erste Lieferung meines Manuskripts an Sie absenden werde, bin ich so frei nochmals anzufragen, ob ich solche wirklich, wie Sie mich in Ihrem letzten Briefe anwiesen, nach Leipzig u. nicht nach Altenburg schicken soll; indem ich nicht einsehe, was das MS in Leipzig zu thun hat, da ja doch Censur u. Druck in Altenburg erfolgen.

Bei der Absendung werde ich die Ehre haben Ihnen noch einige Bemerkungen zu schreiben u. verharre bis dahin

ergebenst

Arthur Schopenhauer.

Dresden,
d. 3ten Juli.
1818.

Wenden Sie gefälligst um.

S. P. Auch bitte ich Sie mir nunmehr den Gelehrten vorzuschlagen, der die dritte Korrektur vornehmen soll: da der Druck in Altenburg geschieht, darf es nicht, wie im Kontrakt steht, ein Leipziger sondern muß ein Altenburger seyn; da es dabei nicht auf eine Liste der Druckfehler, sondern auf unmittelbare Verbeßerungen derselben abgesehn ist.

[Adresse:] Herrn F. A. Brockhaus.
Altenburg.

7. Arthur Schopenhauer an Friedrich Arnold Brockhaus.

Herrn F. A. Brockhaus in Leipzig.

Ich habe die Ehre Ihnen nunmehr die erste Lieferung meines MS zu senden, bestehend aus 144 Bogen, über welche große Zahl Sie nicht zu erschrecken haben, da die Schrift so sehr groß u. weitläuftig ist, daß 6 von meinen Bogen kaum einen gedruckten füllen werden. Auch sind dies noch nicht volle 2/3 des Werks, obgleich nur noch das 4te Buch fehlt, welches aber, so wie bei weitem das wichtigste, auch bei weitem das längste ist, wohl noch einmal so lang als das zweite; u. dann ist noch der Anhang, der aber eben nicht lang ist. Ich wollte aber nicht das 4te Buch zerreißen um Ihnen genaue $^2/_3$ zu schicken. Uebrigens können Sie darauf rechnen den Rest, dem Kontrakt gemäß, spätstens Anfang September zu erhalten, und bis dahin wird was ich Ihnen heute schickte schwerlich schon alles gedruckt seyn. Nöthigenfalls könnte ich das 4te Buch auch früher, ohne den Anhang, absenden. Ich bitte Sie versprochenermaaßen den Druck sogleich beginnen u. lebhaft betreiben zu laßen: so oft 5 bis 6 Bogen fertig sind bitte ich Sie mir solche mit der Post zu übersenden, nicht weil ich Druckfehler zu finden erwarte, sondern damit ich mich vom Fortgange der Sache überzeuge. Besonders aber erinnere ich Sie an Ihr im Kontrakt gegebenes Versprechen, daß jeder Bogen 3 Mal auf das sorgfältigste korrigirt wird u. die beiden letzten Korrektoren das MS zur Hand haben: die letzte Revision in Leipzig, von der Sie in Ihrem Briefe sprechen, ist doch hoffentlich so zu verstehn, daß sie vor dem eigentlichen Abdruck geschieht, folglich noch auf unmittelbare Verbeßerung etwaniger Fehler gerichtet ist? — Ich glaube daß es eine ganz überflüßige Erinnerung ist, u. bitte in so fern um Verzeihung, wenn ich Ihnen bemerke, daß ohne mein Wißen u. Wollen auch nicht ein Wort geändert werden darf, auch nicht auf etwaniges Antragen des Censors. In diesem Punkt würde ich die auffallendeste Empfindlichkeit öffentlich zu erkennen geben. Obgleich diese 3 ersten Bücher auch wohl in Leipzig die Censur paßiren würden, ist es doch nöthig daß solche in Altenburg geschehe, weil eben das 4te Buch u. der Anhang es sind, die der Klerisei mißfällige Stellen enthalten möchten u. überhaupt erst die Meinung des Ganzen klar machen. — Sollte der Werth dieses Werkes irgendwie

Ihnen einleuchtend werden; so wünsche ich daß dieses Sie bewegen möge, ihm ein desto würdigeres Aeußeres zu verleihen: ich wünsche besonders großen Druck, großes Format, scharfe Lettern u. weißes Papier. — Sie hatten die Güte mir zu schreiben, daß ich das Honorar schon nach Absendung der ersten Lieferung erhalten sollte, worauf ich jedoch keineswegs dringe, da ich nicht damit preßirt bin: nur rechne ich darauf, es nach Absendung des Restes sogleich zu erhalten, weil ich dann ohne Aufschub nach Rom abgehe. Da der Kontrakt nur auf 40 Bogen geschloßen ist, wahrscheinlich aber noch einige wenige Bogen mehr herauskommen werden, steht es bei Ihnen, ob Sie mir für die überschüßigen auch das Honorar bezahlen wollen, u. ich will viel lieber daß Sie es nicht thun, als daß der Druck verengt wird um grade nur 40 Bogen zu machen. In jedem Fall würden Sie mir die etwanigen Bogen über 40 erst nach meiner Rückkehr aus Italien bezahlen können, da erst der Druck die Zahl genau bestimmt u. ich diesen, wie gesagt, nicht bis zu Ende abwarten werde.

Um die Möglichkeit eines Verlustes des MS auf der Post noch weiter zu entfernen, gebe ich 50 Th.= Werth dafür an: denn ein solcher Verlust wäre mir gar zu widerwärtig.

Ich habe dem MS eine Vorschrift für den Setzer beigelegt, deren Befolgung Sie die Güte haben werden ihm einzuschärfen.

Mein Werk u. mich Ihnen bestens empfehlend verharre ich

Ihr
ergebener
Arthur Schopenhauer.

Dresden,
d. 11ten Julj.
1818.

[Adresse:]
Herrn F. A. Brockhaus.
Hiebei eine versiegelte
große Schachtel, bezeichnet
H. B. enthaltend Manuskripte,
werth 50 Rthl. —
Leipzig.
[Poststempel:] Dresden 12. Juli 18.

Brockhaus bestätigt am 17. Juli 1818 den Empfang des Manuskripts, das bereits in die Druckerei befördert ist. Solle das Werk zur Michaelis-Messe erscheinen, so wäre die pünktliche Einsendung des Manuskripts bis spätestens Anfang September notwendig.

8. Arthur Schopenhauer an Friedrich Arnold Brockhaus.

Herrn F. A. Brockhaus in Leipzig.

Schon seit mehr als 8 Tagen erwarte ich von Ihnen die ersten sechs Aushängebogen meiner Schrift zu erhalten u. muß aus dem Ausbleiben derselben leider schließen, daß der Druck nicht so eifrig betrieben wird als unsre Abrede war. Ich muß Sie bitten sich zu erinnern, daß in dem aufgesetzten Kontrakt die Hauptbedingung war, daß das Werk gut u. korrekt gedruckt zu Michael erscheine. Dazu aber ist, bei der kurzen Zeit, die wir bis dahin vor uns haben, unumgänglich nöthig, daß beständig 2 Setzer arbeiten u. zusammen wenigstens 4 Bogen die Woche liefern, wie ich Ihnen dieses auch gleich Anfangs schrieb u. Sie versprachen. Ich habe meine Verpflichtung pünktlich erfüllt u. Sie können darauf rechnen, daß ich in den ersten Tagen des Septembers spätestens Ihnen mein ganzes MS übersandt haben werde: allein ich muß auch darauf bestehn, daß Sie ebenfalls Ihr gegebenes Versprechen halten. Denn es liegt mir zu viel daran, die Gewißheit des endlichen Erscheinens dieser Schrift, an deren Abfaßung ich hier über vier meiner besten Lebensjahre gewandt habe, vor meiner Abreise nach Italien zu haben.

Ich bitte Sie demnach recht sehr, dafür zu sorgen, daß in Gemäßheit unsers Kontrakts der Druck rasch vorwärts gehe, damit das Buch in der Michaelismeße vertheilt werden könne, wie auch mir die hoffentlich vorhandenen u. noch folgenden Aushängebogen, zu 5 oder 6 auf einmal, mit der fahrenden Post zu übersenden.

Ich verharre hochachtungsvoll

Ihr
ganz ergebener
Arthur Schopenhauer.

Dresden,
d. 8ten August.
1818.

[Adresse:] Herrn F. A. Brockhaus.
Leipzig.

[Poststempel:] Dresden 8. Aug 18.

9. Arthur Schopenhauer an Friedrich Arnold Brockhaus.

Herrn A. F. Brockhaus in Leipzig.

Zu meiner großen Verwunderung u. noch größerem Verdruß ist abermals eine Woche verstrichen, ohne daß ich die begehrten Aushängebogen, ja nicht einmal eine Antwort von

Ihnen erhalten habe, welche zu erwarten ich auf jede Weise berechtigt war.

Ich habe nicht des Honorars wegen geschrieben, wie die Unbedeutsamkeit deßelben von selbst beweist; sondern um ein lange durchdachtes u. mühsam ausgearbeitetes Werk, die Frucht vieler Jahre, ja eigentlich meines ganzes Lebens, durch den Druck zur Aufbewahrung u. Mittheilung zu bringen. Woraus folgt, daß Sie nicht etwa mich anzusehen u. zu behandeln haben, wie Ihre Konversations-Lexikons-Autoren u. ähnliche schlechte Skribler, mit denen ich gar nichts gemein habe, als den zufälligen Gebrauch von Tinte u. Feder.

Was ich von Ihnen verlange, ist keine Gunst noch Gefallen, sondern die Erfüllung durch Kontrakt festgesetzter Verpflichtung. Nur in dem festen Vertrauen auf Ihr Wort u. Unterschrift, daß sie die erste u. wesentlichste meiner Bedingungen, den wirklichen Druck zu bestimmter Zeit, pünktlich erfüllen würden, habe ich Ihnen mein Werk übergeben u. keinen andern Verleger gesucht: daher muß ich jetzt auf Erfüllung des Kontrakts bestehn. Ueberdies preßirten Sie mich noch in Ihrem letzten Brief um pünktliche Einsendung des Rests der Arbeit: jetzt aber ist ein Monat verstrichen, seit Sie das MS haben, u. ich bekomme keinen gedruckten Bogen zu Gesicht: unterdeßen rückt die Meße immer näher u. wir haben 40 Bogen zu drucken.

Es thut mir Leid, daß ich so früh in einem rechtenden u. zurechtweisenden Tone zu Ihnen reden muß: aber wie ich jede übernommene Verpflichtung auf das pünktlichste erfülle; so verlange ich das Gleiche von Andern: sonst ist kein Bestand im Leben. Sie haben es sich daher selbst beizumeßen.

Ich ersuche Sie daher jetzt um unverzügliche Antwort u. Rechenschaft von dieser mir, besonders wegen meiner Reise, so höchst widerwärtigen Verzögerung des Drucks.

ergebenst

Arthur Schopenhauer.

Dresden,
d. 14ten August.
1818.

[Adresse:] Herrn A. F. Brockhaus
Leipzig

[Poststempel:] Dresden 14 Aug 18.

10. Arthur Schopenhauer an Friedrich Arnold Brockhaus.

Herrn A. F. Brockhaus in Leipzig.

Der mir nun endlich zugekommene *eine* Aushängebogen ist nur ein schwaches Besänftigungsmittel meiner nun einmal erwachten Ungeduld. Denn wenn auch wirklich jetzt 5 gedruckt sind; so ist dies ganz unzulänglich für einen Monat: es müßten schon 15 daseyn. So sehe ich nicht ab, wie das Buch zur Meße fertig werden soll: es müßte denn von jetzt an die Sache ganz anders betrieben werden, als bisher. Dies wünsche ich recht sehr u. hoffe es von Ihnen. Denn obgleich ich Sie nicht leicht zwingen kann, dem Kontrakt pünktlich nachzukommen; so hoffe ich, daß wenn ich Sie erinnere, daß ich darin auf Ihr Wort u. Ihre Redlichkeit gebaut u. getraut habe, dieses mehr leisten muß, als aller Zwang könnte. Da ich bei der Herausgabe dieses Werkes ganz andere Motive habe, als die gewöhnlichen sind; so habe ich auf Honorar sehr geringe, hingegen auf Zeit, Art u. Weise des

3*

Drucks viel bestimmtere u. entschiedenere Forderungen gemacht, als sonst geschieht. Da folglich diese es waren, worauf es mir hauptsächlich ankam, so werden Sie einsehn, daß Sie rechtlicher Weise die Verpflichtung haben, dieselben genau zu erfüllen u. auf meinen zum Voraus bestimmten Willen dabei mehr Rücksicht zu nehmen, als Sie bei Autoren, die der Bezahlung wegen arbeiten, nöthig haben.

Ich muß Ihnen bemerken, daß es gegen die ausdrückliche Bestimmung des Kontrakts ist, daß 35 Zeilen auf der Seite stehn, statt 30, die festgesetzt waren. Es ist leider nicht mehr zu ändern, u. ist um so mehr zu bedauren, als der große u. deutliche Druck, mit dem ich ganz zufrieden bin, sich sehr schön ausnehmen würde, wenn die Zeilen weiter auseinander ständen, statt daß sie jetzt übermäßig gedrängt dastehn. Sollten übrigens jetzt weniger als 40 Bogen herauskommen, so werden wir sie, in Hinsicht auf das Honorar, so rechnen, als die Zahl seyn würde, wenn der gemachten Bestimmung nach gedruckt wäre. Ich glaube ganz sicher, daß der Buchdrucker sich irrt, wenn er, zumal bei diesem engen Druck, glaubt aus dem bis jetzt übersandten 27 Bogen herauszubringen: das scheint mir unmöglich. Ich habe schon einmal in solchem Fall gegen den Drucker Recht behalten. Uebrigens wird das noch Folgende in jedem Fall etwas weniger betragen. Die Natur des Werkes, macht, wie auch aus der Vorrede erhellt, es nöthig, daß das Ganze wo möglich, in e i n e m Bande beisammen bleibe, zu Vor- u. Rück- blicken, die bei einem ordentlichem Studium deßelben erforderlich sind. Daher will ich mir in dem Fall, daß, wider alle Erwartung u. Schätzung, über 50 Bogen herauskämen, darin willigen, daß es in 2 Bände getrennt werde:

sonst aber nicht. Alsdann müßte das 4te Buch u. der Anhang den 2ten Band ausmachen. Doch glaube ich gewiß, daß bei diesem engen Druck, wenig oder gar nichts über 40 Bogen herauskommen werden.

Mit der Korrektheit, die mir mehr als Alles am Herzen liegt, bin ich bei diesem ersten Bogen außerordentlich zufrieden: er ist ganz ohne Fehler. Ich bitte den Korrektoren meinen Dank zu sagen u. sie zu ermahnen, dieselbe Sorgfalt auch auf alles Folgende zu verwenden.

Das lange 4te Buch liegt fertig da u. ich schreibe jetzt den Anhang ins Reine, der kurz ist. Anfang des Septembers erhalten Sie alles. Ich bitte aber auch sich darauf vorzubereiten, mir sodann sogleich das Honorar zu übersenden, weil ich darauf als auf einen Theil meines Reisegeldes nach Rom rechne, u. fort will.

Haben Sie die Güte mir zu schreiben, ob die übersandten Bogen in Altenburg wirklich vom Censor durchgesehn sind u. keinen Anstoß gefunden haben.

Ich wünsche sehr die übrigen bis jetzt fertigen Bogen u. bald noch viele andere zu erhalten. Es wäre wohl am besten, wenn der Drucker mir solche direkt von Altenburg schickte.

Uebrigens mögen Sie meinethalben auch jetzt in Ihren annonçen das Werk mit anzeigen. Nur bitte ich Sie recht sehr daßelbe nur nicht mit dem Verleger-Lob auszustatten, was bei dem Publiko, welches diese Art Bücher liest, doch nicht wirkt.

Nochmals bitte ich Sie in Hinsicht auf den schleunigen Druck Ihr Versprechen zu erfüllen: ich habe, nach geschloßenem Kontrakt, ganz fest darauf gerechnet u. kann nicht meine Reise jenseit der Alpen antreten, ohne die feste Gewißheit mitzunehmen, daß mein Werk im Oktober da ist.

Mit vieler Hochachtung

Ihr

ganz ergebener

Dresden, Arthur Schopenhauer.

d. 18ten August.

1818.

[Adresse:] Herrn A. F. Brockhaus Leipzig.

[Poststempel:] Dresden 19. Aug 18.

Brockhaus sucht die Ungeduld Schopenhauers in einem Briefe vom 21. August 1818 zu beschwichtigen, der im Original nicht erhalten ist, von dem aber ein Auszug sich in den Papieren der Firma findet:

„Hierbei die Aushängebogen 2. 3. 4. Von 5 an sendet sie die Buchdruckerei von Altenburg nach Dresden. Ich frage dort an wie es komme, daß man statt der auch von mir aufgegebenen 30 Zeilen, 35 genommen habe. — Wenn besonders das Werk so ausläuft, so ist diese etwas gedrängte Justification aber ein Gewinn. Ich lasse das Manuscript nochmals berechnen, um gleich bestimmen zu können, ob das Ganze in 2 Bände zu bringen. Ist dies so könnte der Druck des zweiten Bandes auch gleich mit vorgenommen werden. Die dreimaligen Correcturen und das hierhersenden der letzten zur Revision halten die schnellere Förderung auf. Der Druckerei ist übrigens Ew. Brief mitgetheilt und nachmalen die größte Beschleunigung empfohlen worden. Übrigens scheinen Ew. H. von unserer Buchhändler-Messe in Beziehung auf das Fertigwerden eines Werkes nicht ganz richtige Begriffe zu haben. Es ist nemlich durchaus indifferent für den Buchhandel selbst ob ein Werk zur Messe oder vor derselben oder nach derselben erscheine, und ist insbesondere die Michaelis-Messe die nicht ein einziger

Fremder Buchhändler besucht, als Messe für uns blos ein Nahme. Indessen vertraue ich den Versicherungen der Druckerei im October das Ganze zu 40 Bogen angegeben, abliefern zu können."

11. Arthur Schopenhauer an Friedrich Arnold Brockhaus.

Herrn F. A. Brockhaus in Leipzig.

Der Altenburger Buchdrucker hat nichts geschickt. Der August ist zu Ende. In 7 Wochen sind 4 Bogen gedruckt. Es liegt am Tage, daß bei Ihnen Wort u. That, Versprechen u. Halten, zwei sehr verschiedene Dinge sind. Das Wenige was gedruckt ist hat gegen die ausdrückliche Bestimmung des Kontrakts 35 Zeilen auf der Seite. Sie haben nicht nur den Kontrakt nicht gehalten, sondern auch seitdem mich mit fortdauernden Versprechen u. Versicherungen zum Besten gehabt, was mich doppelt aufbringt. Sie haben mich ermahnt doch ja zum Anfang September den Rest fertig zu haben, weil sonst das Werk nicht zur Meße fertig seyn könnte: ich habe gearbeitet wie ein verhungerter Abschreiber, u. sehe nun, daß es nichts hilft. — Sie wißen wie wichtig mir die Erscheinung meines Werkes ist u. können daraus schließen wie ich gegen Sie gesinnt bin. Mit welcher Zuversicht daß mein Werk erscheint, soll ich jetzt nach Italien gehn? Alles ist zu meiner Abreise bereit u. nichts hält mich, als Sie: weil mir mein Werk meiner Person weit vorgeht. Es ist nichts schrecklicher für mich, als mit Leuten zu thun zu haben, deren Worte keinen Glauben verdienen. Ich weiß nicht woran ich bin u. werde es nicht wißen, nach Allem was Sie mir jetzt auch schreiben mögen: denn wie soll ich Ihren Worten trauen?

Ich will jetzt das Honorar haben: hauptsächlich zum Beweise daß es Ihnen Ernst ist zu drucken: sodann weil ich zur Reise alle Gelder einziehn muß die mir zukommen. Obgleich dies Honorar nicht der 10te Theil ist, von dem was der Sache angemeßen wäre; so muß ich, nach Ihren bisherigen Verfahren, fürchten, daß Sie auch deßen Auszahlung verzögern werden: was mich in diesem Argwohn bestätigt, ist Ihr Schweigen über diesen Punkt, so oft ich ihn berührte, u. zudem höre ich von mehreren Seiten daß Sie mit Bezahlen des Honorars meistens warten ließen, auch wohl überhaupt Anstand nähmen. Von Ihnen hätte ich dies sonst am wenigsten erwartet, nach den Grundsätzen die Sie in ihrer Broschüre gegen Maklot äußern: bedenken Sie nur, daß so ein Nachdrucker auch nichts weiter will, als das Honorar umgehn, u. daß Ihre gute Sache es allein durch den Umstand ist, daß Sie wirklich Honorar bezahlen.

Was ich von Ihnen, nach meiner eignen Festsetzung, zu fordern habe, ist so bitterwenig, daß ich nicht ein Wort daran wenden würde; wäre es nicht, daß ich von Ihnen das Honorar so fordre, wie man vom Veturino sich einen Thaler geben läßt, um sicher zu seyn daß er wirklich fährt, u. zweitens weil ich die Reise vor mir habe. Sie können es, nach dem was ich Ihnen vorgestellt, mir selbst nicht verdenken, wenn ich in diesem Punkt mich nicht wieder dem Hinhalten u. Aufhalten durch Sie aussetzen, sondern sicher gehn will. Daher ersuche ich Sie mir das Honorar für wenigstens 40 Bogen zu schicken: denn da ich jetzt sehe, daß die 2te Absendung von M.S. grade soviel als die erste betragen wird (vielleicht 4 geschriebene Bogen weniger) so ist gewiß, daß selbst bei dem engen Druck, mehr als 40 Bogen herauskommen: aller Billigkeit nach sollten Sie, zumal bei dem engen Druck, mir auch die Bogen bezahlen die über 40 sind: doch will ich, wie gesagt, es Ihnen selbst anheimstellen. — Wollen Sie mir das Honorar nicht vorher übermachen, so will ich das M. S. Jemanden in Leipzig senden, der es Ihnen gegen das Honorar einhändigt; auch muß ich ihm dann den Kontrakt schicken, damit falls Sie den Druck noch ferner verzögern, er Sie gerichtlich dazu anhalten kann. Denn es ist ja, beim Himmel, kein andrer Weg möglich.

Um indeßen das letzte Extrem u. ein entschieden feindliches Verfahren, wo möglich, zu vermeiden, will ich Ihnen noch einen Vorschlag thun, der so ist, wie ihn Ihr bisheriges Verfahren noch keineswegs verdient. Ich will in 8 Tagen den Rest des MS an Sie absenden, wenn Sie in Ihrem nächsten Brief mir unumwunden Ihr festes Ehrenwort geben, am Tage nach Empfang des MS das Honorar für wenigstens 40 Bogen zu übersenden u. zugleich mit aller Ihnen möglichen Aufrichtigkeit zu melden, wann der Druck beendigt seyn wird. — Wenn Sie auch diesem sich durch Umschweife entziehn, so muß ich, wie gesagt, Jemanden in Leipzig die Sache zu betreiben übergeben. Meßen Sie übrigens es sich selbst bei, daß meine Geduld, wie Sie sehn, zu Ende ist.

Arthur Schopenhauer.

Dresden, d 31 August
1818

[Adresse:] Herrn F. A. Brockhaus
Leipzig

[Poststempel:] Dresden 31 Aug 18

12. Friedrich Arnold Brockhaus an Arthur Schopenhauer.

H. D. Arthur Schopenhauer in Dresden.

Leipzig den 1. Sept. 1818

Mein Herr

Auf Ihren Brief von gestern erwiedere ich, daß Sie die einliegenden Briefe des Factors der Druckerey durchsehen wollen, und daß Sie daraus ersehen werden, a. daß Ihr Ms ohne einen Tag Zeit Verlust an ihn ist eingesandt worden; b. daß ich ihm die schleunigste Beförderung, den Druck zu 30 Zeilen, die sorgfältigste Correctur empfohlen habe. c. daß der Fehler wegen der Zeilen in der Druckerey gemacht, daß eine Veranlaßung dazu da gewesen u es dem Werk, da es so ausläuft, zum Vortheil gereicht. d. daß, wenn die dritte Correctur hierher nach Leipzig geschickt werden sollte, eine Lieferung zu 5 Bogen auf die Woche unmöglich fält daß man aber wenn ich darauf nicht bestehe, so viel liefern wolle, worauf ich erwiedert habe, daß man auch die dritte Correctur dort lesen u. den Druck möglichst beschleunigen solle, weil ich Ihnen versprochen habe, daß bis zur Meße also im October (daß sich die Bhändler Meße anders dehnt, als die Meße der Waarenhändler können Sie von jedem Lehrburschen erfahren) 40 Bogen (so stark haben Sie Ihr Werk angegeben) gedruckt seyn müßten; man Ihnen übrigens direkt die Aush. Bogen zusenden solle. — Sie werden hieraus abnehmen, daß ich als ein ordentlicher, pünktlicher u verständiger Geschäftsmann gehandelt habe u mich kein Vorwurf trift. Selbst setzen u drucken kann u will ich Ihr Werk nicht. Ich muß mich an andere wenden. Geschieht dies an eine so ansehnliche u wohl administrirte Druckerey als es die Altenb. ist, so trift mich, wenn man die Welt nimt wie sie ist u sie sich nicht nach Vorstellung abstrahirt, kein Vorwurf. Wenigstens will ich mich gerne vor eine Jury vernünftiger Leute deshalb stellen lassen.

Was das Honorar betrift, so können Sie solches (und zwar 40 Ducaten) dem Contract gemäs bey der Ablieferung des Rests vom Ms in Empfang nehmen, nehmen laßen, oder von mir eingesandt erhalten. Es bedarf dazu bey mir nicht der Gebung meines Ehren Worts. Dem wahren Manne von Ehre genügt das Wort, das einfache. Meine Erfahrung hat mich gelehrt, daß es vorzüglich nur Windbeutel sind, die etwas „bey ihrer Ehre" oder „auf Ehre" betheuern.

Wenn Sie anführen, daß Sie „allgemein" dort hörten, ich laße auf das Honorar (doch gegen Contract) warten, so werden Sie mir erlauben, daß so lange Sie mir nicht wenigstens einen einzigen Autor nahmentlich aufführen, den ich darüber zur Rede stellen kann, ich Sie für keinen Ehren Mann halte. Das „Allgemein" will ich Ihnen ersparen.

Dies zur Antwort auf Ihren Brief.

Brockhaus.

[Adresse:] Sr. Wohlgeb:

dem Herrn Dr: Arthur

Schopenhauer

in

Dresden.

[Poststempel:] Leipzig 1. Sept. 18

Schopenhauer schickte nun den Rest des Manuskriptes an Dr. Wiesand in Leipzig und bevollmächtigte diesen, das Honorar in Empfang zu nehmen. Ihm wurden denn am 18. September 40 Ducaten ausgezahlt. Danach schrieb Schopenhauer wieder an Brockhaus, ohne auf das Vorhergegangene zurückzukommen.

13. Arthur Schopenhauer an Friedrich Arnold Brockhaus.

Herrn F. A. Brockhaus

in Leipzig.

Dresden. 22 Sept

Käme es auf mich allein an, so sollte auch so nur 1 Band werden. Wenn Sie jedoch 2 machen wollen; so ist nothwendig daß beide zugleich erscheinen: nicht nur weil ich das Recht habe dies zu fordern, da im Kontrakt ausdrückl Ein Band bestimmt ist; sondern weil es Ihr Interesse ist: indem aus den ersten Büchern ohne das letzte kein Mensch zum Verständniß kommen kann; worüber das Nähere in der Vorrede steht: daher die beiden Bände getrennt erscheinen zu laßen, ein sicheres Mittel wäre, den Absatz sehr zu schmälern.

Seit die 3te Korrektur in Altenbg geschieht, sind viele Druckfehler: ich wünsche einen andern Korrektor. Das nähere steht in meinen Briefen an die Druckerei.

Ueber die mir gehörigen Exemplare auf schönem Papier hat meine Disposition Herr Quandt; der auch die Absends der übrigen Aushängebogen nach Rom übernommen hat.

Arthur Schopenhauer.

Ich reise im Vertrauen auf das Wort des Druckers, Ende Octr ganz fertig seyn zu wollen, welches auf alle Weise zu befördern wie auch für größere Korrektheit zu sorgen, Ihre Pflicht ist, wie Ihr Intereße. —

14. Friedrich Arnold Brockhaus an Arthur Schopenhauer.

Leipzig, 24. September 1818.

Mein Herr

Ich hatte in Ihrem Briefe vom 22sten vor allem andern, einen Beweis für Ihre injuriösen Behauptungen in Ihrem früheren Briefe oder einen Widerruf derselben erwartet, und da sich weder das eine noch das andere darin befindet, und ich Sie nach meiner Erklärung, also fortan für keinen Ehrenmann halte, so kann deshalb künftig auch kein Briefwechsel weiter zwischen uns statt finden und werde ich daher Ihre etwanigen Briefe, die ohnehin in ihrer göttlichen Grobheit und Rusticität eher auf einen Vetturino, als einen Philosophen schließen lassen möchten, gar nicht annehmen, wenn ich Ihre Handschrift auf der Adresse erkenne und auf alle Fälle den Inhalt gar nicht beachten. — Was ich zu thun habe, weiß ich selbst und bedarf ich dazu keiner Erinnerung, die in den sackgroben Formen, worin Sie solche kleiden, ohnehin immer eher entgegengesetzte Wirkungen hervorbringen. — Ich hoffe nur, daß meine Befürchtung an Ihrem Werke blos Maculatur zu drucken, nicht in Erfüllung gehen werde.

So schließt, in grellem Mißton, der Briefwechsel zwischen Friedrich Arnold Brockhaus und Arthur Schopenhauer. Wer heute, nach mehr als hundert Jahren, die Geschichte des Zerwürfnisses liest, wird es beklagen, daß niemals eine Aussprache dieses Mißverständnis der Temperamente geklärt hat. Vielleicht war selten einer von denen, die mit dem Leben Schopenhauers in Beziehungen traten, mehr wert, von ihm erkannt zu werden, als der Verleger seines Hauptwerks. In einem hatten die Temperamente beider außerordentliche Ähnlichkeit, in der unbedingten Wahrhaftigkeit und in der streitbaren Bereitwilligkeit, für das als wahr Erkannte einzutreten, auch wo das eigene Interesse nicht auf dem Spiele stand oder wo gar das eigene Interesse in unnötigem Kampf gefährdet werden konnte. Brockhaus war eine Kämpfernatur und hat sich das Leben selbst nicht leicht gemacht. Aber voll aktivem Optimismus, hat er in zäher Energie sich durchzusetzen gewußt, und als er 1823, ein Fünfzigjähriger, starb, hatte er sich eine Stellung in der vordersten Reihe des deutschen Verlagsbuchhandels errungen. Schopenhauer war, wenn je ein Philosoph, Künstler, und bei der unerbittlichen Logik seines Denkens doch mit all den Irrationalitäten und Unberechenbarkeiten des Künstlers. Wie hätte der Kaufmann dieses im Untergrund der Seele wurzelnde Mißtrauen des Künstlers in Rechnung stellen, lächelnd darüber hinwegsehen sollen, wo es sich gerade gegen seine kaufmännische Ehre und Zuverlässigkeit richtete? Ihm ist sicherlich an diesem Ausgang keine Schuld beizumessen. Auf der anderen Seite war es Schopenhauer bei der Starrheit seiner Natur nicht gegeben, das Verschuldete vom Menschlichen her auszugleichen, zumal er sich formal wohl im Rechte fühlen mochte. Und so mußte sich Brockhaus damit begenügen, daß Schopenhauer ihm durch seinen Freund Quandt seine Freude an dem vollendeten Werk aussprechen ließ. Der Brief, datiert Berlin, den 12. Febr. 1519, lautet:

Ew Wohlgebohren

zeige ich hiermit an; daß Freund Schopenhauer die Aushängebogen seines Werks erhalten und sich über den gelungenen Druck sehr gefreut hat. Er bittet mich, ihm den 12 Bogen, der durch meine Schuld zurückgeblieben ist, nach zuliefern. Ich ersuche Sie diese Mühe gütigst zu übernehmen und diesen Bogen ihm durch die Post, unter Adrße: des Bar: Niebuhr Preußisch Gesandten in Rom zuzusenden.

H. v. Voß empfiehlt sich Ihnen und läßt Sie um Ennemosers Werk bitten.

Sollten die Aushängebogen meiner Reise fertig seyn, so würden Sie durch deren Zusendung sehr erfreuen

Ihren ergebensten Diener

Quandt.

II.

Die Aufnahme der »Welt als Wille und Vorstellung« Übersetzungspläne

Die Welt als Wille und Vorstellung:

vier Bücher,

nebst einem Anhange,

der die

Kritik der Kantischen Philosophie

enthält,

von

Arthur Schopenhauer.

Ob nicht Natur zuletzt sich doch ergründe?

Göthe.

....

Im Dezember des Jahres 1818 ist die »Welt als Wille und Vorstellung« erschienen. Schon am 23. September war Schopenhauer zu langem Aufenthalt nach Italien aufgebrochen. Nun mußte das Werk sich Bahn brechen, und die erste Möglichkeit dafür boten die Rezensionen.

Die früheste Rezension erschien schon im April-Juni-Heft der in Wien verlegten »Jahrbücher der Literatur«. Ihr Verfasser ist Friedrich Ast (1778—1841), der nicht nur durch seine Platon-Studien in der Philosophie-Geschichte sich einen Namen gemacht hat, sondern der auch durch sein Handbuch der Ästhetik (1805) die Entwicklungslinie der ästhetischen Philosophie von Schelling zu Solger weitergeführt hat. Die Besprechung, die im Originaldruck 29 Seiten umfaßt, erfüllt die Forderung, die Schopenhauer selbst einmal an die gute Rezension gestellt hat, daß sie die Meinung des Rezensierten verständlich und ohne ständige Zwischenrede des Rezensenten zur Darstellung bringe. Jeweils ist der Inhalt der vier Bücher klar und eindringlich wiedergegeben, und die eigene philosophische Ansicht Asts achtungsvoll und ohne Polemik dagegengestellt. Ast steht auf dem Standpunkt der Schellingschen Identitätsphilosophie, also vor der Wendung, die Schelling unter dem Einfluß Böhmes zum absoluten Irrationalismus hin vollzogen hat; Schellings Rezeption des Platonismus in seiner Potenzenlehre ist auch für ihn maßgebend. Gegen die exoterische Philosophie, die „das Leben in der Trennung und Entgegensetzung der Natur und des Geistes, des Objekts und des Subjekts anschaut", setzt er die esoterische Philosophie, wie sie auch Bruno und Spinoza gelehrt,

4*

die sich „in die Tiefe und Einheit des Lebens contemplierend versenkt", und indem er im Leben den höchsten, Subjekt und Objekt verknüpfenden Begriff sieht, möchte er dem Schopenhauerschen Satz „die Welt ist meine Vorstellung" den Sinn geben: „alles, was ist, ist für mich nur, insofern ich es in mir nachbilde und es in mich selbst verwandle". Mit der Schopenhauerschen Grundansicht vom Willen als dem Wesen der Welt kann er nicht übereinstimmen, nimmt dagegen die (platonischen) Ideen als „das reine, unwandelbare Wesen, das sich in den zeitlichen Darstellungen, den Dingen, abspiegelt": „Das an sich der Dinge sind demnach die Ideen", und der Wille ist „nur das Streben der Wesen nach dem an sich ihres Lebens, d. h. nach ihrer Idee, nicht das an sich selbst". Der Ästhetiker Ast findet das dritte Buch „vorzüglich reichhaltig an originellen Ansichten und treffenden Bemerkungen" und identifiziert sich mit Schopenhauers Ansicht, „der Gegenstand der Kunst seien die Ideen, in deren Beschauung sich das Individuum verliere und, aufhörend Individuum zu sein, reines Subjekt der Erkenntnis werde". Demgemäß sind seine Antithesen nicht solche des Prinzips, sondern im wesentlichen der Klassifikation. Es versteht sich, daß für den Anhänger Schellings der Philosoph als Wahrheit erforscht, was der Künstler als Schönheit bildet. Nur in der Ableitung der Religion als der Harmonie des einigen Lebens, dessen Melodie die Kunst ist, offenbart sich die Weltbejahung der ästhetischen Weltdeutung Asts, und so lehnt er in der Betrachtung des vierten Buchs „jene düstere Ansicht von der Unseligkeit des irdischen Daseins" ab und bekennt sich zu der „höheren Welt, in welche uns die Ideen des Wahren, Guten, Schönen und Heiligen emporheben". Die Kritik der Kantischen Philosophie schließlich empfiehlt er „allen, denen gründliche Philosophie und Wahrheit am Herzen liegt, zur sorgfältigen Lesung und Prüfung". So sehr Ast auch als Platoniker der ästhetischen Konsequenz der Schopenhauerschen Willenslehre widerstreitet, so rühmt er die »Welt als Wille und Vorstellung« als „ein in vieler Hinsicht ausgezeichnetes Werk" und findet, daß die Auseinandersetzung mit den philosophischen Ansichten des Verfassers der „freien Fortbildung unserer noch allzu scholastischen und durch die Schwerfälligkeit ihrer Formeln gehemmten Philosophie gedeihlich sein" könne. So sieht der Schellingianer in Schopenhauers Hauptwerk mehr den Bundesgenossen als den Gegner.

Die zweite Renzension erschien im Oktober 1819 in dem von Kotzebue herausgegebenen (nach dessen Ermordung später von Brockhaus übernommenen) »Literarischen Wochenblatt«. Die Rezension scheint in Weimar geschrieben, wie Adele Schopenhauer vermutet, „etwa von Riemer". Adele findet sie mit Recht „zu zierlich und leicht, zu damenhaft für ein so ernstes Werk". Der unbekannte Verfasser erhebt auch keine Ansprüche; er will nur seine „freie Mitteilung und Herzensergießung geben", „bis die rechten Kritiker aufwachen". Das ganze Werk findet er „sehr ausgezeichnet und sehr lesenswert". Von besonderem Interesse für uns ist die historische Einordnung des Anonymus, weil hier die Zeit selbst ihr unmittelbares Empfinden kundgibt. Die Benennung „Wille" will er auf eine Anmerkung Jakob Böhmes zurückführen. Nachdem er Schopenhauers „göttliche Grobheit" getadelt, fährt er fort: „Das allerärgste aber ist, daß alle seine Hauptideen mit den Schellingschen schlechthin in Eins zusammenfallen, daß Schelling das alles, nur anders, gesagt hat, was — wie er mehrmals versichert — von ihm zum erstenmal gesagt sei. Mir kommt es wirklich vor, als sei er böse und neidisch auf Schelling, daß dieser ihm gleichsam alles vorweggenommen hat, und er stellt sich nun, als habe er lauter Unsinn oder Windbeuteleien (sein Lieblingswort) vorgebracht."

Die dritte Renzension fällt fraglos durch ihren Urheber am meisten ins Gewicht. Sie ist in Brockhaus' »Hermes oder kritisches Jahrbuch der Literatur« im dritten Stück für das Jahr 1820 erschienen und hat trotz der Unterzeichnung E. G. Z. den Philosophen Herbart (1776—1841) zum Verfasser. Ihr ist ein Briefwechsel zwischen

Friedrich Arnold Brockhaus und Herbart voraufgegangen, der es wert ist, hier veröffentlicht zu werden.

Wohl durch den anfänglichen Herausgeber des »Hermes«, Traugott Krug, Herbarts Vorgänger in Königsberg, war Brockhaus mit Herbart in Verbindung gekommen und hatte ihn zur Mitarbeit am »Hermes« aufgefordert. Herbart hatte zugesagt und eine Rezension über Eschenmayers Religionsphilosophie geliefert. Darauf schrieb ihm Brockhaus am 5. April 1819:

„Im Verlag des Verlegers vom Hermes ist vor einigen Monaten ein philosophisches Werk von D. Arthur Schopenhauer (einem Sohne der Reisebeschreiberin), jetzt in Rom, erschienen, über welches eine ausgearbeitete Rezension uns sehr am Herzen liegt. Wir rechnen dabei auf Ew. und hoffen, Sie werden solche übernehmen und uns baldigst einsenden. Der Umstand, daß Schreiber dieses solche verlegt hat, muß Ew. Wohlgeb. nicht im geringsten stören, sie der strengsten Prüfung und Analyse zu unterwerfen."

Herbarts Antwort ist erhalten.

Johann Friedrich Herbart an Friedrich Arnold Brockhaus.

Kbg 30 May 1819.

Ew Wohlgeboren

danke ich ergebenst für den schnellen Abdruck meiner Schrift gegen Steffens, und für die mir zugesandten Exemplare.

Vor ein paar Tagen erst habe ich das Werk über d. Welt als Vorst. u. Wille v. Schopenhauer erhalten, und es sogleich durchgesehen. Die Recension übernehme ich gern; aber sie wird ausführlich werden, und mehr Platz als gewöhnlich erfordern; auch kann sie bey meinen übrigen Geschäften, vielleicht ein halbes Jahr ausbleiben. — Der Verf. fordert, was jeder bedeutende philos. Schriftsteller fordern muß, daß man seine frühern Hauptschriften gelesen habe; als solche nennt er zwey; die eine: „Über die vierfache Wurzel des Satzes vom zureichenden Grunde", die andere:

„Über das Sehen und die Farben". Beyde bin ich so frey mir von Ihnen zu erbitten. — Denn Sie sollen hoffentlich niemals ein solches leichtsinniges Machwerk für den Hermes von mir erhalten, als jenes, was Ihnen der Recensent meiner Gespräche über das Böse geschickt hat. Darin ist von Kenntnis meiner frühern Schriften keine Spur. Diese Art von Nachlässigkeit ist, wie ich längst wahrgenommen habe, der Hauptgrund, weshalb das ganze Recensionswesen aller deutschen Literaturzeitungen, im philosophischen Fache mehr Schaden als Nutzen stiftet. Erlauben Sie mir daher, Ihnen und H/n Prof Krug, (dem ich mich bestens zu empfehlen bitte) einen Vorschlag zu machen. Würden Sie nicht schicklich und thunlich finden, jeden Rec. eines philos. Buchs im Hermes, ausdrücklich zu erinnern und aufzufordern, er möge in jeder Recension seine Bekanntschaft mit den übrigen Werken des Autors genügend documentiren? Dieses könnten Sie, glaube ich, dadurch besonders motiviren, daß Sie Antikritiker nicht aufnehmen wollen, und folglich desto mehr Gefahr laufen, man werde sich in andern Blättern über den Hermes beschweren. — Meinerseits wenigstens muß ich verlangen, daß Jeder, der eine Schrift von mir beurtheilen will, zuvor meine Einleitung in die Philosophie, meine Psychologie, praktische Philosophie, und Hauptpunkt der Metaphysik gelesen, und daß er diese Bücher neben sich auf dem Tische liegen habe, während er recensirt.

Von Schopenhauer sage ich Ihnen noch, daß sein Werk zwar mannigfaltigem Tadel unterliegen wird, daß ich ihn aber zum mindesten Steffens und Eschenmayern gleich schätze, ja diesen beyden noch vorziehe. —

Hochachtungsvoll

Ew Wohlgeboren

ergebenster

Herbart

Brockhaus sandte Anfang Juli 1819 Herbart die gewünschten Schriften Schopenhauers mit der Bitte, eine „umständliche Beurteilung" einzusenden. Im Herbst hatte Herbart seine Rezension beendet und schickte sie, von einem Briefe begleitet, an Brockhaus ab.

Johann Friedrich Herbart an Friedrich Arnold Brockhaus.

Königsberg, 7. Oktober 1819.

Ew. Wohlgeboren empfangen hiermit die bewußte Recension, von der ich wünsche, daß Sie dieselbe nicht zu lang finden mögen; wenigstens kann ich versichern, daß sie im Verhältniß zum Gegenstande, und zu der Nothwendigkeit, im Hermes so ausführlich zu schreiben als die Deutlichkeit es erfordert, — möglichst kurz gefaßt ist. Sollte die etwas scharfe Beurtheilung, zu welcher die nicht geringe Meinung des Verfassers von sich selbst, Anlaß gab, Anstoß erregen; und sollte Jemand deshalb ernstlich nach meinem Namen fragen, so braucht derselbe kein Geheimniß zu bleiben, vielmehr ersuche ich Sie auf diesen Fall, mich zu nennen. Außerdem aber ist es mir lieber, nur von denen errathen zu werden, die meine Schriften kennen. — Jetzt habe ich noch eine andere Angelegenheit, für die ich mir auf einige Augenblicke die Aufmerksamkeit Ew. Wohlgeboren erbitte; und nöthigenfalls Ihren guten Rath!

Ein Manuscript, welches das Werk eines Vierteljahrhunderts und meiner besten Kräfte ist, liegt seit 5 Jahren druckfertig. Dieselben Ursachen, welche die Arbeit mühevoll machten, erschweren die Herausgabe. Schon der Titel: »Grundlegung zur speculativen Psychologie«, sagt aus, daß von Speculation die Rede ist; überdies setzt ein Theil des Buchs höhere Mathematik und Mechanik voraus; endlich verursachen 150 Bogen Handschrift, die wohl zwischen 50 und 60 Druckbogen geben können, — vielleicht selbst etwas mehr — schon bedeutende Druckkosten, und an Honorar habe ich bisher von den Buchhändlern, denen davon Nachricht gegeben wurde, 2 Friedr. Dor für den gedruckten Bogen verlangt. — Daß man in den Jahren 1814 und 15 auf einen solchen Vorschlag nicht einging, war schon der Zeitumstände wegen natürlich; und ich habe recht gern bis jetzt gewartet, weil mir nichts mit dem bloßen Honorar gedient ist, sondern ich dem Buche, welches der Wissenschaft zu Liebe ausgearbeitet wurde, jetzt auch Leser wünsche.

Nun aber scheinen sich die Zeiten geändert zu haben, daß in Ihrem Verlage das weitläufige Buch von Schopenhauer erscheinen konnte, — welches übrigens allem Anscheine nach nicht den zehnten Theil der Arbeit gekostet hat wie das meinige, — dies dünkt mich ein Zeichen, es sey nicht mehr ganz unmöglich, von Speculation mit dem Publikum ausführlich zu reden. — Hiezu kommt, daß die ganz vorzüglichen Verbindungen, welche Ew. Wohlgeboren Sich verschafft haben, Ihnen möglich machen können, was Andern unmöglich ist. Daher wende ich mich jetzt an Sie; nicht bloß, um Ihnen das Manuscript zum Verlage anzubieten, sondern mit dem Wunsche, in jedem Falle von Ihnen eine besondere Antwort zu erhalten, was nach den jetzigen Verhältnissen, und nach wahrscheinlichen Aussichten in die Zukunft, für mich thunlich und räthlich seyn möge? — Meine Lage versetzt mich eben so wenig in die Zahl der hungrigen Scribenten, die ihre Manuscripte um jeden Preis verschleudern um zu leben; als unter die Reichen, die das, was ihnen gebührt, verschenken können, ohne einen Mangel zu empfinden. — Allein in kurzem wird die zweite Auflage meiner Einleitung in die Philosophie gedruckt; überdies haben Ew. Wohlgeboren mich zu regelmäßiger Mitarbeit am Hermes aufgefordert; — alle diese meine kleinen literarischen Arbeiten, sind ewigen Mißverständnissen ausgesetzt, wenn ich nicht ein größeres, ausführliches Werk bekannt mache. Dies ist ein Hauptgrund, weshalb ich mit der Herausgabe jenes Buchs, — nachdem ich es diesen Sommer sorgfältig rividirt habe, — nicht gern länger zögern möchte.

Sollten Ew. Wohlgeb. sich auf eine Mitteilung einlassen

wollen, und vielleicht noch nähere Nachricht wünschen: so bitte ich mir dieses zu melden.

Ihnen und Herrn Professor Krug empfiehlt sich

hochachtungsvoll

Herbart.

Das Werk, das Herbart darin dem Verleger anbot, und für dessen Zukunftsaussichten er in dem Erfolg der »Welt als Wille und Vorstellung« den Maßstab sah, ist Herbarts »Psychologie als Wissenschaft«, die er schon 1814 abgeschlossen hatte.

Brockhaus hatte am 25. Oktober 1819 Herbarts Brief und Rezension noch nicht erhalten und erkundigte sich deshalb danach.

Johann Friedrich Herbart an Friedrich Arnold Brockhaus.

Königsberg 4 Nov 1819

Ew Wohlgeborn habe ich in Beziehung auf Ihr jüngstes Schreiben vom 25 Oct die Ehre zu melden: daß ich schon vor etwa 3 oder 4 Wochen meine Recension über Schopenhauers Werk fertig gemacht, und, um Ihnen das Postgeld zu ersparen, an Herrn Unzer gesendet habe, der gütig versprach, dieselbe bald an Sie zu besorgen. Wahrscheinlich kommt sie eher zu Ihnen als dieser Brief.

Da ich nicht im Mittelpuncte der Literatur wohne, so erwarte ich am liebsten Ihre Aufträge in Ansehung der von mir zu beurtheilenden Schriften; unter der Voraussetzung, daß ich hiebey nicht Gefahr laufe mit unbedeutenden Schriften behelligt zu werden.

Was ist aber aus meiner schon längst eingesandten Recension von Eschenmayers Religionsphilosophie geworden? Ich besinne mich nicht, dieselbe abgedruckt gesehn zu haben; es würde mir angenehm seyn zu wißen in welchem Stück des Hermes sie Platz finden soll. — Der gute Fortgang dieser Zeitschrift ist mir erfreulich, und ich fühle mich geschmeichelt dadurch, daß Ew Wohlgeborn auf mich als auf einen vesten Mitarbeiter rechnen. Allein ob meine Recensionen verstanden werden? ob sie zu etwas nützen? daran zu zweifeln bin ich fast genöthigt, solange meine größern Arbeiten nicht genug gekannt sind. Dies erinnert mich an die Angelegenheit, wovon ich Ewr Wohlgeboren in dem Briefe Nachricht gab, der meiner Recension über Schopenhauer beyliegt. Diese Angelegenheit bin ich so frey Ihnen nochmals bestens zu empfehlen. Verzeihn Sie meine Eile!

Herbart.

Brockhaus konnte sich nicht entschließen, den Verlag der »Psychologie als Wissenschaft« zu übernehmen; es scheine ihm, „daß Schriften wie die gedachte in gegenwärtiger Zeit kein großes Interesse erregten, ihrem absoluten Wert unbeschadet. „Was Schopenhauers Werk betrifft," schreibt Brockhaus weiter, „so habe ich dafür gar kein Honorar bezahlt, und muß dennoch bedauern, es gedruckt zu haben, da die Auflage höchst wahrscheinlich Maculatur wird. Ich möchte Ew. Wohlgeb. raten, bei Ihrem Werke lieber auf Honorar zu verzichten und es etwa Buchhandlungen, die Ihnen naheliegen, anzubieten." Wie begründet die Befürchtung von Brockhaus war, an der »Welt als Wille und Vorstellung« Makulatur gedruckt zu haben, zeigt die Tatsache, daß bis Anfang 1820 noch nicht 100 Exemplare verkauft waren, wie Brockhaus in einem Briefe vom 9. Februar 1820 dem Philosophen Krause in Dresden berichtet.

Der Briefwechsel schließt mit einigen resignierten Zeilen Herbarts. (Die »Psychologie als Wissenschaft« erschien 1824—25 in zwei Teilen bei Unzer in Königsberg.)

Johann Friedrich Herbart an Friedrich Arnold Brockhaus.

Königsberg 6 Jan 1820.

Ew Wohlgeborn

haben mir in Ihrem letzten Briefe sehr deutlich gezeigt, daß für meine langjährige Arbeit der Augenblick der Herausgabe noch nicht gekommen ist. Wenn Sie nur im mindesten besorgen können, daß Schopenhauers Werk Makulatur werden möchte, so muß der Zustand des heutigen philos. Publicums in einem kaum denkbaren Grade erbärmlich seyn! Daher sende ich hier ein paar Zeilen, die ich meiner Recension von Schopenhauers Werke am Ende beyzufügen bitte, wenn es noch früh genug ist.

Sie würden mich sehr verbinden, wenn Sie mir nach einiger Zeit melden möchten, ob das erwähnte Werk guten Absatz gefunden hat, oder nicht. Es ist mir sehr daran gelegen, eine Art von Thermometer für die Wärme oder Kälte im philos. Publicum zu haben. Denn leider! ist es meine Pflicht, noch einiges herauszugeben.

Hochachtungsvoll

Herbart.

Das Nachwort Herbarts hat, wie es scheint, der Rezension noch angefügt werden können, ist aber im Grunde, indem es das Buch als „Übung im Denken" lobt, keineswegs sehr empfehlend.

Herbart setzt sich zunächst eingehend mit den beiden früheren Schriften Schopenhauers, der »Vierfachen Wurzel des Satzes vom zureichenden Grunde« und »Vom Sehen und den Farben« auseinander. Die erstere Schrift findet er zu sehr im Kantianismus befangen: Sinnlichkeit, Verstand, Vernunft sind ihm „Hirngespinste einer falschen Psychologie". Bei der zweiten Schrift hebt er die Unmöglichkeit hervor, das a priori Gegebene, Zeit, Raum und Kausalgesetz, allmählig („bald") beim Kind in die Erscheinung treten zu lassen, und polemisiert gegen die Behauptung vom Leibe als dem einzigen unmittelbaren Objekt. So ist denn auch die Einstellung Herbarts gegen die »Welt als Wille und Vorstellung« von vornherein polemisch, und er stellt die Lehre Schopenhauers (im Gegensatz zu der sachlichen Wiedergabe bei Ast) gerade nur so weit dar, als er es für die Zwecke seiner Polemik braucht. (Die Kunstlehre läßt er ganz beiseite.) Er weist das Werk Schopenhauers der „geistreichen Unterhaltung" zu, wie sie Sache eines Lessing oder Lichtenberg gewesen sei, und er nennt ihn „einen wirklich ausgezeichneten Denker und Schriftsteller". Unter denen, „welche, von der Kantischen Philosophie ausgehend, sich bemühen, dieselbe nach ihrem eigenen Geiste zu verbessern", ist ihm „Reinhold der erste, Fichte der tiefsinnigste, Schelling der umfassendste, aber Schopenhauer der klarste, gewandteste und geselligste". „Insbesondere ist wohl äußerst selten eine solche Belesenheit so mannigfaltig und so glücklich benutzt worden, um spekulative Gegenstände lichtvoll darzustellen als in diesem Werke, und auf nicht weniger als 725 Seiten wird man kaum ein paar Stellen entdecken, wo die Lebendigkeit des Vortrags scheinen möchte nachzulassen und zu ermatten." Die Philosophie Schopenhauers sieht Herbart auf der Entwicklungslinie, die von Kant über Fichte zu Schelling führt. Die Kantische Lehre hat sich zum Idealismus ausgebildet, und als Grund der Realität erscheint der Wille, den schon die »Kritik der praktischen Vernunft« „zum Dinge an sich gestempelt hatte", wobei Platon, Spinoza und die Inder, die „als gute Freunde in der Nähe sind", zugelassen wurden. Den Ausgangspunkt der »Welt als Wille und Vorstellung« findet demnach Herbart bei Fichte, und im ersten Buch scheint ihm Schopenhauer Fichte zu wiederholen, da Fichte „das letzte Objekt im Ich, das in der Tat darin mangelt, herbeischafft, indem er die Identität des Objekts und Subjekts erst in Einheit des Handelnden und Behandelten und diesen wiederum in Einheit des realen Selbstbestimmens und Bestimmtwerdens umstempelt, den letzteren aber alsdann kurz und gut dem Wollen gleichsetzt". Bloß scheint ihm Fichte „mit einem in der Tat undankbaren, doch aber achtungswerten Fleiße den langsamen Gang eines notwendigen Denkens" zu suchen, wo Schopenhauer „mit absoluten Sprüngen zum Ziele kommt". Und Herbart sucht die Übereinstimmung der Fichteschen und Schopenhauerschen Willenslehre aus der »Sittenlehre« Fichtes (1798) im einzelnen zu belegen. Dann aber weist Herbart darauf hin, wie diese Willenslehre nach dem Vorgange Schellings mit der platonischen Ideenlehre verbunden wird. „Wohl begegnet es Herrn Schelling mit Recht, daß er, der gegen Fichte sich nicht dankbar zeigte, jetzt auch ohne Dank sich diese seine Mischung des Platonismus mit der Fichteschen und Spinozistischen Lehre muß nachmachen sehen." Und wenn Schopenhauer gegen Schelling polemisiert und die „Lehre vom steten Werden, Entsprießen, Entstehen, Hervortreten ans Licht aus dem Dunkeln, dem finstern Urgrund, Abgrund" bekämpft, so bemerkt Herbart: „Herr Schopenhauer wird ebenso vergeblich, als Herr Schelling, versuchen, sich aus der, letzterem schon vor langen Jahren zur Last gelegten Naturgeschichte Gottes herauszureden." So findet Herbart in der »Welt als Wille und Vorstellung« „in Schopenhauers klarem Spiegel vereinigt", was er sich früher aus „Fichtes und Schellings Dunkelheiten" „mühsam zusammensetzen mußte", und er empfiehlt das Buch der Lektüre, „wäre es auch nur, um sich vollends zu überzeugen, daß diese neueste, idealistisch-spinozistische Philosophie in allen ihren Wendungen und Darstellungen immer gleich irrig ist und bleibt".

Die eigentliche kritische Auseinandersetzung Herbarts mit Schopenhauer ist unfruchtbar, weil lediglich der eine Standpunkt gegen den andern gesetzt wird und bei der Heterogeneität der beiden Systeme (anders als im Falle Asts) jedes tiefer dringende Verständnis fehlt. Das erste Buch findet Herbart „aus teils irrigen, teils halbwahren Bemerkungen lose zusammengewebt"; es hat ihn „wenig interessiert und ihm etwas dürftig geschienen". Alle Relation, auch die zwischen Objekt und Subjekt, ist für ihn dem wahrhaft Realen fremd und zufällig. In der Identifizierung von Wille und Leib, Willensakt und Bewegung des

Leibes sieht er eine monströse Behauptung, und er weist hin auf die Sitte der Zeit, „unmittelbares Wissen" an die Stelle der Gründe zu setzen, und führt eine ziemliche Reihe Schopenhauerscher Sätze an, die er mit abfälligen Bemerkungen begleitet („dreiste Beschönigung des Irrtums durch neue offenbare Unwahrheit", „bewahre der Himmel", „eine so bequeme Philosophie", „bei solcher Leichtfertigkeit" u. dergl.). Im vierten Buche scheint ihm „die reine Schwärmerei ihren pomphaften Einzug zu halten", und er spricht von „poetischer Laune". Der Lehre Schellings und Schopenhauers vom absoluten Werden setzt er die eigene Lehre von einer Mehrheit des Realen entgegen. Und gegenüber dem Schopenhauerschen Pessimismus erklärt er sich als Optimisten: „Es ist längst bemerkt, daß die physischen Leiden der Menschen sehr erträglich sind, das eigentliche Unglück in den geselligen Verhältnissen liegt, und diese als eine Aufgabe betrachtet werden müssen, deren Lösung die Pflicht der gesamten Menschheit ist." Jeder Sinn für die metaphysische Tragik geht diesem platt-utilitarischen Raisonnement ab. „Was fehlt der Bohne? Eine dürre Stange reicht hin, die sie noch obendrein mit mehreren ihrer Nachbarn benutzen kann. Und was bedarf die Menschheit? Solche Männer braucht sie, die da verstehen, die Stange zu der Bohne zu stecken."

Kurze Zeit nach der unergiebigen Besprechung Herbarts erschien 1819 bei Hartmann in Leipzig eine eigene kleine, gegen Schopenhauer gerichtete Schrift »Was der Wille des Menschen in moralischen und göttlichen Dingen aus eigener Kraft vermag und was er nicht vermag«. Sie rührte her von einem Zittauer Gymnasiallehrer Johann Gottlieb Rätze, der schon 1794 über Kants »Religion innerhalb der Grenzen der bloßen Vernunft« geschrieben und der kurz zuvor eine »Blumenlese aus Jakob Böhmes Schriften« herausgegeben hatte. Seinen Standpunkt offenbart der Verfasser schon in der (vom 17. August 1819 datierten) Vorrede: „Das Evangelium ist uns die sichere Quelle der göttlichen Weisheit, Heiligung und Seligkeit, von der wir uns durch keine Philosophie der Mortifikation des Willens dürfen ableiten lassen." Demgemäß findet er „in der Schopenhauerschen Schrift der wahren Moralität und Religion widersprechende Ansichten", „aber noch ist wohl nirgends eine phantastische Heiligkeit so blendend, scharfsinnig und philosophisch dargestellt worden." Die Idee vom Willen als Weltschöpfer sieht Rätze schon bei Böhme vorgebildet. Nicht ohne Humor ist die Erwartung, mit der Rätze den Autor der »Welt als Wille und Vorstellung« entläßt: „Herr Schopenhauer ist, wie manche seiner Äußerungen andeuten, noch ein junger Mann, und bei seinem Scharfsinne und bei seinen Talenten und Kenntnissen wird er gewiß bald eine andere und bessere Ansicht von der Welt und damit zugleich von den Urhebern derselben gewinnen und der Welt gewiß noch recht brauchbare Schriften schenken." Rätzes Schrift ist bis zu den Schriften Dorguths und Frauenstädts das einzige der Philosophie Schopenhauers gewidmete Buch geblieben.

Danach erschien im Dezember 1820 in der »Jenaischen Allgemeinen Literatur-Zeitung« eine durch vier Nummern fortgesetzte ausführliche Besprechung der »Welt als Wille und Vorstellung«. Der Verfasser war Friedrich Eduard Beneke (1798—1843), der, zehn Jahre jünger als Schopenhauer, sich fast zu gleicher Zeit mit diesem an der Universität Berlin habilitiert hatte. Die Rezension rühmt von vorneweg den großen philosophischen Scharfblick, den Reichtum geistvoller Gedanken, die Gabe deutlicher und anschaulicher Darstellung, stellt dem aber die „fast grenzenlosen, fast an Wahnsinn streifenden Verirrungen" gegenüber, „zu welchen die folgerechte Durchführung weniger falscher Sätze geführt hat". In den Grundanschauungen des ersten Buches, in der Überzeugung von der „durchgängigen Relativität der Welt als Vorstellung mit sich selbst", stimmt Beneke mit Schopenhauer überein, setzt aber gegen den „Brennpunkt des ganzen Werks", die Lehre vom Willen als dem Ding an sich des Leibes, die eigene psychologistische Überzeugung: „Jede menschliche Tätigkeit kann zugleich auch ihre eigene Vorstellung genannt werden", und dieser Schein hat, so meint

Beneke, Schopenhauer irregeführt, derart, daß er die Vorstellung des Wollens für das Wollen selbst, die Vorstellung also für das Ding an sich nahm. Dabei stimmt er Schopenhauer bei in der Analogie-Erweiterung der eigenen inneren Erfahrung auf fremde Seelenveränderungen, ja auf das Außermenschliche, und es wäre zu untersuchen, ob nicht Benekes Theorie von der Analogie von hier ihren Ausgang genommen habe. In Schopenhauers Kunstlehre findet Beneke einen „großen Reichtum tiefer und geistreicher Bemerkungen", hält aber das Grundgerüst für verfehlt; insbesondere tadelt er die Unbestimmtheit der Ausdrücke „Idee" und „vollkommene Darstellung der Gattung". Gegen die Ethik und Ästhetik Schopenhauers führt er das Urteil Rätzes ins Feld. Bei der Kritik der Kantischen Philosophie weist er darauf hin, daß sich hier viel Gutes finde „nach der Art, wie es früher Aenesidem und desselben Verfassers Kritik der theoretischen Philosophie gegeben hat", und er wirft die Frage auf, „ob der Verfasser es davon unabhängig aufgefunden oder nicht". In der Tat war Schopenhauer geneigt, das, was durch seine schöpferische Gestaltung hindurchgegangen war, ohne weiteres für sein Eigen anzusehen: pereant, qui ante nos nostra iam dixere. Man hat nicht ohne Grund angenommen, daß G. E. Schulze, der das Erstlingswerk seines Schülers verständnisvoll eingeführt, in Verstimmung darüber für die »Welt als Wille und Vorstellung« nicht eingetreten sei.

An die Besprechung Benekes schloß sich im »Intelligenzblatt der Jenaischen Allgemeinen Literatur-Zeitung« vom 10. Februar 1821 eine unerquickliche Auseinandersetzung zwischen Schopenhauer und seinem Rezensenten. Beneke hatte Sätze Schopenhauers verstümmelt und eigene Kompilation durch Anführungszeichen für Schopenhauerschen Text ausgegeben, und dieser wies in einer »Notwendigen Rüge erlogener Zitate« in der heftigsten Weise seinen jugendlichen Richter zurück, von dem er annahm, daß er durch die Rezension seine Stellung in Berlin habe „unterminieren" wollen. Beneke verteidigte sich sehr schwach und gewunden.

Die letzte philosophische Besprechung fand die »Welt als Wille und Vorstellung« 1821 in der »Leipziger Literatur-Zeitung« (Nr. 21 vom 24. Januar), deren Mitherausgeber der Leipziger Philosoph Wilhelm Traugott Krug (1770—1842) war. Die Besprechung rührt von diesem selbst her. Krug, der von Kant zur Vernünftigkeit der Aufklärung zurückstrebte, hat uns von seinem Leben ein Bild entworfen, das in überaus anschaulicher Weise den Philosophen im Biedermeierstil zeigt. Ein seltsames Paradox des Schicksals hat ihn zweimal auf den Platz gestellt, den vor ihm das Genie einnahm, einmal als es ihn mit der früheren Braut Heinrich von Kleists ehelich verband, dann indem es ihn auf das Katheder Kants als dessen unmittelbaren Nachfolger rief. Krug gibt von der »Welt als Wille und Vorstellung« einen übersichtlichen, nur nicht eben sehr in die Tiefe dringenden Auszug, ehe er, achtungsvoll und zurückhaltend, seine Bedenken vorbringt. Er fühlt sich dabei in der Defensive gegen die Lehre vom Absoluten und möchte, ausgehend vom Prinzip der Vernünftigkeit, „die Vernunft als den Grund und Hebel des Ganzen erkennen". Seine Einwände richten sich in erster Linie gegen die Schopenhauersche Kritik der Kantischen Philosophie. Schopenhauer scheint ihm Wahrnehmung und Denken nicht in ihrem vollen Gegensatz erkannt zu haben und den Anteil der Vorstellung an der Tatsache des Wollens zu übersehen, vom Satz des Grundes in der theoretischen Philosophie einen zu unbedingten, in der praktischen Philosophie zu geringen Gebrauch zu machen und dadurch als obersten Gegensatz Vorstellung und Willen aufzustellen, die durchaus nicht so entgegengesetzt seien und damit auch nicht geeignet, den Gegensatz der Erscheinung und des Dinges an sich positiv oder real zu bezeichnen. Krugs „transzendentaler Synthetismus", geneigt, die Gegensätze aufzulösen, möchte sich auch die Schopenhauersche Philosophie zurechtbiegen, und er möchte gerne den Hauptgedanken des Buches in dem Satze ausdrücken: „Die Welt ist göttlicher Wille und göttliche Vorstellung; das Philosophieren arbeitet dahin, daß sie auch in dem Willen und der

Vorstellung des Menschen also erscheine, mithin praktisch dasselbe werde, was sie idealisch schon ist", und da er keine Aussicht hat, daß sich Schopenhauer in diesem Glauben mit ihm einigt, möchte er wenigstens die mittlere Formel für seine Synthese finden: „Die Welt ist absolute Tendenz zur Erscheinung; und die Philosophie arbeitet dahin, daß der Mensch, welcher diese Tendenz teils selbst absolut hat, teils sich in ihr absolut ergriffen findet, ihr handelnd und leidend mit anspruchsloser Hingebung folge." Immerhin — es wäre ein optimistischer Schopenhauer und die »Welt als Wille und Vorstellung« in Biedermeier-Ausgabe.

So wurde das neuerschienene Werk beurteilt, vom Standpunkt der Identitätsphilosophie, des Realismus, des Psychologismus, des Synthetismus, nur merkwürdigerweise nicht vom Standpunkt der herrschenden Hegelschen Philosophie. Alle Rezensionen waren mehr oder weniger ablehnend, zwei stellten wenigstens den Inhalt des Buches ausreichend dar, von tieferem Verständnis, erkennend, kongenial war keine, und danach nicht zu erwarten, daß eine davon dem Buche selbst Bahn gebrochen hätte.

Es mochte eine Entschädigung für Schopenhauer bedeuten, daß er doch *ein* Wort des Verständnisses hörte. Es kam ein paar Jahre später, nicht von einem Philosophen, sondern von einem Dichter — *Jean Paul*. In seiner »Kleinen Bücherschau«, deren zweites Bändchen 1825 in Breslau erschien, legte Jean Paul den Plan einer „Literaturzeitung ohne Gründe" dar. Sie hätte eigentlich in Weimar geschrieben werden sollen, von drei Männern im Feuer: Herder, Wieland, Goethe. Der Rezensent setzt den Titel hin und dazu: es gefällt mir, oder: es ist elend, die Gründe sind seine Werke oder sein Name. (Offenbar ist der Gedanke in Protest gegen die damalige Anonymität der Rezensionen — alle Rezensionen der »Welt als Wille und Vorstellung« sind anonym.) Und Jean Paul erwägt weiter, ob nicht auch bei andern Schriftstellern das Urteil statt der Gründe dienen könnte. „Könnt' ich nicht mehreren vor Jahren herausgekommenen Werken, die mir

5*

nicht Lob genug erhalten zu haben geschienen, noch einiges nachschicken und, ohne alles kritische Auseinandersetzen und Motivieren, beurteilen? und könnt' ich also z. B. nicht lobend anführen" — und so tut er denn und an siebenter Stelle heißt es:

„7. Schopenhauers Welt, als Vorstellung und Wille, ein genial-philosophisches, kühnes, vielseitiges Werk voll Scharfsinn und Tiefsinn, aber mit einer oft trost- und bodenlosen Tiefe — vergleichbar dem melancholischen See in Norwegen, auf dem man in seiner finstern Ringmauer von steilen Felsen nie die Sonne sondern — in der Tiefe nur den gestirnten Taghimmel erblickt und über welchen kein Vogel und keine Woge zieht. Zum Glück kann ich das Buch nur loben, nicht unterschreiben." Dazu in Anmerkung: „Die letzte Zeile werden Leser des originellen Buchs bildlich-treffend finden, da dessen Resultate sich oft in unbeweglichen Fohismus und Quietismus verlieren."

Aber auch das Urteil Jean Pauls konnte das Schicksal der »Welt als Wille und Vorstellung« nicht wenden. Das Buch blieb der literarischen wie der philosophischen Welt verborgen.

Auf eine zweite Möglichkeit mochte wohl Schopenhauer rechnen, seinem Werke die Aufmerksamkeit Deutschlands zu gewinnen: Goethe. Hatte doch Goethe selbst Schopenhauer sich als Schüler seiner Farbenlehre gewonnen und sicherlich, wie auf alle Romantik, auch auf die »Welt als Wille und Vorstellung« und namentlich ihre Kunstlehre tiefgehenden Einfluß geübt. Von Dresden aus hatte Schopenhauer am 23. Juni 1818 an Goethe in Karlsbad geschrieben: „Nach mehr als vierjähriger Arbeit hier in Dresden, habe ich das Tagewerk meiner Hände vollbracht und so vors erste das Achzen und das Krächzen abgethan. Mein Werk, welches nun zu Michael erscheint, ist die Frucht nicht nur meines hiesigen Aufenthaltes, sondern gewissermaßen meines Lebens. Denn ich glaube nicht, daß ich je etwas Besseres oder Gehaltvolleres zu Stande bringen werde. Ich kann, nach unseren einstigen philosophischen

Dialogen, nicht umhin, mir viel Hoffnung auf Ihren Beifall zu machen, falls Sie noch die Geduld haben, sich in einen fremden Gedankengang hineinzulesen."

Wie Goethe das Buch aufgenommen, berichtet die Schwester Adele dem Philosophen nach Italien: „Goethe empfing es mit großer Freude, zerschnitt gleich das ganze dicke Buch in zwei Teile und fing augenblicklich an, darin zu lesen. Nach einer Stunde sandte er mir beiliegenden Zettel und ließ sagen: Er danke dir sehr und glaube, daß das ganze Buch gut sei. Weil er immer das Glück habe, in Büchern die bedeutendsten Stellen aufzuschlagen, so habe er denn die bezeichneten Seiten gelesen und große Freude daran gehabt. Darum sende er die Nummern, daß du nachsehn könnest, was er meine. Bald gedenkt er dir selber weitläufiger seine Herzensmeinung zu schreiben; bis dahin solle ich dir dies melden. Wenige Tage darauf sagte mir Ottilie, der Vater sitze über dem Buche und lese es mit einem Eifer, wie sie noch nie an ihm gesehen. Er äußerte gegen sie: auf ein ganzes Jahr habe er nun eine Freude, denn nun lese er von Anfang zu Ende und denke wohl soviel Zeit dazu zu bedürfen. Dann sprach er mit mir und meinte, es sei ihm eine große Freude, daß du noch so an ihm hingest, da ihr euch doch eigentlich über die Farbenlehre veruneinigt hättet, indem dein Weg von dem seinen abginge. In diesem Buche gefalle ihm vorzüglich die Klarheit der Darstellung und der Schreibart, ob schon deine Sprache von der der Andern abweiche, und man sich erst gewöhnen müsse die Dinge so zu nennen wie du es verlangst. Habe man aber einmal diesen Vorteil erlangt und wisse, daß Pferd nicht Pferd sondern cavallo und Gott etwa dio oder anders heiße, dann lese man bequem und leicht. Auch gefalle ihm die ganze Einteilung gar wohl — nur ließ ihm das ungraziöse Format keine Ruhe, und er bildete sich glücklich ein, das Werk bestehe in zwei Teilen. Nächstens hoffe ich ihn wieder allein zu sprechen; vielleicht äußert er etwas Befriedigenderes. Wenigstens bist du der einzige Autor, den Goethe auf diese Weise mit diesem Ernste liest; das, dünkt mich, muß dich freuen."

Es hätte für Goethe nur eines Wortes, eines Fingerzeigs bedurft, und Schopenhauers Hauptwerk, das er ihm, auch er, „auf den Knien seines Herzens“ darbrachte, wäre nicht dreißigjähriger Verborgenheit anheimgefallen. Aber Goethe schwieg. Wenn wirklich in der Baccalaureus-Szene des »Faust« die Begegnung mit Schopenhauer nachwirkt — „die Welt, sie war nicht, eh ich sie erschuf“ — so ist sein Schweigen genügend erklärt. Aber Goethe hat zweimal, im Falle Schopenhauers wie im Falle Kleists, das Schicksal eines genialen Menschen in seiner Hand gehabt und es achtlos zur Seite gelegt. Schopenhauer hat nie darüber geklagt. „Es bleibe fern von mir gegen Sie mir auch nur in Gedanken einen Vorwurf zu erlauben. Denn Sie haben der gesamten Menschheit, der lebenden und kommenden, so Vieles und Großes geleistet, daß Alle und Jeder, in dieser allgemeinen Schuld der Menschheit an Sie, mit als Schuldner begriffen sind; daher kein Einzelner in irgendeiner Art je einen Anspruch an Sie zu machen hat. Aber wahrlich, um mich bei solchen Gelegenheiten in solcher Gesinnung zu finden, mußte man Goethe oder Kant sein: kein anderer von denen, die mit mir zugleich die Sonne sahen.“

Die dritte Möglichkeit für Schopenhauer, sein Werk durchzusetzen, bot ihm die akademische Lehrtätigkeit. Im Frühjahr 1820 habilitierte er sich, mit Hegels wohlwollendem Einverständnis, an der Universität Berlin und hielt im Sommersemester 1820 eine Vorlesung über seine Philosophie, der er naturgemäß sein Buch zugrunde legte. Es ist die einzige Vorlesung, die Schopenhauer gehalten hat, alle andern kamen, sofern die Ankündigung wirklich ernsthaft gemeint war, aus Mangel an Zuhörern nicht zustande. So blieb Schopenhauers Lehrtätigkeit ein vollständiges Fiasko, und so konnte auch von daher das Hauptwerk nicht propagiert werden.

Welches war der Grund dieses akademischen Fiaskos? Befragen wir darüber die »Geschichte der Universität Berlin« von Max Lenz, so erhalten wir folgenden Aufschluß:

„Am wenigsten Ursache, über den Despotismus Hegels zu klagen, hatte wohl derjenige, der über ihn und die Inzucht der deutschen Ordinarien am stärksten gescholten hat — Arthur Schopenhauer. Denn er wurde ebensowohl von der Fakultät und dem Minister, wie von den Studenten, und ganz besonders von diesen, in Ruhe gelassen. Er hat nicht weniger als 12 Jahre (von Ostern 1820 bis dahin 1832) unserer Universität angehört, die er allerdings während jahrelanger Reisen ganz gemieden hat. Aber auch in den 13 Semestern, in denen er Vorlesungen ankündigte, hatte er nicht nötig, auf die Universität zu gehen; aus dem zureichenden Grunde, weil er keine Hörer gefunden hätte. Man sieht also wohl, woher bei ihm die Tränen. Angekündigt hat er, solange er in Berlin war, stets; und zwar waren die Vorlesungen, zunächst wenigstens, so gewählt, daß sie wohl manches junge Semester ins Garn locken konnten. Gleich der erste Anschlag, im Sommer 1820, den er im Winter wiederholte, trägt den stolzen Titel: „Die gesamte Philosophie oder die Lehre vom Wissen der Welt und dem menschlichen Geiste". Danach kündigte er in unentwegter Wiederholung seine Erkenntnistheorie und Logik an, allerdings in Kollision mit dem Mittagskolleg von Hegel. Daß trotz Hegels Dominat Studenten einzufangen waren (denn Prüfungskommission und Rigorosum spielten noch keine Rolle, und das Auditorium rekrutierte sich aus allen Fakultäten), zeigte uns Ritters Beispiel. Aber auch ein Dr. von Keyserlingk, der, freilich albern und ungeschickt genug, vom Katheder herunter gegen seinen Ordinarius polemisierte, hatte noch Zuhörer. Bei Schopenhauer hingegen haben in mehr als einem Dutzend Semester im ganzen neun Zuhörer belegt; die Höchstzahl, die er zweimal erreichte, war drei. Gelesen hat er nie, also niemals Gelegenheit gehabt, die studierende Mitwelt mit seinem System des Pessimismus bekannt zu machen. Sein Buch, in dem er die Grundlagen vorgetragen, ward als unverkäuflich eingestampft. Die Zeit, in der seine Philosophie bei seinen Landsleuten Anklang fand, war noch nicht gekommen, und selbst später hat er bei der

Masse seiner Verehrer viel weniger durch seine Dogmatik als durch sein Klagen und Schimpfen, zumal auf die Philosophieprofessoren, Eindruck gemacht. Ein Mann, der die Ideallosigkeit selbst zum System erhob und dessen Philosophie nur der Reflex seiner von Selbstsucht und Impietät zerfressenen Persönlichkeit war, paßte wirklich nicht in eine Zeit, in der die Besten der deutschen Jugend den höchsten Idealen des religiösen und nationalen Lebens nachstrebten. Ihm, dem Danziger Kaufmannssohn, der während der Freiheitskriege in Rudolstadt seine Dissertation ausarbeitete, weil er überzeugt war, daß er nicht dafür geboren sei, der Menschheit mit der Faust zu dienen, sondern mit dem Kopf, und daß sein Vaterland größer sei als Deutschland, fehlte von Haus aus ebenso der vaterländische Geist wie das religiöse Empfinden: die Regungen der Seele, welche den stärksten Resonanzboden für die Wirksamkeit des Dozenten abgaben, mochten sie nun auf den Wegen Fichtes, Schleiermachers und Hegels oder auch Tholucks und Hengstenbergs befriedigt und beruhigt werden."

Man würde diese Ausführungen kaum für die Darlegung eines Historikers halten können, so unhistorisch ist die Betrachtungsweise, wenn nicht der Name des bekannten Gelehrten auf dem Titelblatt des Buches stünde. Um so mehr scheint es notwendig, über die grundsätzlichen Ursachen des Schopenhauerschen Mißerfolges Klarheit zu geben, denn durch die Zurückführung auf Zufälligkeiten wie die, daß Schopenhauers Buch nicht in die Hände der richtigen Rezensenten kam, oder daß er aus Trotz seine Vorlesung auf die gleiche Stunde verlegte, in der Hegel sein Hauptkolleg las, läßt sich eine geschichtliche Tatsache wie der Mißerfolg der »Welt als Wille und Vorstellung« geschichtlich nicht zureichend begründen.

Wenn der Romantik das Weltgefühl der Unendlichkeit zugrunde liegt, so ist für die romantische Weltdeutung Grundproblem das Verhältnis des Endlichen zur Unendlichkeit, des Menschen zur Welt.

Die Lösung, die die Romantik für diese Grundfrage gefunden hat, ist eine dreifache: es ist die Lösung der Resignation, der metaphysischen Tragik und des Entwicklungsglaubens, und ihre Formen sind die romantische Ironie, die Weltverneinung und die Geschichte.

Der Romantiker, dem jede Gestaltung als Begrenzung erscheint, löst jede selbstgeschaffene Form auf, um immer aufs neue Formen zu schaffen und zu zerstören. Das „Tun des Tuns" ist ihm wesentlich, das Resultat nichts. Wo die klassische Resignation in der Gestaltung sich Genüge tut, bringt sich die romantische Resignation in der Ironie immer wieder selbst zum Bewußtsein, daß das Endliche nie zum Unendlichen werden kann.

Wird diese Resignation zu Ende gedacht, so führt sie zur metaphysischen Tragik der Individuation, und aus der künstlerischen Subjektivität in die philosophische Objektivität übertragen, erweist sich die ihre Formen immer wieder selbst auflösende Phantasie als der formgebärende, formvernichtende Wille. Der romantische Stil ist seinem Wesen nach der tragische Stil und die Sehnsucht der Erlösung in ihm zu tiefst begründet, so wie in der Antike die Erlösungssehnsucht erwacht war, als die Gestaltung der Hochantike in die Entformung der Spätantike sich aufgelöst hatte. Es ist das metaphysische Leid des Teils, daß es das Ganze nicht sein mag, und sein Schicksal darum die Sehnsucht. Der klassische Stil ist der Stil der Gestaltung und ist als solcher statisch, in sich beruhend, sich selbst genügend. Der romantische Stil ist als Streben ins Unendliche seinem Wesen nach dynamisch und in der Unmöglichkeit, im Endlichen seine Erfüllung zu finden, tragisch. Klassik ist Erfüllung, Romantik strebt und sehnt und leidet. Ihre letzte Konsequenz ist darum die Verneinung der individuellen Form und darum der Welt der Formen überhaupt.

Hier nun hat die Romantik die Überwindung der Tragik, die Erlösung auf doppeltem Wege gesucht. Auf der einen Seite hat die Schopenhauersche Philosophie jene letzte Konsequenz aus dem

Weltgefühl der Romantik gezogen und die Lehre vom Willen in die Forderung von der Verneinung des Willens ausklingen lassen. Auf der andern Seite aber hat die Romantik selbst die Richtungslosigkeit der romantischen Ironie in die Triplizität des dialektischen Prozesses systematisiert und damit den Entwicklungsglauben in sich aufgenommen.

Lessing hatte im Rationalismus des ausgehenden 18. Jahrhunderts das historische Bewußtsein wachgerufen. Er hatte aus dem Studium des »Theologisch-politischen Traktats« Spinozas die Erkenntnis gewonnen, daß jede Religionsform Ausdruck der in ihr sich darstellenden Entwicklungsstufe der Menschheit sei. (Seine »Erziehung des Menschengeschlechts« ist, neben Herders »Gott«, das bedeutendste deutsche Spinozanum des 18. Jahrhunderts.) Herder hat dann den Gedanken der Entwicklungsgeschichte aus dem Begrenzt-Religiösen ins Allgemein-Kulturelle geweitet. Wie die Natur in immer höheren Manifestationen sich darstellt, so offenbart sich Kultur, der schöpferischen Kraft der Menschheit entstammend, in steigend immer höheren Formen der Menschheitsgeschichte. Diesen Herderschen Glauben, den Goethes Entwicklungsgedanke bestätigte, hat die Romantik übernommen. Die Zeit war ihr, die nicht baute und nicht bildete, das eigentliche Element der Unendlichkeit, wie denn Musik als Kunst der Zeit die eigentliche romantische Kunst ist. Im Entwicklungsglauben aber erhielt die Zeit den Charakter des Schöpferischen und damit die Unendlichkeit ihre Gerichtetheit. Hatte in der Resultatlosigkeit der Ironie Form um Form sich aufgelöst, so erhält jetzt die Form als die Ausprägung des Allgemein-Unendlichen im Individuell-Begrenzten ihre ethische Bedeutung. Schleiermacher sieht im romantischen Grundverhältnis des Endlichen zur Unendlichkeit die Wurzel des religiösen Gefühls der „schlechthinigen Abhängigkeit" und die Aufgabe des Individuums darin, diesem Gefühl die Form persönlicher Bildung zu geben, und Hegel läßt im dialektischen Prozeß durch die dargestellten und wiederaufgelösten Formen von Satz und Gegensatz die höhere Erscheinungsform der

Synthesis sich bilden. So löst die Romantik die Tragik der Individuation, die im Verhältnis des Endlichen zur Unendlichkeit beschlossen ist, durch den Begriff der Entwicklung: die Welt ist der werdende Gott und Geschichte das Leben des Unendlichen.

Hier ist die entscheidende Wendung innerhalb der Romantik, in ihrer grundsätzlichen Hinwendung zur Geschichte. Damit hat die Romantik sich nicht nur von der Tragik ihres Grundprinzips abgekehrt, sondern auch in etwas den eigenen Irrationalismus verleugnet, indem sie die weltdeutende Phantasie „Vernunft" benannte. Immer stärker ging nun die Romantik in die Formen der Historie ein, wo ihr grundsätzlich-ursprünglicher Irrationalismus entschieden antihistorisch sein mußte. Die Spaltung innerhalb der romantischen Philosophie kommt zum Ausdruck in der Trennung von Schelling und Hegel, die bald die Formen offener Feindseligkeit annahm. Den Sieg gewann die historisierende Romantik Hegels, dessen Philosophie mit der Geschichte auch den Staat begriff und damit die Philosophie des nach den Stürmen der Revolutionskriege wiederentstehenden Staates wurde. Als Hegel 1818 das Berliner Katheder bestieg, war der Sieg entschieden. Die Romantik, in ihren Anfängen die Lebensform eines exklusiven Kreises, wird nun in der Form des Entwicklungsglaubens und des Historismus Bildungselement des deutschen Volkes und hat so weithin das 19. Jahrhundert beherrscht.

Dies war die Zeit, in die Schopenhauers »Welt als Wille und Vorstellung« eintrat und in der er auf dem Katheder für die Idee des Irrationalismus zu wirken begann. Es war ein aussichtsloses Beginnen und ein verlorener Posten. Niemals ist ein Buch unzeitgemäßer gewesen. Es hatte gegen sich nicht die Macht einer herrschenden, sondern den Elan einer siegenden Philosophie. Es ist sicherlich nicht zufällig, daß kein Hegelianer die Zeit fand, das Buch zu beurteilen. Der romantische Irrationalismus war durch den romantischen Historismus in eine aussichtslose Defensive gedrängt. Was sollte eine Zeit, deren Gottheit sich in der Geschichte verwirklichte, mit einem Buche beginnen, das der Geschichte den Wert und die Würde absprach, für das es bedeutungslos war, ob das Spiel um Nüsse oder um Kronen ging. Und welche Stelle sollte eine Zeit, die den Staat als konkrete Realisation der sittlichen Idee kanonisierte, einem Buche zuweisen, dessen Reich im eigentlichen Sinne nicht von dieser Welt war. In dieser Zeit konnte Schopenhauers Buch so wenig auf Leser wie er selbst auf Hörer rechnen. Wer sein Buch damals überhaupt las — im Jahre des Erscheinens wurden 100 Exemplare verkauft —, der empfand es, wie die Rezensionen dartun, als Folgeerscheinung des Schellingschen Irrationalismus. Und nun zeigt sich eine merkwürdige Parallelität im Schicksal der beiden Denker, die nur um 13 Jahre im Lebensalter voneinander geschieden sind. Beide sind, antihistorisch, von einer Zeit der Historie übergangen. Und wie Schopenhauers spätere Bücher, alle eigentlich Parergen zu dem Buche von 1819, von ständiger Polemik gegen Hegel durchzogen sind, gegen den schon seine Habilitationsrede den Kampf proklamierte, so ist Schellings Leben in seiner Münchener Verbannung an dem Gegensatz gegen den im Leben wie im Tode siegreichen Rivalen orientiert. Der unterlegene romantische Irrationalismus bekämpft den siegreichen romantischen Historismus.

Von allen Büchern, die mit der Jahreszahl 1819 in Deutschland in die Welt getreten sind, leben heute nur noch zwei: Schopenhauers »Welt als Wille und Vorstellung« und der »West-östliche Diwan« von Goethe. Es ist unter allen Werken Goethes dasjenige, das der Romantik am nächsten steht, das nicht das Gebilde preist und die „geprägte Form, die lebend sich entwickelt", sondern das Fließende und die „selige Sehnsucht", die „nach Flammentod sich sehnt". Hier wie dort Aufgeben der Sonderheit, Verneinung des Willens zum individuellen Sein. Und dieses Bewußtsein mußte Schopenhauer aufrechterhalten in der solitude of kings gleich der Zeder der Goetheschen Fabel: „Ich habe auch Brüder, aber auf jenen Bergen."

Die Wirkungslosigkeit seines Buches und die Erfolglosigkeit seines Versuches zu lehren bedeutete für Schopenhauer auf Jahrzehnte hinaus ein obskures Literatendasein. Was er zu sagen hatte, hatte er jetzt in der »Welt als Wille und Vorstellung« gesagt, und niemand hörte ihn. So entstand zunächst in ihm, um sich zu beschäftigen, der Wunsch, einige ihm liebe Werke der Weltliteratur zu übersetzen, den »Tristram Shandy«, den er neben dem »Don Quijote«, der »Nouvelle Heloise« und dem »Wilhelm Meister« zu den vier größten Romanen rechnete, und des Jesuiten Balthasar Gracian »Handbüchlein der Lebensweisheit«. Davon geben die nächsten Briefe an Brockhaus Zeugnis.

15. Arthur Schopenhauer an F. A. Brockhaus.

Herren Brockhaus in Leipzig.

Dresden, d. 26 Jan[r] 1825.

Schon als ich im September die Ehre hatte Sie in Leipzig zu besuchen, erbot ich mich Ihnen zu Uebersetzungen aus dem Englischen u. Italiänischen. Da ich sehe daß Sie eine Sammlung Uebersetzungen klaßischer Romane des Auslandes veranstalten, würde ich mit vielem Vergnügen die des unsterblichen Tristram Shandy von Sterne übernehmen. Es ist eines von den Büchern, die ich immer wieder lese. Es giebt zwar eine deutsche Uebersetzung, ich denke von Bode, die gut seyn soll, ich kenne sie nicht: allein die Sprache ist wohl nicht mehr die heutige, u. man macht jetzt größere Ansprüche. In jedem Fall würde ich ganz unabhängig davon und sehr con amore übersetzen, um den ganzen Eindruck u. Geist des köstlichen Originals lebendig wiederzugeben, u. da ich der Englischen Sprache, die ich jung in England erlernte, fast so mächtig als meiner eigenen bin, so darf ich hoffen etwas sehr vollkommenes zu Stande zu bringen. — Zu Ihrer beliebigen Berücksichtigung. —

Ihr

ganz ergebener

Arthur Schopenhauer.

[Adresse:]

Herren Brockhaus.

Leipzig.

[Poststempel:] Dresden 25 Jan. 25.

16. Arthur Schopenhauer an F. A. Brockhaus.

Ewr Wohlgeborn

werden es gewiß nicht auffallend finden, daß ich mir die Freiheit nehme, mich einmal nach dem Absatze meines Werkes zu erkundigen; zumal da jetzt, seit dem Erscheinen deßelben, grade 10 Jahre verstrichen sind. Obgleich ich kein pekuniäres Intereße dabei habe, so habe ich dafür ein so großes litterarisches, daß mir ohne Zweifel an dem Absatze jenes Buches noch weit mehr gelegen ist als selbst Ihnen. Ich bitte Sie daher mir gefälligst mitzutheilen, wie viele Exemplare bis jetzt verkauft sind, u. wie viele noch auf dem Lager: denn ich weiß nicht bestimmt, wie viele sie gedruckt haben. Wenn Sie vielleicht noch sonst etwas darüber mir mitzutheilen die Güte haben wollen, etwa über den Gang des Absatzes in früherer u. späterer Zeit oder in einzelnen

Jahren; so wird es für mich allemal sehr intereßant seyn, u. werde ich es mit Erkenntlichkeit aufnehmen.

Der ich mit vollkommner Hochachtung bin

Ewr Wohlgeborn
ganz ergebener
Arthur Schopenhauer.
addr: Behrenstr: No. 70.

Berlin,
d. 24 Novr.
1828.

Die Firma antwortete unterm 29. November 1828: „Von dem bei mir von Ihnen erschienenen Werke sind noch gegen 150 Exemplare vorräthig; wieviel verkauft worden, kann ich Ihnen nicht sagen, da ich vor mehrern Jahren eine bedeutende Anzahl Exemplare zu Maculatur gemacht habe. Ich weiß nur so viel, daß der Absatz wie jetzt so auch früher sehr unbedeutend gewesen ist.“

17. Arthur Schopenhauer an F. A. Brockhaus.

Ewr Wohlgeborn

nehme ich mir die Freiheit ein Manuskript zur Ansicht zu übersenden, welches ein sehr guter Buchhandels-Artikel werden kann. Da ich jedoch aus individuellen Ursachen schlechterdings nicht als der Uebersetzer deßelben gekannt seyn will; so erbitte ich mir vor Allem Ihr tiefstes Stillschweigen hierüber, Sie mögen den Verlag nun übernehmen, oder nicht. — Jetzt muß ich Ihnen die Litterarischen Notizen geben, die Sie au fait der Sache setzen werden.

Des Jesuiten Balthasar Gracian's Oraculo manual y arte de prudencia ist 1653 in Spanien erschienen u.

bald darauf in's Französische übersetzt unter dem bekannten Titel l'homme de cour de Gracian, tr: par Amelot de la Houssaye: diese Uebersetzg ist sehr unvollkommen: er hat den Text nur halb verstanden. Dennoch erschienen bald 2 Verdeutschungen dieser französ: Uebersetzg näml eine von Sauter, Leipz: 1686: die andre von Selintes Augsb: 1711: beide höchst elend, weil die Leute nicht einmal französisch recht verstanden, u. die französ: Uebers: selbst, wie gesagt, fehlerhaft ist. Dennoch ist diese 1750 auch noch in's Lateinische übersetzt, u. unter dem Titel Gratiani homo aulicus in Wien erschienen: diese Uebersetzg ist schwierig, konfus, zum Theil ganz unverständlich. Inzwischen aber erschien zu Leipzig 1715 eine wirklich nach dem Spanischen Original gemachte Deutsche Uebersetzg v. A. F. Müller. Dieser hat das Original zwar meistens, wiewohl nicht immer, richtig verstanden, allein mehr eine Paraphrase als eine Uebersetzg gegeben, daher solche stets 3 bis 4 Mal so lang ist, als das Original, u. keine Spur hat vom Geist u. Ton deßelben, sondern an die Stelle jenes Reichtums an Gedanken bei größter Kargheit an Worten, welche der Karakter des Originals ist, das breiteste, wäßrichteste Gewäsche im ekelhaftesten Stile der Zeit (1715) giebt, welches heut zu Tage durchaus nicht zu lesen ist. Dazu fügte Müller noch seine moralischen Anmerkungen, deren Schaalheit u. Breite alles der Art hinter sich läßt, wodurch aber ein Werk von 3 Bänden 8vo, zus: 1790 Seiten, erwachsen ist. Dieses ist dennoch die letzte Deutsche Uebersetzg dieses berühmten Buchs. Es giebt auch eine noch frühere Italiänische Uebersetzg, die ich aber nie habe erhalten können. Die sämmtlichen Werke Gracians erschienen S p a n i s c h zu Antwerpen 1702, in

2 Bänden 4°, schön u. korrekt. Nach dieser Ausgabe habe ich übersetzt.

Das Bedürfniß einer Verdeutschung Gracians für unsre Zeit ist angezeigt, aber keineswegs auch nur einigermaaßen befriedigt worden, durch ein Pamphlet, das 1826 in Leipz: erschien „Das kleine schwarze Taschenbuch, oder Gracians Ideen über Lebensweisheit", 80 Seiten in 16mo: Preis 6 gr.

Dies elende Produkt der Büchermacherei scheint aus der Feder irgendeines pensionirten Kammerdieners gefloßen zu seyn. An eine Uebersetzg aus den Spanischen ist dabei natürl nicht zu denken. Der Verfaßer hat die alte fehlerhafte französ: Uebersetzg vor sich gehabt u. nun aus allen 300 Regeln Gracians, hin u. wieder, was ihm eben zusagte, herausgenommen, das Heterogenste verbindend, dann solches noch mit Gemeinplätzen aus eigenem Vorrath bereichert, welcher Mischmasch daher durchgängig des Zusammenhanges ermangelt, u. nun dieses unter 50 Rubriken eigener Komposition zusammengestellt zu einem Volumen von etwa 1/4 deßen was der ganze Gracian einnehmen würde. Nirgends ist ein rein wiedergegebener Gedanke Gracians, noch weniger eine Spur des hohen u. edlen Tons, in dem er spricht, zu finden. Ein nicht nur schlechter, sondern eigentl gemeiner Vortrag ist an die Stelle getreten. Es schmerzt, einen großen Schriftsteller so zugerichtet u. verunstaltet zu sehn. Ich lege mein Exemplar dieses Machwerks bei, in welchem ich die Nummern der Regeln, aus welchen er jedesmal genommen, wo es näml die ersten 50 sind, beigesetzt habe, zur Bestätigs des Gesagten durch Vergleichung mit meiner Uebersetzg.

Ich habe von den 300 Lebensregeln Gracians die ersten 50, in der Ordnung wie sie im Original stehn, übersetzt, meistens wörtlich u. stets so treu, als möglich war, ohne schwer verständlich zu werden: Hr: Keil, od: wer sonst Spanisch versteht, wird, bei Vergleichs mit dem Original, Ihnen hierüber Gewißheit geben u. wohl sagen, daß geschehn ist, was irgend möglich war: denn ich habe nicht bloß den genauen Sinn, sondern auch Ton u. Stil des Originals beibehalten u. dann durch vieles Feilen u. Beßern es doch so geründet u. fließend gemacht, daß jeder Aufmerksame, sogar Frauenzimmer, es gleich vollkommen verstehn, wovon ich mich überzeugt. Das ist viel schwerer, als es scheint, u. ist die Sache in ihrer Art ein kleines Kunstwerk. Dadurch nun aber erscheint dieses durch den Beifall von 1½ Jahrhunderten bewährte Buch, dennoch jetzt zum ersten Mal, außer Spanien, in seiner ächten u. wahren Gestalt; denn alle bisherigen Uebersetzungen sind auf eine od: andre Art gar sehr verkümmert. In dieser Form ist es das Lehrbuch der Kunst, die alle Menschen üben, u. geeignet der Rathgeber u. Hofmeister der vielen Tausende, besonders junger Leute, zu seyn, die ihr Glück in der größern Welt suchen. Daher wird nicht leicht Jemand in dies Buch geblickt haben, ohne es nicht bloß lesen, sondern auch besitzen zu wollen; da es nicht durch einmaliges Durchlesen, sondern als gelegentlicher Rathgeber u. Ermahner zu benutzen ist. Deshalb ist ein starker u. sichrer Absatz davon zu erwarten.

Gegenwärtige 50 Regeln sind ein schwaches Sechstel des Ganzen, da die kurzen Regeln im 2ten u. 3ten Hundert selten sind. Nach der Berechnung auf den Umschlag wird daher das Ganze 10 Bogen füllen, zumal da noch ein Vorbericht u. Register hinzukommt. Ich gestatte Ihnen 1000 Exemplare zu drucken: es muß in Duodez u.

elegant gedruckt seyn: etwa 150 Exempl: wären für die hohe Welt, bei der dies Buch in altem Ruhme steht, auf Velin zu drucken. Als Honorar verlange ich für das Ganze nur 120 ₰ — jedoch unter Stipulation, daß ich von jeder folgenden Ausgabe das ganze Honorar von Neuem erhalte. Wollen Sie letzterer Bedingung entgehn, u. mir bei den folgenden Ausgaben bloß die Hälfte bezahlen; dann ist das Honorar für diese erste Ausgabe 170 ₰ —

Von diesen Bedingungen werde ich in keinem Fall abzulaßen, da solche sowohl meiner Arbeit als Ihrem Gewinn sehr angemeßen sind.

Sollten Sie den Verlag aus besonderen Gründen nicht selbst übernehmen wollen u. könnten ihn vielleicht einem andern der dort anwesenden Buchhändler übergeben; so wäre mir auch dieses recht: nur darf er meinen Namen nicht ehr erfahren als bis die Sache abgeschloßen ist. — Sollte keines von beiden der Fall seyn, so bitte ich mir das M. S. u. das schwarze Buch wieder zurück zu senden, damit ich hier einen Verleger dazu suche.

Mich auf das strenge Verschwiegenbleiben meines Namens mit gutem Zutrauen verlaßend bin ich hochachtungsvoll

Ewr Wohlgeb:

ganz ergebener

Arthur Schopenhauer.

Behrenstr: N° 70

Berlin.

d. 15 Mai

1829.

6*

18. Arthur Schopenhauer an F. A. Brockhaus.

Ewr Wohlgeborn

würden mich außerordentlich verbinden, wenn Sie die Güte haben wollten, mir ein Exemplar meines Werkes zukommen zu laßen, welches ich einem sehr stark gelesenen Schriftsteller übersenden möchte, indem ich Gründe habe zu glauben, daß, wenn es ihm nur bekannt u. zugänglich wäre, er sich sehr günstig darüber äußern würde. Nur in der Hinsicht also, daß das Opfer dieses Exemplars sowohl Ihrem Intereße, als meinen Absichten förderlich seyn würde, erlaube ich mir Sie darum anzugehn. Falls Sie sich dazu entschließen, belieben Sie es an mich hierher, nach Frankfurt a M, wo ich seit 1831 mich aufhalte, zu adreßiren. Aeußerst lieb wäre es mir zugleich eine kleine Notiz über den Absatz letzterer Jahre, u. die Angabe der noch vorhandenen Anzahl von Exemplaren von Ihnen zu erhalten u. bitte ich Sie besonders darum. — Ich habe mit Vergnügen bemerkt, daß es nicht unter Ihren unbedingt herabgesetzten Artikeln steht, sondern nur unter denen, die bei größern Summen wohlfeiler gelaßen werden.

Der ich hochachtungsvoll bin

Ewr Wohlgeborn
ganz ergebener
Arthur Schopenhauer

Frankfurt a. M.
d. 30 April
1835.

P. S. Bei dieser Gelegenheit will ich Ihnen meine Ueberzeugung aussprechen, daß trotz der fast beispiellosen Vernachläßigung, die einem Werke wie meinem nur in einer in Hinsicht auf Philosophie tief gesunkenen u. vom niederträchtigsten Tartuffianismus heimgesuchten Zeitperiode zu Theil werden konnte, es einst seine Anerkennung erleben wird; weil das Aechte u. Wahre schlechterdings nie auf immer verkannt bleiben kann. Ja, so wenig Sie es mit mir glauben mögen, gebe ich die Hoffnung nicht auf, die 2te Ausgabe noch selbst zu erleben und sie durch die vielen Gedanken bereichern zu können, welche ich seit 1819 aufgeschrieben habe, seit welcher Zeit nichts von mir im Druck erschienen ist, als nur eine Lateinische Abhandlg über die Farben. Sobald also sich Ihnen eine Außicht auf eine 2te Ausg: zeigen möchte, haben Sie die Güte mich zeitig davon in Kenntniß zu setzen.

[Adresse:]

Herrn F. A. Brockhaus.

Leipzg.

[Poststempel:] Frankfurt 30 Apr.

Die Firma antwortete am 9. Mai: in neuerer Zeit sei leider gar keine Nachfrage nach dem Werk gewesen, weshalb sie sich bewogen gefunden habe, die Vorräthe, um wenigstens einigen Nutzen daraus zu ziehen, großentheils zu Makulatur zu machen und nur noch eine kleine Anzahl zurückzubehalten.

19. Arthur Schopenhauer an F. A. Brockhaus.

Ewr Wohlgeborn

nehme ich mir die Freiheit zu bitten, daß Sie gefälligst Sorge tragen wollen, daß meine kleine Schrift „Ueber den

Willen in der Natur" Frankfurt a. M. bei Schmerber 1836, 9 Bogen gr: 8° Preis 12 ggr,— in Ihrem wöchentlichen Bücherverzeichniß angezeigt werde, worin ich solche noch immer vermiße, obgleich sie schon im März erschienen ist. Sie werden dadurch nicht nur mich verbinden, sondern auch für Ihr eigenes Intereße sorgen, indem durch das Bekannt- u Gelesen-werden dieser kleinen Schrift der Verkauf meines größern in Ihrem Verlag erschienen Werkes unfehlbar befördert werden wird u. die noch vorhandenen Exemplare bald abgesetzt seyn werden: denn meine Absicht bei dieser neuen Schrift ist eigentl, wo möglich eine 2te Auflage der ältern, auf welche diese sich durchgängig bezieht, herbeizuführen, u. dies wird geschehn, wenn ich endlich durchdringe. — Wenn Sie also durch sonstige Anzeigen, wo es auch sei, zur Bekanntmachg dieser neuen Schrift beitragen wollen; so wird es zu Ihrem eigenen Nutzen gereichen u. zugleich besonders verbinden

Ewr Wohlgeborn
ganz ergebenen

Arthur Schopenhauer

Frankfurt a. M.
d. 12ten August.
1836.

P. S. Sogar in den Meßkatalog ist, durch Schmerber's Nachläßigkeit, diese neue Schrift nicht gekommen, obgleich der Druck schon d. 3ten März vollendet war u. es nicht etwa Kommißion, sondern Schmerbers eigner Verlag ist: eben so vermiße ich sie in den systematischen Anzeigen der Jenaischen

Intelligenzblätter u. überall. Schmerber ist sehr nachläßig in Anzeigen. Daher ich Ihnen das Werkchen als einen genauen Verwandten des früheren, in Ihrem eigenen Intereße, empfohlen haben wollte, und zweifle ich nicht, daß Sie den Gang der Schrift, bei Ihrem weitreichenden Einfluß, befördern können: wenn Sie z. B. sie Ihren eigenen Anzeigebogen beidrucken laßen, Recensionen befördern wollten u. dgl. m. — Liest man dieses Schriftchen, so sind Ihre noch vorhandenen Exemplare in Kurzem abgesetzt: das versichere ich Sie aufrichtig u. mit Ueberzeugung.

[Adresse:] Herrn F. A. Brockhaus.

Leipzig.

[Poststempel:] Frankfurt 12. Aug. 1836. 6—7

III.

Der zweite Band der »Welt als Wille und Vorstellung«

Schopenhauer zur Zeit der Vollendung des zweiten Bandes der »Welt als Wille und Vorstellung«.

Daguerreotyp vom 3. September 1842. Schopenhauer Archiv, Frankfurt a. M., Stadtbibliothek.

Nachdem Schopenhauer im Jahre 1836 in seinem »Willen in der Natur« seine Lehre in nuce dargestellt und sie von der Empirie aus befestigt hatte und nachdem er in den Jahren 1838 und 1839 in den beiden Preisschriften »Über die Freiheit des Willens« und »Über das Fundament der Moral« seine Ethik ausgebaut, ging er im Anfang der vierziger Jahre daran, was er inzwischen zu seiner »Welt als Wille und Vorstellung« hinzugedacht und in seinen Manuskriptbüchern verwahrt hatte, zu einer Reihenfolge von Essays auszuarbeiten, die er als zweiten Band seinem Werke hinzuzufügen dachte.

Er stand damals in der Mitte der Fünfzig und lebte über zehn Jahre in Frankfurt in völliger Einsamkeit. „Auf meine Belehrung achteten sie nicht, sie hielten sie keines Blickes wert. — Aber alles lehrt endlich die Zeit", klagt und tröstet mit den Worten des »Gefesselten Prometheus« das Titelblatt des »Willens in der Natur«. Wir haben aus dieser Zeit das älteste Daguerreotyp Schopenhauers, das er vom 3. September 1842 datiert hat und das also den Autor oder Redactor des zweiten Bandes der »Welt als Wille und Vorstellung« wiedergibt. Es zeigt jenen merkwürdigen Kontrast zwischen der Augenpartie und der Mundpartie, nach der eigenen Deutung Schopenhauers also zwischen dem intellektuellen und dem moralischen Charakter; dort tiefer, sinnender Ernst, hier eine überraschende, sehnsüchtige Weichheit, und man glaubt gerade noch etwas von dem Liebessehnen zu spüren, das in der Eiseskälte der Welt erstarrt.

Die geistige Situation hatte sich inzwischen in Deutschland wesentlich gewandelt. Die Hegelsche Philosophie hatte im dritten Jahrzehnt des Jahrhunderts die Universitäten gewonnen und beherrschte beim Tode des Schulhauptes (1831) weithin die Wissenschaft. Schon aber bahnte sich im allgemeinen Bewußtsein eine Wandlung an, die sich in den dreißiger Jahren durchsetzte. Die Romantik hatte die Unendlichkeit in der schöpferischen Zeit erfaßt, und die Hegelsche Philosophie die Entwicklung in der Geschichte zum obersten Wertbegriff gemacht. So wurde nun der gegenwärtigen Zeit als der unmittelbaren Auswirkung des Vermögens der Entwicklung überhöhte Bedeutung verliehen. Wo der Romantik die ganze Unendlichkeit eigen war und sie immer bereit war, jedes vergangene Moment der Entwicklung zu vergegenwärtigen, umfaßt eine gewandelte Gesinnung den Augenblick. Die Kunst des schöpferischen Augenblicks, der lebendigen Unmittelbarkeit der Impression verdrängt in Heines Dichtung Traum und Sehnsucht der Romantik. Die Dichtkunst will die Gegenwart gestalten in all ihren Problemen und Tendenzen. Die Tendenzpoesie wird auf den Schild erhoben. Nicht mehr das Nacheinander allgemeiner Zeiten, sondern das Nebeneinander realer Menschen steht im Gesichtskreis: das soziale Problem kündigt sich an. „Haltet Abrechnung mit der Zeit, mit Eurem eigenen Leben!" ist die programmatische Forderung des jungen Deutschland.

Auch die Philosophie wird, freilich abseits von der offiziellen Philosophie, gegenwärtig. Der Universalismus Hegels hatte der Frage nach der individuellen Erscheinung, dem dic cur hic, nicht genug getan. Der gegenwärtige, lebendige, sinnliche Mensch soll Gegenstand der Philosophie sein, und im dialektischen Prozesse wendet sich die Hegelsche Linke vom Panlogismus des Meisters zum Materialismus und Sensualismus.

Einen Dienst noch leistet der Geist der Geschichte der Gegenwart jener Zeit, indem er sie von der Vergangenheit befreit. Strauß' »Leben Jesu« und in seinem Gefolge die Tübinger Schule bewirkt für das Neue Testament, was im 17. Jahrhundert für das Alte Testament Spinoza gewirkt hatte, stellt es hinein in den Zusammenhang einer historischen Entwicklung und macht aus den Offenbarungsurkunden die literarischen Dokumente einer Mythenbildung. Was Hegel noch in tiefsinnige Allegorien als in ein absolutes Sein hatte retten wollen, ist zum Objekt entwicklungsgeschichtlicher Forschung geworden.

Der Entwicklungsglauben, mit dem einst die Romantik die metaphysische Tragik der Individuation überwunden hatte, hat sich umgesetzt in den Zeitwillen des deutschen Liberalismus. Aber er ist in dieser Umsetzung vollends rationalisiert worden. Es möchte scheinen, als ob die Aufklärung über die Romantik gesiegt hätte, eine Aufklärung freilich, die vom historischen Bewußtsein geleitet wird und für sich, aus der lebendigen Kraft der Geschichte, selbst das Recht der Revolution in Anspruch nimmt.

Im Anfang der vierziger Jahre hat nun der Irrationalismus zweimal den Versuch gemacht, sich gegen die Zeit durchzusetzen. Der erste Versuch ist Schellings Lehrtätigkeit in Berlin, die 1841 begann und 1846 endete. Friedrich Wilhelm IV., der in einer äußerlichen Pseudo-Romantik die Verhüllung seiner Wesenlosigkeit suchte, war der Hegelschen Philosophie abgeneigt und wollte ihr durch die Lehre Schellings, die die Versöhnung von Philosophie und Offenbarung verhieß, die Spitze bieten. Schelling kam nach Berlin und verkündigte seine positive Philosophie: der irrationale Weltgrund seiner Freiheitslehre ist geblieben, aber dieser Weltgrund tut sich kund in der metaphysischen Erfahrung der Mythologie und Offenbarung. Schellings Irrationalismus hat der Geschichte eine Konzession gemacht: der unvernünftige Weltgrund überwindet sich selbst durch seine sukzessive vernünftige Offenbarung. Indes, der gemilderte Irrationalismus Schellings machte Fiasko, indem er sich als ein spekulatives Gebäude mythologischer Forschungen erwies. Die auf Revolution hindrängende Zeit hatte keinen Sinn mehr für spekulative Konstruktion.

Der zweite Versuch des Irrationalismus in dieser Zeit, sich durchzusetzen, war das Neuerscheinen des um einen Band erweiterten Hauptwerkes der Schopenhauerschen Philosophie.

Es war, wie 1818, so 1843 ein kühnes Wagnis des Brockhausschen Verlags, zum zweiten Male die nunmehr verdoppelte »Welt als Wille und Vorstellung« der Zeit darzubieten.

Der Verlag hatte inzwischen alles das ausgebaut und gesichert, was sein Gründer geplant und vorbereitet hatte. Das »Konversations-Lexikon« wurde in vier Auflagen erweitert und durch ein »Konversations-Lexikon der neuesten Zeit und Literatur« ergänzt, und seit 1831 schloß sich die weitschichtige »Allgemeine Enzyklopädie der Wissenschaften und Künste« von Ersch und Gruber an. Die periodischen Unternehmungen, so Okens »Isis«, der »Hermes«, wurden fortgeführt, andere kamen dazu, von 1837 ab die »Leipziger Allgemeine Zeitung«, die 1843 zur »Deutschen Allgemeinen Zeitung« wurde und den Gedanken des Liberalismus gegen die Reaktion des Vormärz vertrat. Manches aus dem Umkreis der romantischen Literatur war unter die Verlagswerke aufgenommen worden. E. T. A. Hoffmanns »Phantasiestücke« (1825), Solgers nachgelassene Schriften (1826), vor allem das historische Hauptwerk der Romantik, Raumers »Geschichte der Hohenstaufen« (1823—25). Und an dem Taschenbuch »Urania« arbeitete Tieck fleißig mit. Eckermanns »Gespräche mit Goethe« waren 1836 im Brockhausschen Verlag erschienen und hatten (in gleicher Zeit mit Rahels »Buch des Andenkens« und Bettinas »Briefwechsel«) bewirkt, daß Goethe trotz der Angriffe Menzels und Börnes auch der politisierten Zeit gegenwärtig blieb. Wilhelm von Humboldts »Briefe an eine Freundin«, auch sie eine etwas spätere Brockhaussche Publikation (1847), vermittelten die Tradition des deutschen Humanismus. In den vierziger Jahren gab der Verlag Adele Schopenhauers Roman »Anna« (1845) und ihren »Haus-, Wald- und Feldmärchen«

Zum ersten Buch.

Erste Hälfte.

Die Lehre von der anschaulichen Vorstellung [illegible]

Kapitel I. Zur idealistischen Grundansicht.

1.

[Der Setzer hüte sich, die krummen Striche, durch welche ich die über den Rand hinauslaufenden Worte der Zeile anhake, für Unterstreichen derselben anzusehn]

[dies ist der Anfang]

✡ Im unendlichen Raum unzählbare leuchtende Kugeln, um jede von welchen etwan ein Dutzend kleinerer, beleuchteter sich wälzt, die inwendig heiß, mit erstarrter, kalter Rinde überzogen sind, auf der ein Schimmelüberzug lebende und erkennende Wesen erzeugt hat: — dies ist die empirische Wahrheit, das Reale, die Welt. Jedoch ist es für ein denkendes Wesen eine mißliche Lage, auf einer jener zahllosen im gränzenlosen Raum frei schwebenden Kugeln zu stehn, ohne zu wissen woher noch wohin, und nur Eines zu seyn von unzähligen ähnlichen Wesen, die sich drängen, treiben, quälen, rastlos und schnell entstehend und vergehend, in anfangs- und endloser Zeit: dabei nichts Beharrliches, als allein die Materie und die Wiederkehr derselben verschiedenen organischen Formen, mittelst gewisser Wege und Kanäle, die nun einmal dasind. Alles was empirische Wissenschaft lehren kann, ist nur die genauere Beschaffenheit und Regel dieser Hergänge. — Da hat nun endlich die Philosophie der neuern Zeit, [illegible] zumal durch Berkeley und Kant, sich darauf besonnen, daß Jenes alles zunächst doch nur ein Gehirnphänomen und mit so großen, vielen und verschiedenen subjektiven Bedingungen behaftet ist, daß die gewähnte absolute Realität desselben verschwindet und für eine ganz andere Weltordnung Raum läßt, die das jenem Phänomen zum Grunde Liegende, d.h. sich dazu verhält, wie zur bloßen Erscheinung das Ding an sich selbst. [weiter im Text nach ✡ a linea]

[a linea] ✡ Die Welt ist meine Vorstellung: — ist, gleich den Axiomen Euklids, ein Satz, den Jeder als wahr erkennen muß, sobald er ihn versteht; wenn gleich nicht ein solcher, den Jeder versteht, sobald er ihn hört. —

[illegible] [nicht a linea]

Diesen Satz zum deutlichen Bewußtsein gebracht und an ihn das Problem vom Verhältniß des Idealen zum Realen, d.h. der Welt im Kopf zur Welt außer dem Kopf geknüpft zu haben, macht, neben dem Problem von der moralischen Freiheit, den auszeichnenden Charakter der Philosophie der Neueren aus. Denn erst nachdem man sich jahrtausende lang im bloß objektiven Philosophiren versucht hatte, entdeckte man, daß unter dem Vielen, was die Welt so räthselhaft und bedenklich macht, das Nächste und Erste dieses ist, daß, so unermeßlich und massiv sie auch seyn mag, [illegible] ihr Daseyn

(1844) Hausrecht. Auch Schopenhauers und Adelens Freund Johann Gottlob von Quandt, der sich durch Hegel zu Spinoza zurückgefunden, hatte bei Brockhaus seine »Geschichte der Kupferstecherkunst« (1826) erscheinen lassen. Im Philosophischen war freilich Schopenhauers »Welt als Wille und Vorstellung« unter den Verlagswerken der erratische Block geblieben, weit ab von allen Wegen der Popularität.

An die Spitze des Verlags war nach dem Tode Friedrich Arnold Brockhaus' eine Administration getreten, die aus den beiden noch sehr jugendlichen Söhnen des Verstorbenen, Friedrich, dem späteren Schwager Richard Wagners, und Heinrich, und aus dem Prokuristen Bochmann bestand. 1830 hatten Friedrich und Heinrich Brockhaus den Verlag allein übernommen, derart, daß Friedrich Brockhaus im wesentlichen die Druckerei bis 1849, Heinrich Brockhaus bis zu seinem Tode 1874 den Verlag leitete. Die Verhandlungen, die Schopenhauer mit seinem Verleger führte, erscheinen nun etwas unpersönlicher als in der Zeit, da Friedrich Arnold Brockhaus Schopenhauer als Partner gegenüberstand, und Temperamentausbrüche fehlen fortan auf dieser Seite gänzlich. War es aber auch seiner Zeit ein Verdienst gewesen, bloß aus Schilderungen den persönlichen Wert eines Menschen zu erkennen, so war sicherlich das Verdienst nicht geringer, an einen solchen Wert zu glauben und für ihn sich einzusetzen, obwohl aller Erfolg augenscheinlich dagegen sprach. Dieses Verdienst kommt Heinrich Brockhaus (1804—1874) zu, der, in sehr jungen Jahren in den Buchhändlerberuf eingetreten, sich zur Aufgabe gemacht hatte, durch unablässiges Studium und durch regelmäßige Reisen eine umfassende Bildung sich wahrhaft zu erarbeiten. Er ist der Partner, mit dem Schopenhauer jetzt verhandelt; ihm ist es zu danken, daß der zweite Band der »Welt als Wille und Vorstellung« nicht zu Schopenhauers opus postumum wurde.

20. Arthur Schopenhauer an F. A. Brockhaus.

Ewr Wohlgeborn

werden es ganz in der Ordnung finden, daß ich mich an Sie wende, um Ihnen den Verlag des zweiten Bandes der „Welt als Wille u. Vorstellung" anzutragen, den ich nunmehr vollendet habe. Hingegen wird es Sie wundern, daß ich denselben erst 24 Jahre nach dem ersten liefere. Doch ist der Grund kein anderer, als eben nur, daß ich nicht früher habe damit fertig werden können; obwohl ich wirklich alle jene Jahre hindurch mit den Vorarbeiten dazu unabläßig beschäftigt gewesen bin. Was lange bestehn soll entsteht langsam. Die endliche Abfaßung selbst ist die Arbeit der letzten 4 Jahre: u. ich schritt zu derselben, weil ich einsah, daß es Zeit wurde abzuschließen: denn eben jetzt habe ich mein 55stes Jahr zurückgelegt, trete also in ein Alter, wo das Leben schon anfängt ungewißer zu werden, falls es aber noch lange fortgesetzt wird, dann die Zeit herankommt, wo die Geisteskräfte sinken.

Dieser zweite Band hat bedeutende Vorzüge vor dem ersten, u. verhält sich zu diesem, wie das ausgemalte Bild zur bloßen Skitze. Denn er hat vor ihm die Gründlichkeit u. den Reichthum an Gedanken u. Kenntnißen voraus, welche nur die Frucht eines ganzen, unter stetem Studium u. Nachdenken hingebrachten Lebens seyn können. Jedenfalls ist er das Beste, was ich geschrieben habe. Selbst der erste Band wird erst durch diesen in seiner ganzen Bedeutsamkeit hervortreten. Auch habe ich mich jetzt viel freier u. unumwundener aussprechen können, als vor 24 Jahren; theils weil die Zeit in dieser Art schon mehr verträgt, theils weil die

An F. A. Brockhaus

Ew.

werden es genug in der Ordnung finden, daß ich [illegible]

[illegible]

[illegible] 55 [illegible]

[illegible] con amore [illegible]

Q Die im ersten Bd. im Allgemeinen dargelegten Gedanken [illegible]

[illegible]

[illegible] 1835 [illegible]

meiner Arbeit zusammen. Auch gegen mich wird man nicht immerfort ungerecht seyn. Ich wollte, Sie kennten die wahre Litterärgeschichte: da würden Sie wißen, daß alle ächten Werke, alle die, welche nachher sich einer beständigen Dauer erfreut haben, am Anfange vernachläßigt dalagen, wie meines, während das Falsche u. Schlechte oben auf war. Denn dies weiß sich jederzeit in der Welt so breit zu machen, daß dem Guten u. Aechten kein Raum bleibt, u. Dieses sich durchwinden muß, bis es endlich ans Licht gelangt. Auch meine Zeit wird u. muß kommen, u. je später desto glänzender. Es handelt sich jetzt in der That darum, ein Werk in die Welt zu setzen, deßen Werth u. Wichtigkeit so groß ist, daß ich selbst hier hinter den Kulißen, d. h. dem Verleger gegenüber, solche nicht auszusprechen wage: weil Sie mir nicht glauben können. Aber wenigstens kann ich Ihnen zeigen, daß mir nur die Sache selbst am Herzen liegt u. keine Nebenabsicht dahinter steckt. Wenn Sie sich jetzt zur zweiten Auflage entschließen, stelle ich es Ihnen ganz anheim, ob Sie mir für beide Bände irgend ein Honorar geben wollen, oder keines. Freilich würden Sie, im letztern Fall, die Arbeit meines ganzen Lebens umsonst erhalten: aber für Geld habe ich sie auch nicht unternommen u. mit eiserner Beharrlichkeit bis ans Alter durchgeführt. Und freilich weiß ich auch, daß ein Buch von solchem Volumen Ihnen an Druck u. Papier sehr bedeutende Kosten macht, welch erst mit der Zeit wieder herauskommen. Ihre früheren Klagen über schwachen Absatz, Ihre Versicherung viele Exemplare vernichtet zu haben, sind mir sehr erinnerlich u. haben mir viel Betrübniß verursacht; so wohl ich auch weiß, daß daran nicht das Buch, sondern die Unfähigkeit u. Urtheilslosigkeit des Publikums, noch mehr aber die Verschmitztheit der es, nach ihren persönlichen Absichten, leitenden Universitätsphilosophen Schuld gewesen ist. Ich will inzwischen durchaus nicht, daß Sie bei meiner Sache Schaden leiden, auch nicht, wenn Sie reich sind. Deshalb stelle ich Ihnen jetzt die Bedingungen so, daß es nicht wohl möglich ist. Denn ein kleines Publikum für meine Schriften habe ich mir allmählig doch erworben. Einst wird es ein sehr großes seyn, auch mein Buch noch viele Auflagen erleben, wenn auch ich diese nicht erlebe.

Die letzte Revision des zweiten Bandes ist jetzt so weit gediehen, daß er in einem Monat zum Drucke fertig seyn wird. Am ersten Bande würde ich alsdann, während Sie den zweiten drucken, einige wenige u. geringfügige Verbeßerungen anbringen: bloß in der „Kritik der Kantischen Philosophie", welche als Anhang darin steht, würden sie bedeutender ausfallen u. dieselbe vielleicht einen Bogen mehr erhalten.

Ihrer Entscheidung entgegensehend bin ich mit vollkommener Hochachtung

Ewr Wohlgeborn
ganz ergebener
Arthur Schopenhauer.

Frankfurt a. M.
d 7ten Mai.
1843.

21. Arthur Schopenhauer an F. A. Brockhaus.

Ewr Wohlgeborn

haben in Ihrem geehrten Schreiben mir eine ablehnende Antwort ertheilt, welche für mich so unerwartet, wie nieder-

7*

schlagend ist. Dennoch muß ich die Vorschläge, welche Sie mir wohlmeinend machen, entschieden von der Hand weisen. Allerdings bin ich gewilligt, dem Publiko ein Geschenk zu machen, u. ein sehr werthvolles: aber für mein Geschenk noch obendrein bezahlen, das will u. werde ich nicht. Es ist gerade, als ob Jemand, dem ich eine für ihn wichtige Nachricht zu schreiben hätte, verlangen wollte, daß ich auch noch den Brief frankirte. Ist es mit der offenkundigen Gesunkenheit des Zeitalters wirklich so weit gekommen, daß, während Hegelscher Unsinn seine wiederholten Gesammtauflagen erlebt u. das hohlste philosophische Geträtsche von hundert Alltagsköpfen, die noch dazu nichts gelernt haben, vom Publiko bezahlt wird, indem ja jede Meße dergleichen in Fülle bringt, — an mein Werk, welches die Arbeit meines ganzen Lebens enthält, ein Verleger nicht ein Mal die Druckkosten setzen kann; — nun so mag es warten u. liegen bleiben, um einst als Posthumum zu erscheinen, wann die Generation gekommen seyn wird, die jede Zeile von mir freudig bewillkommnen wird: sie wird nicht ausbleiben.

Inzwischen sehe ich Jenes alles noch nicht als ausgemacht u. entschieden an: vielmehr will ich fürs Erste kein meiner würdiges Mittel unversucht laßen, um mein mit so viel Liebe u. Lust vollendetes Werk auch der Welt zugänglich zu machen. Zuvörderst also biete ich Ihnen jetzt den Verlag des 2ten Bandes allein, ohne 2te Aufl des ersten u. ohne Honorar an*; so sehr das auch gegen meinen Wunsch geht. Ich denke, Sie können nicht wohl bezweifeln, daß die Besitzer des ersten Bandes doch so viele Exemplare des zweiten

* [Randbemerkung von Heinrich Brockhaus: Kann uns nicht convenieren; es ist zu wenig Aussicht vorhanden.]

nehmen werden, daß sie die Druckkosten decken. Denn irgend etwas vom Werthe meines Buchs wird Ihnen doch wohl zu Ohren gekommen seyn. Ueberdies aber wird dieser Band, der die Koncentration u. Quinteßenz aller meiner während der letzten 24 Jahre niedergeschriebenen Gedanken enthält u. in 50 Kapitel getheilt ist, welche, unabhängig von einander, jedes einen eigenen philosophischen Gegenstand behandeln, u. zwar in meiner bekannten, vom Schuljargon weit entfernten, höchst klaren, lebhaften u. anschaulichen selbst an das Populäre gränzenden Weise, auch für sich allein ganz lesbar u. genießbar seyn: dadurch wird er zugleich auf den ersten Band, den freilich das gründliche Verständniß voraussetzt, begierig machen u. hoffentlich die zweite Aufl desselben herbeiführen. Wenn Sie nur hier wären; so wollte ich Ihnen (versteht sich in meiner Wohnung, da ich wegen der gänzlichen Neuheit des Inhalts das M. S. nicht aus den Händen gebe) z. B. etwan das beiläufig 36 Druckseiten füllende Kapitel, welches „Metaphysik der Geschlechtsliebe" überschrieben ist u. diese Leidenschaft zum ersten Mal auf ihre letzten, so tief liegenden Gründe zurückführt, wobei das genaueste Détail zur Sprache kommt, — zu lesen geben u. würde viel darauf wetten, daß Sie sich nicht ferner besinnen würden.

Wenn Sie indeßen jetzt auch meinen zweiten Vorschlag nicht annehmen; so muß ich suchen, einen Verleger zu finden, wo u. wie ich kann, u. hege die Hoffnung ihn zu finden, ja ich würde gar nicht daran zweifeln, handelte es sich nicht um einen zweiten Band, deßen erster in Ihrem Verlag ist, daher Jeder gleich fragen wird, warum Sie ihn nicht genommen haben. Dies macht die Sache schwierig. Sonst könnte mir ein Verleger ohne Honorar nicht fehlen. Wenn in Ihrer Umgebung kein Gelehrter von so viel Unpartheilichkeit u. Einsicht ist, daß er Ihnen den Werth meiner Sachen bezeugen könnte; so bitte ich Sie, nur ein Mal nachzusehn, wie von dem Buche, an welchem Sie ein so schlechtes Geschäft gemacht haben, Jean Paul redet in seiner „Nachschule zur ästhetischen Vorschule" p. 203 der Originalausg: der „Bücherschau"; — oder auch Rosenkranz's Geschichte der Kantischen Philosophie im 12ten Band seiner Ausg: der Kantischen Werke, wo ich, zwischen Fichte u. Herbart, als Philosoph des ersten Ranges meinen gebürenden Platz einnehme; — oder gar im „Pilot" vom Mai 1841, einen Aufsatz überschrieben „Jüngstes Gericht über die Hegelsche Philosophie", deßen mir völlig unbekannter Verfaßer erklärt ich sei unbedingt der größte Philosoph des Zeitalters u. überhaupt so redet, wie sichs eigentl gebürt. — Bin ich denn danach ein Mann deßen Sachen nicht die Druckkosten werth sind? — Aber freilich weiß ich sehr wohl, daß der Werth der Dinge nicht mit dem Absatz parallel geht. Dem großen David Hume gieng es einst wie mir: von seiner Englischen Geschichte, die noch jetzt, nach 80 Jahren, alle Paar Jahre eine neue Ausgabe oder neue Uebersetzung erfährt, hatte, wie er selbst berichtet, der Verleger im ersten Jahre 45 Exemplare abgesetzt. In Ihrem eigenen „Blatt für litterar: Unterhaltung" las ich diesen Winter daß Göschen über schlechten Absatz der Iphigenie u. des Egmont geklagt hat u. der Wilhelm Meister gar nicht hatte gehn wollen. Hingegen setzt das Tagesblatt „Die Lokomotive" täglich 8000 Exemplare ab: das ist das Rechte!

Inzwischen mache ich es Ihnen durchaus nicht zum Vorwurf, daß Sie von Ihrem Standpunkte aus reden, wie ich von dem meinigen. Wechsel auf die Nachwelt sind nicht diskontabel, das weiß ich. Nur bitte ich Sie, jetzt noch ein Mal meinen modifizirten Vorschlag, nebst Gründen zu überlegen, u. falls Sie auch diesen ausschlagen, mir gütigst anzugeben, wie viel Exemplare des ersten Bandes noch da sind. Das Recht vor dem völligen Ausgang derselben eine zweite Auflage Andern anzubieten, würden Sie mir wohl nicht ertheilen? * —

Ihrer gefälligen Antwort entgegensehend bin ich mit vollkommener Hochachtung

Ewr Wohlgeborn
ganz ergebener
Arthur Schopenhauer

Frankfurt a. M.
d 17 Mai
1843.

22. Arthur Schopenhauer an F. A. Brockhaus.

Ewr Wohlgeborn

habe ich die Ehre gehabt, am 17ten v. M., Ihrem Wunsche gemäß, zu schreiben. Zu meiner Verwunderung befinde ich mich noch ohne Ihre Antwort. Da ich denn doch nicht denken kann, daß Sie meinen Brief, in welchem ich

* [Randbemerkung von Heinrich Brockhaus: Allerdings nicht; wenn er den ihm anzugebenden sehr geringen Vorrath (da Alles zu Maculatur gemacht worden) zum Buchhändlerpreis bezahlt, kann er beliebig über die neue Aufl. verfügen.]

[Vorratsangabe: 6 Ex. Dckpr.
1 — Schrbpr.
2 — Velpr.]

Ihnen noch einen letzten Vorschlag machte, sollten unbeantwortet lassen wollen, muß ich zweifeln, ob derselbe Ihnen, oder Ihre Antwort mir, zu Händen gekommen sei. Daher bitte ich Sie, mir diesen Zweifel zu benehmen u., falls mein zweiter Vorschlag Ihnen so wenig wie der erste genehm seyn sollte, mich davon, wenn auch nur mit zwei Worten, in Kenntniß zu setzen, damit ich in meiner Angelegenheit anderweitige Schritte thun kann. Ich bin inzwischen auf den Gedanken gekommen, meinem in Rede stehenden Werke eine andere Gestalt zu geben, um es als ein selbstständiges erscheinen zu laßen.

Mit Achtung u. Ergebenheit
Arthur Schopenhauer

Frankfurt a. M.
d 1. Juni
1843.

[Adresse:] Des
Herrn F. A. Brockhaus
Wohlgeb:
Leipzig.

[Poststempel:] 1. Jun. 1843.

23. F. A. Brockhaus an Arthur Schopenhauer.

Leipzig, 10. Juni 1843.

Ew. H. gefl. Zuschriften vom 17. Mai und 1. Juni habe ich zu erhalten die Ehre gehabt und muß sehr um Entschuldigung bitten, daß ich im Drange der Meßgeschäfte nicht eher dazu kommen konnte, Ihnen zu antworten. Es hat mir leid gethan, daß Sie in Bezug auf Ihren Antrag meine Vorschläge nicht angenommen, die möglicherweise vortheilhafter als jede andere Vereinbarung für Sie hätten ausfallen dürfen. Wenn ich als Freund der Literatur wol gern den wissenschaftlichen Werth anerkenne, den Sie in Ihrem Werke bieten, so darf ich doch als Geschäftsmann keineswegs meinen Standpunkt unberücksichtigt lassen, und in dieser Beziehung kann ich nun eben nach dem Resultat des ersten Bandes „Die Welt als Wille und Vorstellung" nicht besondere Ermuthigung finden das Unternehmen fortzusetzen. Auf der andern Seite kann es mir aber auch nicht gleichgültig sein, das Werk als neue Auflage oder wenigstens den zweiten Theil, wovon der erste bei mir erschien, in fremden Verlag übergehen zu sehen, und so erkläre ich mich unter der Voraussetzung, daß Sie auf Honorar verzichten, bereit, Ihnen zur Ausführung die Hand zu bieten. In diesem Falle nun aber werde ich nicht einen zweiten Theil bringen, sondern eine neue vermehrte Auflage des Ganzen erscheinen lassen. In Bezug auf die typographische Einrichtung lassen Sie mir wol völlig freie Hand, und es wird sich später zeigen, in welcher Weise das Werk am zweckmäßigsten einzurichten ist, ob in einem oder zwei Bänden. Lieb wäre es mir aber jedenfalls, wenn ich Ihnen die Bogen zur Revision zusenden dürfte. Ist Ihnen nun meine Proposition genehm, so können Sie das Manuscript, so bald es druckfertig vorliegt, sofort an mich abgehen lassen, wo dann dem Beginn des Drucks nichts entgegensteht. Ob Sie sich einige Freiexemplare ausbedingen, weis ich nicht, und Sie wollen sich darüber äußern.

fr.

24. Arthur Schopenhauer an F. A. Brockhaus.

Ewr Wohlgeborn

haben mir durch die Anzeige Ihres geänderten Entschlußes eine unerwartete, große Freude gemacht, welches ich Ihnen aufrichtig gestehe: aber eben so aufrichtig versichere ich Sie meiner festen Ueberzeugung, daß Sie durch Uebernahme meines vervollständigten Werkes ein gutes Geschäft machen, ja, daß einst der Tag kommen wird, wo Sie über Ihre Bedenklichkeit die Druckkosten daran zu wenden, herzlich lachen werden. Das Aechte u. Ernstliche bricht sich zwar oft sehr langsam, jedoch ganz sicher Bahn, u. bleibt nachher in dauernder Geltung. Die große, aufgedunsene Seifenblase der Fichte-Schelling-Hegelschen Philosophie ist soeben im endlichen Platzen begriffen, dabei ist das Bedürfniß einer Philosophie größer, als jemals: man sehnt sich nach solider Speise: diese kann man allein bei mir finden, dem lange Verkannten; weil ich allein aus innrem Beruf gearbeitet, die Wahrheit u. nicht meine Sache gesucht habe, ein langes Leben hindurch.

Wir sind also in der Hauptsache einig. Inzwischen ist es doch nöthig, einen Kontrakt zu machen, wegen einiger Nebenpunkte, zu welchen ich Ihnen meine Vorschläge sogleich darlegen werde, die so billig u. aus der Natur der Sache fließend sind, daß ich an Ihrer Zustimmung nicht zweifle. Zuvor aber habe ich gegen Ihren Gedanken, das Ganze vielleicht in Einem Bande erscheinen zu laßen, Ihnen einige erhebliche Einwendungen vorzutragen, die eben so sehr in Ihrem als in meinem Intereße sind; daher ich hoffe Sie davon abzubringen. Zuerst also würde dies den Druck um

2 bis 3 Monate verspäten: denn, wie ich Ihnen in meinem ersten Schreiben gemeldet habe, sind am ersten Bande doch einige Verbeßerungen anzubringen, besonders erhält die „Kritik der Kantischen Philosophie" bedeutende Zusätze. (Diese ist, beiläufig gesagt, so wichtig, daß der soeben verstorbene Baumgarten-Crusius, in seinem Handbuch der Christlichen Sittenlehre, von den zahllosen Büchern über Kantische Phil: nur 2 zu lesen anräth: Reinholds Briefe über dieselbe v. 1794, u. meine Kritik.) Das verlangt Zeit: denn ich arbeite con amore, daher langsam, u. schreibe stets nur in den 3 ersten Morgenstunden; weil dann der Kopf seine größte Energie u. Klarheit hat. Diese Arbeit also beabsichtige ich während des Druckes des 2ten Bandes auszuführen, der demnach zuerst vorzunehmen wäre, wozu 2 Bände seyn müßen. — Zweitens, ist mein unmaaßgeblicher Rath, daß Sie vom 2ten Bande etwan 250 Exemplare mehr, als vom ersten drucken, für die Besitzer der ersten Ausgabe, da diese meistens nicht geneigt seyn werden, den ersten Band nochmals zu kaufen. — Drittens, würde das Ganze in Einem Bande ein so großes u. dickes Buch werden, daß man beim Lesen es nicht in Händen halten könnte, ein häßlicher Uebelstand, zudem eine maßive, abschreckende Gestalt annehmen; oder aber der Druck müßte so klein seyn, daß viele, besonders ältere Personen ihn als Augenpulver verabscheuten. Denn es ist Stoff zu 2 starken Oktavbänden da. — Ich hoffe daher, daß Sie von jenem Gedanken abgehn werden, zu Ihrem, wie zu meinem Besten. — Uebrigens bleibt das Typographische Ihnen anheimgestellt. Jedoch erlauben Sie mir, Ihnen meinen Wunsch u. Rath darüber vorzulegen. Keineswegs wünsche ich sehr großen, splendiden Druck, noch

prächtiges Papier: das würde unnöthigerweise das Buch vertheuern: vielmehr müßen wir darauf bedacht seyn, durch einen recht billigen Preis die Anschaffung zu erleichtern: Dies können Sie, da ich auf Honorar verzichte, u. es wird zu Ihrem Vortheil ausfallen. Es reicht hin, wenn der Druck so ist, daß man ihn bequem lesen kann: als ein rechtes Muster wie ich ihn wünsche, nenne ich Ihnen ein Buch aus Ihrer Druckerei, wenn gleich nicht aus Ihrem Verlag: Reuchlin's Gesch: v. Port-Royal: das liest sich vortrefflich u. ist doch weder groß noch weitläufig: diese Lettern lesen sich beßer als die hohen schmalen, die jetzt Mode sind; auch das Format wäre für mein Buch recht paßend: sogar das Papier ist mir lieber, als das jetzt häufige maschinen-velin-Papier. Dies Alles ist bloß mein Wunsch, die Sache bleibt in Ihrem Belieben.

Zu dem Kontrakt schlage ich Ihnen folgende billige Bestimmungen vor: 1) Ich ertheile Ihnen das Verlagsrecht zur 2ten Auflage des ersten u. zum 2ten Bande, ohne Honorar, u. diese Auflage ist Ihr Eigenthum. 2) Sie versprechen dagegen den Druck unverzüglich anzufangen u. denselben etwan bis zur Ostermeße (?) oder früher (?) beendigen zu wollen. — 3) Die Zahl der Exemplare betreffend, denke ich, daß 500 vom ersten u. 750 vom 2ten Bande eine honette Auflage ist: denn, da ich kein Honorar erhalte, würden Sie, durch Verkauf derselben, Ihre Kosten wenigstens vierfach zurückerhalten u. mir doch die Hoffnung bleiben, eine 3te Aufl zu erleben. 4) Sie entsagen allen Ansprüchen auf die 3te Auflage: das Eigenthumsrecht fällt an mich zurück, wann diese 2te vergriffen ist. 5) Sie versprechen, mir jeden Bogen hieher zur letzten Korrektur zu schicken, nebst dem darauf abgedruckten Stück M. S., u. mit dem Abdruck zu warten, bis mein Korrekturbogen zurück ist. *Dieses liegt mir mehr als Alles am Herzen*, u. es freut mich ungemein, daß Sie selbst es wünschen. Zu meiner Beruhigung soll es auch im Kontrakt stehn. Ich korrigire sehr aufmerksam u. genau. Die Schnellpost zwischen hier u. Leipzig, welche die *leichten* Packete der Fahrpost mitnimmt, ist nur 40 Stunden unterwegs: sie kommt hier Morgens 10½ Uhr an u. geht Abends 10 Uhr ab: ich habe also volle Zeit zur Korrektur u. Sie erhalten den Bogen unfehlbar binnen 92 Stunden wieder. Ich verspreche heilig die pünktlichste Beförderung der Sache. Das Stück M. S. ist unerläßlich, wie mich die Erfahrung überzeugt hat. — 6) Sie versprechen Ihren Anzeigen des Buchs keine Empfehlung oder sonstigen Kommentar beizufügen. Das ist mir ganz verhaßt. — 7) Ich erhalte 10 Exemplare. — Wenn Sie nun, wie ich hoffe, hiemit einverstanden sind, bitte ich den Kontrakt danach in duplo abzufaßen u. mir sofort zur Unterschrift zu senden. — Sodann bitte ich auch, mir ohne Aufschub ein Exemplar der ersten Auflage roh zu schicken, welches ich will mit Papier durchschießen laßen, um darauf die Verbeßerungen zur 2ten Aufl zu schreiben: ein Exemplar auf Schreibpapier wäre am besten dazu.

Ich hatte gerade die letzte Revision meines M. S. beendigt, als Ihr Brief eintraf. Noch einige Citate u. andere Kleinigkeiten, sind darauf zu berichtigen: besonders aber habe ich noch folgende Operation damit vorzunehmen. Im 2ten Theile beziehe ich mich natürlich öfter auf Stellen des ersten: diese habe ich im M. S. nach der Seitenzahl der alten Auflage angeführt: da nun aber diese in der neuen Aufl eine ganz andere wird u. der 2te Theil (wenigstens nach meinem Wunsch) vor dem ersten gedruckt wird; so muß ich jetzt, zum Behuf jener Anführungen die im ersten Theil vorhandenen u. bloß durch Striche gesonderten Abschnitte mit § u. Zahl versehn u. dann die Citate in meinem M. S. danach ändern, damit sie bei jedem Drucke gelten können: die alte Seitenzahl kann ich, für die Besitzer der ersten Aufl in Klammern beibehalten. — Ueber alle diese Kleinigkeiten wird noch wohl eine Woche hingehn: bis dahin hoffe ich von Ihnen den Kontrakt erhalten zu haben u. werde alsdann das M. S. mit der fahrenden Post an Sie absenden. —

Mit vollkommener Hochachtung verharre ich

Ewr Wohlgeborn
ganz ergebener
Arthur Schopenhauer

Frankfurt a. M.
d. 14 Juni
1843.

P. S. Sie werden doch gewiß mit Deutschen Lettern drucken? — Lateinische würden durch ihre Weitläuftigkeit u. sonst höchst nachtheilig wirken. Ich bitte mich auch hierüber zu beruhigen.

25. Arthur Schopenhauer an F. A. Brockhaus.

Ewr Wohlgeborn

erhalten einliegend das eine Exemplar des Kontrakts, mit meiner Unterschrift versehn, zurück. Es freut mich, daß mein Vorschlag hinsichtl des Drucks Ihren Beifall gefunden hat: jetzt erwarte ich aber auch, daß das Reuchlin'sche Werk genau zum Muster genommen wird: z. B. eine Zeile mehr auf der Seite würde Alles verderben, indem es die glücklich getroffene Deutlichkeit u. Harmonie jenes Druckes stört:

auch wird, da dieser Druck kleiner als der meiner ersten Auflage u. das Format viel größer ist, die Dicke der Bände viel geringer ausfallen u. solche eine gute Proportion erhalten.

Da Sie es durchaus wollen, müßen wir warten, bis ich die Bearbeitung des ersten Bandes fertig habe: allein auch beim angestrengtesten Fleiße, den ich anwende, werde ich dazu 2 Monate gebrauchen, ja, es können 3 werden: denn leichtfertig kann ich nicht arbeiten. Daß es leicht sei, diese Zeit wieder einzubringen, will mir nicht recht einleuchten, zumal da mir die Korrekturbogen zu übersenden sind. Die vier Bücher des ersten Bandes gedenke ich in 5 Wochen beendigt zu haben: aber der „Anhang welcher die Kritik der Kantischen Philosophie enthält" u. nur die 9 letzten Bogen jenes Bandes füllt, wird ungefähr eben so viel Zeit zu seiner Verbeßerung erfordern. Derselbe ist ein ganz abgesondertes Stück u. der zweite Band bezieht sich gar nicht auf ihn, sondern bloß auf die 4 Bücher, zu denen er 4 Bücher Ergänzungen in 50 Kapiteln liefert. Wie wäre es, wenn ich Ihnen, nachdem ich die 4 Bücher des ersten Bandes durchgearbeitet habe, solche nebst dem ganzen 2ten Bande zuschickte, um dann gleich den Druck zu beginnen, — u. etwa 5 Wochen darauf den bearbeiteten Anhang folgen ließe, der den ersten Band schließt? — Sollte Ihnen das genehm seyn, so bitte ich es mir anzuzeigen: thun Sie dies nicht, so arbeite ich fort, bis ich mit Allem fertig bin u. es Ihnen vollständig übersenden kann; wovon ich alsdann einige Tage zuvor Ihnen noch besondere Anzeige machen werde. — Die Referate werde ich, Ihrem Wunsch gemäß, durchgängig doppelt, nämlich mit Berücksichtigung der Besitzer des ersten Bandes in der alten Ausgabe, machen. —

Einen Punkt vermiße ich im Kontrakt, näml das Versprechen, Ihre Anzeigen (ich meine nicht Recensionen, sondern Annoncen) mit keiner Belobung begleiten zu wollen. Jedoch setze ich voraus, daß dies bloß vergeßen worden ist u. Sie dergleichen nicht im Sinne haben. Ich erinnere mich auch nicht, von Ihnen solche Präconia gelesen zu haben: doch kann es darum doch seyn. Ich begreife nicht, wie dergleichen wirken sollte, da doch Jeder denkt, was das Arabische Sprichwort sagt: „glaube nicht dem Kaufmann von seiner Waare." — Höchstens könnte es auf das große u. wenig gebildete Publikum Eindruck machen, hingegen auf das gelehrte oder hochgebildete Publikum, für welches ich schreibe, gar nicht oder nur nachtheilig wirken. Am wenigsten traue ich Ihnen zu, daß Sie konfidentielle Mitteilungen aus meinen Briefen zu dergleichen benutzen könnten, da es ein Mißbrauch des nothwendig erforderten Vertrauens wäre. Also ich nehme an, daß Sie, meinem ausdrücklichen Wunsch gemäß, mich ohne Empfehlung in die Welt setzen, werde mich schon selbst empfehlen; wollte aber doch nochmals sehr darum gebeten haben.

Mit vorzüglicher Hochachtung verharre ich

Ewr Wohlgeborn
ganz ergebener
Arthur Schopenhauer.

Frankfurt a. M.
d. 26 Juni,
1843.

[Adresse:]

Des

Herrn F. A. Brockhaus Leipzig.
Wohlgeb:

[Poststempel:] Frankfurt 26. Jun. 1843 6—7

26. Arthur Schopenhauer an F. A. Brockhaus.

Ewr Wohlgeborn

habe ich die Ehre anzuzeigen, daß ich mit den Verbeßerungen des ersten Bandes jetzt fertig u. nur noch mit der letzten Durchsicht beschäftigt bin, so daß ich in 6, spätstens 8 Tagen mein gesammtes M. S. werde mit der langsam fahrenden Post an Sie abgehn laßen. Die Arbeit hat, alles anhaltenden Fleißes ungeachtet, doch drei Monat weggenommen. Aber Sie werden auch sehn, daß die Verbeßerungen u. Zusätze an den 4 Büchern viel beträchtlicher sind, als ich vorausgesehn hatte, u. die Kritik der Kantischen Philosophie hat, wie ich vorhersah, beträchtliche Zusätze u. Veränderungen erhalten: es kann Ihnen jedoch nur lieb seyn, diesen letztern, allgemein intereßanten Theil meines Werks vervollständigt u. durch die Reife, welche erst das Alter giebt, berichtigt zu sehn. Ich gestehe Ihnen, daß Sie Recht gehabt haben, zu verlangen, ich sollte den 2ten Theil so lange bei mir behalten: es hat der Sache hin u. wieder doch gut gethan, wegen Vergleichung u. Verweisung u. s. w. Nun aber hoffe ich, daß Sie auch Ihr Versprechen, diese Versäumniß durch Beschleunigung des Drucks einholen zu wollen, erfüllen werden. Ich kann jetzt redlich sagen: „ich habe das Meinige gethan, Thun Sie das Ihre.“ — Den Bogen des 2ten Bandes, zumal den früheren, ist die vierjährige Arbeit anzusehn. Indeßen ist Alles sehr leserlich, vollkommen korrekt, auch groß geschrieben, u. wenn gleich nicht schön, doch überaus deutlich. Ich lege dem M. S. eine Weisung u. Ermahnung an den Setzer bei, welche ich Sie bitte auch selbst zu lesen, damit Sie meine Wünsche unterstützen. Jetzt fehlt nur noch die Vorrede zur zweiten Auflage: obgleich sie nicht lang werden soll, verlangt sie doch Ueberlegung u. besonders Laune, daher ich mir vorbehalte sie nachzusenden: Sie erhalten sie jedenfalls noch ehe der Druck des 3ten Buchs des ersten Bandes vollendet ist. Sie wird ja erst mit dem Titelblatt dieses Bandes, also zuletzt gedruckt. Gar sehr verlangt mich nach dem ersten Korrekturbogen: ich bitte sehr demselben den verbeßerten Druckbogen, nebst dazu gehörigen eingeschoßenen Blättern, beizulegen; damit ich darüber wache, daß der Setzer nichts ausläßt. Dann soll Alles vollkommen korrekt werden. Das Buch ist wahrlich die Arbeit meines ganzen Lebens, u. ein Leben ist eine kurze Zeit für so ein Buch.

Sobald Ihnen das M. S. zugekommen ist, bitte ich mir Nachricht davon zu geben, damit ich mir keine Sorge mache.

Mit vollkommener Hochachtung verharre ich

Ewr Wohlgeborn
ganz ergebener

Arthur Schopenhauer

Frankfurt a. M.
d. 7 Septr
1843.

[Adresse:] Des Herrn F. A. Brockhaus
Wohlgeborn
Leipzig.

[Poststempel:] Frankfurt 7. Sep. 1843 6—7

27. Arthur Schopenhauer an F. A. Brockhaus.

Dem Herrn F. A. Brockhaus, Wohlgeborn,
Leipzig.

Ewr Wohlgeborn

habe ich die Ehre gehabt, am 7ten Dieses zu schreiben und demgemäß am 13ten mein gesammtes M. S. an Sie abzusenden, welches Ihnen am 16ten hat zukommen müßen. Da ich Sie gebeten hatte, mir vom Empfange sogleich Nachricht zu geben, habe ich auf diese seitdem gehofft, aber vergeblich. Ich weiß wohl, daß eine solche Sendung mit größtmöglichster Sicherheit geschieht: aber wenn man ein so lange gepflegtes Kind aus seinen Händen entläßt, will man natürlich über sein Schicksal außer allem Zweifel sein. Daher bitte ich Sie mir sofort nur mit wenigen Worten den Empfang des M. S. anzuzeigen, und ob der Druck bereits begonnen hat. Der ich hochachtungsvoll bin

Ewr Wohlgeborn
ganz ergebener
Arthur Schopenhauer.

Frankfurt a/M.
d. 25. Septbr.
1843.

28. Arthur Schopenhauer an F. A. Brockhaus.

Ewr Wohlgeborn

habe ich endlich das Vergnügen den ersten Korrekturbogen zurückzusenden. Er ist mir erst heute zugekommen, da Sie ihn haben mit dem Packwagen abgehn laßen: wenn er mit der Schnellpost gehn soll, ist es nöthig „per Eilpost" darauf zu setzen: der Unterschied im Porto ist dabei wie 2 zu 3, u. die Zeitersparniß beträchtlich. Sie wollen mir einige Bogen auf ein Mal senden: aber können Sie mehrere Bogen so lange im Satz stehn laßen? ohne welches die Korrektur doch nichts helfen kann; zudem werde ich schwerlich mehr als e i n e n Bogen am selben Tage korrigiren können: weil er mir mit dem Packwagen nach 10 Uhr, mit der Schnellpost gar erst nach 3 Uhr zu Händen kommt u. um 7 wieder auf der Post seyn muß: — ich stelle also Ihrem Ermeßen anheim, ob es nicht beßer ist, mir jeden einzelnen Bogen gleich zu schicken: ich glaube es wäre beßer.

Ich bitte dem Setzer u. Korrektor anzuempfehlen, daß sie sich an meine Orthographie u. Interpunktion genau halten: letztere ist für das Verständniß besonders wichtig: man kann ein philosophisches Buch, als welches ernstes Nachdenken vom Leser verlangt, nicht interpungiren wie einen Roman, der schlank weg zu lesen ist.

Wenn Sie mir meine Freiexemplare auf Velin abdrucken wollen, werde ich, da sie zu Geschenken bestimmt sind, dies mit vielem Dank erkennen u. verharre hochachtungsvoll

Ewr Wohlgeborn
ganz ergebener
Arthur Schopenhauer

Frankfurt a. M.
d. 21 Octr 1843.

verte

P. S. Ich halte es für überflüßig, die Bogen der alten Ausgabe wieder mit zurückzuschicken: wenn Sie es jedoch wünschen, bitte ich es mir zu melden. — Auch bitte ich mir einen Abdruck des von mir korrigirten Bogens allemal beizulegen zur Beruhigung meines Herzens u. um nöthigenfalls etwa übersehene Druckfehler hinten bemerken zu können.

29. Arthur Schopenhauer an seinen Setzer.

Mein lieber Setzer!

Wir verhalten uns zueinander wie Leib und Seele; müssen daher, wie diese, einander unterstützen, auf daß ein Werk zu Stande komme, daran der Herr (Brockhaus) Wohlgefallen habe. — Ich habe hierzu das Meinige getan und stets, bei jeder Zeile, jedem Wort, ja jedem Buchstaben, an Sie gedacht, ob Sie nämlich es auch würden lesen können. Jetzt tun Sie das Ihre. Mein Manuskript ist nicht zierlich, aber sehr deutlich, auch groß geschrieben. Die viele Überarbeitung und fleißige Feile hat viele Correcturen und Einschiebsel herbeigeführt. Jedoch Alles deutlich und mit genauester Hinweisung auf jedes Einschiebsel durch Zeichen, so daß Sie hierin nie irren können; wenn Sie nur recht aufmerksam sind und mit dem Vertrauen, daß Alles richtig sei, jedes Zeichen bemerken und sein entsprechendes auf der Nebenseite suchen. — Betrachten Sie genau meine Rechtschreibung und Interpunktion: und denken Sie nie, Sie verständen es besser; ich bin die Seele, Sie der Leib. — Habe ich, am Ende der Zeile, die in die Nebenseite hineingehenden Zusatzworte durch einen Haken der Zeile angeschlossen; so hüten Sie sich, solche für unterstrichen zu halten! — Was mit lateinischen Buchstaben geschrieben, in eckigen Klammern eingeschlossen steht, sind Notizen *für Sie allein* bestimmt. — Wo Sie eine Zeile ausgestrichen finden, sehen Sie wohl zu, ob nicht doch *ein Wort* derselben stehen geblieben sei: und überall sei das *Letzte*, was Sie denken oder annehmen dieses, daß ich eine Nachlässigkeit begangen hätte. Manchmal habe ich ein fremdartiges Wort, das Ihnen nicht geläufig wäre, am

Rande, auch wohl zwischen den Zeilen mit lateinischen Buchstaben wiederholt und in eckige Klammern geschlossen. — Bedenken Sie, wenn die vielen Correcturen Ihnen beschwerlich fallen, daß eben in Folge derselben ich nie nöthig haben werde, auf dem gedruckten Korrekturbogen noch meinen Stil zu verbessern und Ihnen dadurch doppelte Mühe zu machen. — Ich setze gern doppelte Vokale und das tonverlängernde h, wie es früher Jeder setzte. Ich setze nie ein Komma vor denn, sondern Kolon oder Punkt. — Ich schreibe überall ahnden, nie ahnen. — Ich schreibe „trübsälig, glücksälig" u. s. w. — und „etwan", nie „etwa". Teilen Sie diese Ermahnung dem Korrektor mit. — Ich wünsche, daß oben auf den Seiten die Überschrift des jedesmaligen Buches und Kapitels fortlaufend angegeben stehe. Z. B. auf der Seite zur Linken: „Viertes Buch, Kap. 43.", auf der zur rechten „Erblichkeit der Eigenschaften" u. s. f. — Blos das erste Buch (nicht die andern) zerfällt in 2 Hälften, die nicht grade durch ein Titelblatt gesondert zu werden brauchen, sondern die bloße Überschrift kann hinreichen.

30. Arthur Schopenhauer an F. A. Brockhaus.

Ewr Wohlgeborn

bitte ich zu entschuldigen, daß ich Ihnen mit einer kleinen Aenderung, die ich in meinem Buch u. M. S. gemacht zu sehn wünsche, beschwerlich falle. Sie betrifft bloß 2 Motti. Nämlich:

im ersten Bande steht auf dem Titel des 2ten Buchs ein Motto von Göthe, welches anfängt: „Daß ich erkenne", — dieses soll nun ganz wegfallen,

u. soll an seiner Stelle stehn das Lateinische Motto, welches, im M. S. zum 2ten Bande, auf dem Titelblatt der „Ergänzungen zum 2ten Buche" steht u. anfängt: „Nos habitat" —. An deßen Stelle wieder soll auf dem besagten Titelblatt der Ergänzungen zum 2ten Buche folgendes Motto stehn:

Ihr folget falscher Spur,
Denkt nicht wir scherzen!
Ist nicht der Kern der Natur
Menschen im Herzen?

Göthe.

Ich bitte Sie anzuordnen, daß diese Aenderung sogleich an den beiden betreffenden Stellen, im ersten Bande u. im M. S. des zweiten, schriftlich vorgenommen werde, damit sie nicht vergeßen werden könne. —

Der hiebei zurück erfolgende Korrekturbogen ist mir gestern erst 5½ Uhr zugekommen, durch Nachläßigkeit der Briefträger. Die Fahrpostpackete werden langsam ausgebracht: doch soll ich sie 2½ Uhr haben. Wenn Sie aber künftig ebenfalls die Bogen sous bande schicken, erhalte ich sie vom Büreau der reitenden Post u. dann 11½ od 12 Uhr. Heute kann ich Ihnen noch nicht den Bogen sous bande schicken, wegen dieses Briefes: es ist streng verboten Geschriebenes beizulegen: aber in Zukunft sende ich sous bande u. frankire. —

Ich setze voraus, daß der erste Bogen bereits abgedruckt ist, behalte ihn also hier: für den Fall, daß es nicht so wäre, bemerke ich 2 kleine Korrekturen: S. 12. Z. 13. v. oben, nach „Undurchdringlichkeit" soll ein Komma, statt des Kolons, stehn. — u. S. 5, Z. 6. v. unten, steht statt eines Kolons ein fremdartiges Zeichen.

Mit Achtung u Ergebenheit
A. Schopenhauer.

Frankfurt
d. 30 Oct^r
1843.

31. Arthur Schopenhauer an F. A. Brockhaus.

Ewr Wohlgeborn

beeile ich mich, einen recht verdrießlichen Druckfehler mitzutheilen, den ich auf den zuletzt erhaltenen Aushängebogen entdeckte; wiewohl ich gewiß glaube, daß er nicht mehr zu ändern steht. — Auf Bogen 32, S. 512 fehlen, nach der letzten Zeile, die Worte: „tragen Galläpfel". Man sieht daß die" — Der Setzer hatte anfänglich den Satz „alle Eichen tragen Galläpfel" weggelaßen. Ich bemerkte es auf dem Korrekturbogen. Nun hat man angefangen es zu verbeßern, aber da ein neuer Bogen folgte, auf diesem die Fortsetzung der Verbeßerung vergeßen. — Ich bitte sehr, in der Folge ähnliche Versehn zu verhüten. Ich muß nun dieses im Druckfehlerverzeichniß verbeßern, auf welches außerdem nur 3 kleine Fehler kommen. — Vermuthlich ist der letzte halbe Bogen des ersten Bandes noch nicht abgedruckt, sondern bei Seite gelegt, um mit den beiden Vorreden u Titeln zusammen gedruckt zu werden. Daher werde ich Ihnen mit der Vorrede zur 2ten Auflage das Druckfehlerverzeichniß zu beiden Bänden schicken, da dann zu jedem Bande seine Druckfehlerliste kommen muß. An mir liegt es wahrlich nicht: ich laße es mir sauer werden: wann, wie neulich, 4½ Bogen zugleich kommen, habe ich 2 Tage vom frühen Morgen bis spät Abends vollauf zu thun, um fertig zu werden; obgleich ich Morgens 8 Uhr das Packet von der Post abholen laße.

Uebrigens bin ich mit der Korrektheit des Drucks u. der Aufmerksamkeit in der Berichtigung nach meinen Verbeßerungen sehr zufrieden: die Setzer verdienen großes Lob, u. irren ist menschlich. Die Schnelligkeit des Setzens setzt mich in Erstaunen. Hier sind wir das Alles ganz anders gewohnt. Auch ist die ganze Ausstattung vollkommen nach der Abrede u. sehr genügend, für welches Alles ich Ihnen danke u. hochachtungsvoll verharre

Ewr Wohlgeborn
ganz ergebener
Arthur Schopenhauer.

Frankfurt a. M.
d. 11 Jan^r
1844.

[Adresse:] Des Herrn F. A. Brockhaus
Wohlgeborn
Leipzig.

32. Arthur Schopenhauer an F. A. Brockhaus.

Ewr Wohlgeborn

habe ich die Ehre, beifolgend die Vorrede zur zweiten Auflage zu übersenden, der ich die mir auf Verlangen zurückgesandten 4 Bogen M. S. beifüge. — Es versteht sich, daß auch die Vorrede zur ersten Auflage wieder abgedruckt wird, auf welche dann diese folgt. Jedoch wünsche ich nicht, daß zu den Vorreden so große Lettern genommen würden, wie zu der im Reuchlinischen Werk, sondern etwas kleinere, ja mir scheint, daß die Lettern des Textes meines Buches selbst sehr wohl dazu dienen könnten, wenn man nur die Zeilen merklich weiter auseinander rückte. Freilich haben Sie dabei auch eine Stimme, ja sogar das Recht, Alles wie im Reuchlinischen Werk zu machen. Aber mein Wunsch ist der besagte und Sie ersparen dabei Papier.

Nochmals sage ich Ihnen meinen Dank, für den schönen, korrekten Druck und die bewunderungswürdige Schnelligkeit desselben. Das Buch trifft jetzt grade in einen günstigen Zeitpunkt. Mit vollkommener Hochachtung verharre ich

Ewr Wohlgeborn
ganz ergebener
Arthur Schopenhauer.

Frankfurt a. M.,
d. 15. Febr. 1844.

P. S. Ich bitte die Einlage nach Halle gefälligst auf die Post zu geben. Auch wiederhole ich meine Bitte um die Aushängebogen der Tafel der praedicabilia a priori zu S. 51 des 2ten Bandes.

33. F. A. Brockhaus an Arthur Schopenhauer.

Leipzig, 16. März 1844.

In beikommenden Aushängebogen u. Correcturbogen habe ich das Vergnügen Ew. H. ein vollständiges Exemplar Ihrer Schrift „Die Welt als Wille und Vorstellung" zu übersenden. Das Ganze liegt Ihnen somit vor und ich bitte,

Alles, was Sie etwa noch zu bemerken haben dürften, mir bei Zurückstellung der Correcturabzüge abzugeben, um dann das Buch vollends fertig machen zu können.

Corr. fr.

34. Arthur Schopenhauer an F. A. Brockhaus.

Ewr Wohlgeborn

habe ich die Ehre hiemit die letzten Revisionsbogen zu übersenden. — Hinsichtl des Titels habe ich vor allen Dingen zu rügen, daß man die Motti auf die Kehrseite versetzt hat, — wo sie als ein bloßes Schnippchen in der Tasche figuriren: dagegen muß ich protestiren! Die Motti, u. zwar ein anderes für jeden Band, gehören auf den Titel selbst, wie 1000 Bücher solche haben: Das Typographische muß sich danach fügen: es ist bloß erfordert, daß Ihre Firma ein wenig herunterrückt: die steht überhaupt sehr groß, kann es also recht gut. Ich bitte Sie sehr, mir hierin nicht durch den Sinn zu fahren; da ich sonst nie würde mein Buch ohne Verdruß ansehn können. — Zweitens, hatte ich geschrieben: „zweite, durchgängig verbeßerte u. „über das Doppelte" vermehrte Auflage in 2 Bänden": — man hat gesetzt „sehr vermehrte". — Hierin will ich Ihnen zwar freie Hand laßen; gebe Ihnen jedoch zu bedenken, daß die Worte „über d. Doppelte" zu erkennen geben, daß hier des Neuen mehr als des Alten geboten wird, also fast ein neues Werk; — dies kann manchen Besitzer der ersten Ausg: bewegen, die 2te doch zu kaufen: auch mein weggelaßener Nachsatz „in 2 Bänden" hat dieselbe Absicht, indem er bezeichnet, daß die erste Aufl nur e i n e n Band gehabt. Bedenken Sie Ihr eigenes Bestes.

Ewr Wohlgeb meinen, ich hätte jetzt ein vollständiges Exemplar in Aushängebogen vor mir: allein daran fehlt noch Manches: erstlich die Tafel der Praedicabilia a priori zu S. 51 des 2ten Bandes, welche ich wohl 10 M a l dringend verlangt habe, ohne sie zu erhalten, oder auch nur ein Wörtchen Antwort auf mein Verlangen danach: ich hatte aber auf derselben eine bedeutende Korrektur gemacht, von deren richtiger Ausführg ich mich überzeugen möchte. Zweitens fehlt mir noch der letzte halbe Bogen des ersten Bandes, u. drittens der letzte Bogen des 2ten. — Beifolgende Druckfehlerliste schicke ich ein: jedoch habe ich die mir erst jetzt eingesandten 8 Aushängebogen noch nicht durchlesen können (den letzten griech: Druckfehler habe zufällig erblickt): In den nächsten 3 Tagen wird dies geschehn seyn. Sollte ich auf diesen 8 Bogen noch Druckfehler entdecken, werde ich sie binnen 3 Tagen nachschicken, wo nicht, so sind keine. Die zurückerfolgende Tafel mit Kreisen, zum ersten Band, hat arge lateinische Schnitzer: ich hoffe, daß man sie wird verbeßern können. Daß Sie, wegen des großen Druckfehlers, haben 2 Seiten neu setzen laßen, ist n o b e l: ich glaube, es müßte eine „Nachricht an den Buchbinder" beigefügt werden. Wenn Sie mir das Fehlende an Aushängebogen vor dem Druckschluß noch einschicken wollten, wäre es sehr gut: man kann nicht wißen, ob nicht ein Versehn vorgefallen: ich lese es gleich durch. — Und dann Glückauf! — —

Aber nun erlauben Sie mir, Ihnen einen wohlgemeinten Rath zu ertheilen. Es ist dieser: geben Sie das Buch möglichst wohlfeil. Sie können dies, da es Ihnen bloß

Druck u. Papier kostet, u. es wird zu Ihrem Vortheil ausfallen. Wegen seines Volumens gehört das Buch, selbst dann noch, zu den theueren, u. legt dem Gelehrten, der es anschafft, ein Opfer auf. Ich glaube gewiß, daß wenn Sie es für 4 ℛ geben, Sie noch ein Mal so viele Exemplare absetzen, als wenn Sie 6 ℛ verlangen. Wie viel Einfluß der Preis auf den Absatz hat, selbst wo der berühmteste Name diesen begünstigt, bezeugt eine Stelle in Riemer's Mittheilungen über Göthe, Th. 1 p. 386: „Bei der *Farbenlehre* scheint der Verleger sich sogar gegen den Autor verschworen zu haben, indem er gleich einen so hohen Preis stellte, daß schon dieserwegen das Buch kein Publikum finden konnte." — Mein Buch hat nun aber noch dazu seine Bahn ins Publikum sich selbst zu brechen, da es nicht auf die mindeste Unterstützung von außen, in Litter: Zeitungen u Schriften, rechnen darf, vielmehr auf eine einhellige Verschwörung der Philosophieprofeßoren dagegen; weil ich, nachdem ich auf Gerechtigkeit von diesen 25 Jahre vergeblich geharrt, jetzt von den Elenden geredet habe, wie sie es verdienen, wiewohl doch noch zu glimpflich: sie werden daher entweder in ihrem tückischen u. feigen Schweigen über meine Sachen fortfahren, welches so weit geht, daß meine Schrift „über den Willen in der Natur" 1836, u. meine „Grundprobleme der Ethik" 1841 (Werke die man noch nach Jahrhunderten lesen wird) in *keiner einzigen* Literaturzeitung angezeigt worden sind; — mit Ausnahme Ihres Repertoriums, welches *Alles* anzeigt, u. die Ethik auch in Ihren litt: Unterhalt:blättern; — oder aber sie werden darüber herfallen mit Schimpfen, Lügen, Verdrehen u. geradezu Verfälschen, — wie es solcher Leute würdig ist.

Also muß mein Buch sich selbst Leser werben: Sie begreifen, wie sehr ein billiger Preis dies begünstigt. — Apropos der erwähnten Recensionen meiner Schriften in den Journalen Ihres Verlags, so bin ich mit der in den litterar: Unterhaltungsblättern recht wohl zufrieden gewesen; hingegen will ich lieber von wüthenden Hegelianern zerrißen werden, als eine solche laue, heimtückische Belobung erhalten, wie beide Male in Ihrem Repertorium, die es verschmitzter Weise darauf abgesehn hat, das Bedeutende als unbedeutend darzustellen, um es so vor dem Publiko zu sekretiren: höchst wahrscheinl ist Hartenstein der Recensent: dieser hat soeben auch eine Moral herausgegeben, in welcher er, nach hergebrachtem elenden Kniff, meine „Grundprobleme der Ethik“ (ohne allen Vergleich das Wichtigste was seit Kant in der Moral geleistet worden) ignorirt, um sie zu sekretiren. Es ist Zeit, daß ich diese Herrn ein Mal entschleiere.

Im Vertrauen gesagt: ich bin mit meinem 2ten Bande, in welchem Alles neu ist, jetzt, da ich es im Druck u. daher allererst deutlich vor Augen habe, so ganz zufrieden, daß ich wirklich hoffe, jetzt werde endlich auch für mich die Zeit kommen, wo ich, wie G. sagt, „den Widerstand der stumpfen Welt besiege.“ In diesem Fall werden Sie in wenig Jahren die Auflage abgesetzt haben. — Wollen Sie nun dafür, daß ich Ihnen ein Werk von großem u. bleibenden Werth umsonst gegeben habe, mir einen Ihnen ganz leichten Gefallen erweisen; so schreiben Sie mir von selbst jeden Frühling nach der Buchhändlerabrechnung, wie viele Exemplare Sie abgesetzt haben, damit ich mich freue, wenn es gut geht, u. betrübe, wenn schlecht. — Von meinen 10 Freiexemplaren, bitte ich drei u. zwar von denen auf gewöhnlichem Papier, auf dem Wege des Buchhandels zu expediren: eines an meine Schwester Adèle S. in Jena, (am besten durch Frommann); eines an den Geheimen Justiz- u. Ober-Landes-Gerichts-Rath Dorgut in Magdeburg (am besten durch Heinrichshofen); u. eines an Dr Frauenstädt in Berlin: jedoch bitte ich, auf jeder derselben einen Zettel zu kleben, mit der Aufschrift: „Herrn N. N. im Auftrage des Verfaßers eingesandt vom Verleger" — wie auch den betreffenden Buchhändlern einzuschärfen, daß sie diese Exemplare den Personen ins Haus zu schicken haben u. nicht zu warten daß diese sie einfordern: denn unter diesem Vorwand hat schon mancher Aßortimentshändler so ein Exemplar behalten. Sollten Sie sich hiemit nicht befaßen wollen; so belieben Sie mir alle Exemplare, Weg des Buchhandels, hieher zu senden, wie jedenfalls die 7 übrigen, unter denen die 4 auf Velin; am besten durch die Hermann'sche Bchhdlg. — Für Frankiren der abgehenden Bogen habe ausgelegt 7 f 40 ×. — Mit aufrichtiger Hochachtung

Ihr ergebener

Arthur Schopenhauer.

Frankfurt a. M. d. 22. März, 1844.

35. F. A. Brockhaus an Arthur Schopenhauer.

Leipzig, 28. März 1844.

Ew. H. geehrte Zuschr. vom 22. ds. erwidernd sende ich Ihnen beikommend den Schluß Ihres Werkes und Alles, was Sie sonst begehrt, nochmals zur Revision. Was Sie nun noch zu bemerken haben, wollen Sie mir bei Zurückstellung der Abzüge angeben, um dann das Buch fertig machen zu können. Was noch in Revision vorliegt, ist natürlich noch nicht gedruckt und Sie können es deshalb auch noch nicht in Aushängebogen haben. Aber mit den Revisionsbogen liegt Ihnen ein Exemplar vollständig vor und es ist sonach für Sie kein Hinderniß mehr da, das Ganze zu übersehen. Hinsichtlich der 2 Motti habe ich Ihren Wünschen nachgegeben, wie Sie ersehen wollen, was aber die Bezeichnung „über das Doppelte vermehrte Auflage" anbetrifft, so klingt mir das, ehrlich gestanden, etwas marktschreierisch, und ich bitte Sie, sich hier meiner Ansicht zu fügen, daß die Worte „über das Doppelte" in Wegfall kommen. Den Preis anlangend, so ist es durchaus unmöglich für ein Buch solchen Umfangs 4 ℛ anzusetzen. Unter 6 ℛ werde ich den Preis nicht wol stellen können, und nach meiner Erfahrung hat dies auf den Erfolg auch keinen Einfluß, wenn die Schrift sonst anspricht. Indeß werde ich hier auch gern thun, was irgend möglich ist. Die aufgegebenen Exemplare sollen bestens besorgt werden.

Corr. fr.

36. Arthur Schopenhauer an F. A. Brockhaus.

Ewr Wohlgeborn

sende ich, Ihrem Wunsche gemäß, die mir zugeschickten abermaligen Revisionsbogen zurück, mit den geringfügigen Verbeßerungen, die darauf noch möglich waren. Auch die letzten Aushängebogen habe ich durchgelesen u. keine Fehler darauf gefunden; so daß ich glaube, daß auf allen unsern 80 Bogen nur die bereits angemerkten 9 Druckfehler zu finden seyn werden, ganz unbedeutende Dinge abgerechnet. Ich habe also nichts mehr zu bemerken.

Hinsichtl der die Auflage betreffenden Titelphrase füge ich mich Ihrem Willen, um so mehr, als dieselbe mehr Sie als mich angeht. Doch versichere ich Sie, daß ich durchaus nichts Marktschreierisches darin finden kann, daß wir unsre Sache der Quantität nach richtig angeben; — wie wenn ein Goldschmid sagt: „diese Kette wiegt über das Doppelte von jener". Daß aber wirklich die neue Ausgabe mehr als das Doppelte der alten beträgt, wißen Sie genugsam. Ich hatte das dem Leser gleich kund geben wollen. Da Sie den 2ten Band auch allein geben werden, wird das Publikum schon daraus ersehn, daß des Neuen mehr als des alten ist.

Aber Ihr Preis v. 6 ₰ betrübt mich: ich sehe darin eine Vogelscheuche, die manchen Käufer zurückschrecken wird, der nach einigem Kampfe mit sich, allenfalls sich zu 5 ₰ entschloßen hätte: u. jeder Leser wirbt andre. Mein hiesiger Verleger war, nach meinen Angaben, ganz entschieden der Meinung gewesen, Sie würden das Buch gerade auf 5 ₰ setzen: Und das hoffe ich auch noch. Lieber Himmel! wenn ich den Ruhm hätte, den ich verdiene u. einst haben werde, da möchten Sie fordern was Sie wollten: aber auf meinen Schultern lastet noch die Ungerechtigkeit u. Unfähigkeit des Zeitalters: da müßen wir den Keil etwas zuspitzen, wenn er eindringen soll.

Ihr letztes Packet war, wie alle früheren, frankirt, aber die Post verlangte, ich sollte doch das Porto bezahlen, oder das Kouvert, unter Angabe des Absenders, ihr zurückgeben, — welches ich gethan habe.

Mit vorzüglicher Hochachtung verharre ich

Ewr Wohlgeborn
ganz ergebener
Arthur Schopenhauer

P. S. Hinsichtl des Preises denke ich eben, Sie könnten das Ganze für 5 Rthlr geben, hingegen den 2ten Theil allein, weil er ganz neu ist, nur für 3 Rthlr —

37. F. A. Brockhaus an Arthur Schopenhauer.

Leipzig, 10. Mai 1844.

Ew. H. geehrte Zuschrift vom 2. April ist mir zugekommen und ich habe das Vergnügen, Ihnen hiermit anzuzeigen, daß die zweite Auflage Ihrer Schrift „Die Welt als Wille und Vorstellung" so eben an die Buchhandlungen versandt wird. Von Ihren Freiexemplaren lasse ich nach Ihrem Auftrag

1 an Fräulein A. Schopenhauer in Jena
1 „ Dr. Frauenstaedt in Berlin
1 „ O. L. Ger. Rath Dorgut in Magdeburg

expedieren und die übrigen sieben und zwar

4 auf Velinpapier
3 „ Druckpapier

gehen durch Vermittelung der Hermannschen Buchhandlung an Sie ab. Hinsichtlich des Preises habe ich mich noch mehr Ihren Wünschen accommodirt und denselben auf 5 Rthlr compl ord oder 4 Rthlr netto gesetzt. Wir wollen somit hoffen, daß wir uns eines recht günstigen Erfolgs zu erfreuen haben mögen. Ueber die verlegten Porti im Betrag von 7 fl. 40 Kr. lege ich einen Schein hier bei, den Sie in jeder Buchhandlung verwerthen können.

38. Arthur Schopenhauer an F. A. Brockhaus.

Ewr Wohlgeborn

danke ich ergebenst für die heute eingetroffenen mir noch zukommenden 7 Exemplare meines Werks. Aber die Freude, welche ich nach 6-wöchentlichem Erwarten derselben, daran haben könnte, ist mir vergällt, dadurch, daß an allen 4 Exemplaren auf Velin die beiden Tafeln fehlen, sowohl die zu S. 56 des ersten Bandes, als die so höchst wichtige u. werthvolle zu S. 51 des 2ten Bandes: die drei andern Exemplare haben dieselben. Ewr Wohlgeb können sich denken, wie sehr es mich verdrießen muß, nach so langem Harren, die guten Exemplare in einem Zustande zu erhalten, in welchem ich sie Niemanden verehren kann. Sie selbst können dafür freilich nicht: aber ich wünschte, daß Sie dem, der dafür kann, den angemeßenen Verweis ertheilen wollten. Sollten auf Velin keine abgedruckt seyn, so bitte ich mir ordinäre zu senden, aber recht schnell u. unverzüglich. Ich erkenne dankbar, daß Sie mir die Paar Bogen zur Kompletirung der Aushängebogen haben zukommen laßen. Ihr werthes Schreiben v 10t habe erhalten, u. die 7 f 40 von der Hermannschen Buchhdlg einkaßirt. Ich möchte wißen, warum Sie, da der Druck Anfangs April vollendet gewesen seyn muß, bis zum 10 Mai mit der Herausgabe gezögert haben.

Hochachtungsvoll verharre ich

Ewr Wohlgeborn
ganz ergebener
Arthur Schopenhauer

Frankfurt a. M.
d. 22 Mai
1844.

39. F. A. Brockhaus an Arthur Schopenhauer.

Leipzig, 24. Mai 1844.

Ew. H. geehrte Zuschrift vom 22. ds. erwidernd bedaure ich sehr, daß das Versehen mit den Tafeln zu den

9*

Velinexemplaren vorgefallen ist. Indem ich deshalb um Entschuldigung bitte, sende ich Ihnen dieselbe nachträglich hierbei mit directer Post.

Beil. fr.

40. Arthur Schopenhauer an F. A. Brockhaus.

Ewr Wohlgeborn

bitte ich zu entschuldigen, daß ich Sie wegen einer Kleinigkeit inkommodire. Sie haben vor 2 Jahren die Gefälligkeit gehabt, einige meiner Autorexemplare an verschiedene Personen zu befördern. Solche sind auch alle zu Händen gekommen; nur Eines nicht, das für Dr Frauenstädt in Berlin bestimmte. Dieser war nämlich schon damals nach Rußland abgegangen, hat mich aber soeben hier aufgesucht, u. weiß von keinem Exemplar. Darauf habe ich ihm hier eines verehrt, wünsche nun aber das für ihn nach Berlin gesandte dafür zurück zu haben. Gewiß hat es der dortige Aßortimentshändler, dem Sie es übersandt, bis auf Weiteres liegen laßen, — oder bis zur Verjährung. Demnach bitte ich Sie, es von ihm zurück zu fordern u. es mir auf dem Wege des Buchhandels, am besten an die Hermann'sche Buchhdlg, hieher zu übersenden.

Gar sehr wünsche ich so recht aufrichtig von Ihnen zu vernehmen, wie der Absatz meiner zweiten Auflage gegangen ist u. geht: denn wenngleich ich dabei nicht das mindeste pekuniäre Intereße habe; so ist mein litterarisches um so größer, ja so groß, daß es Sie lange nicht so sehr freuen könnte, wie mich, wenn die ganze Auflage vergriffen wäre.

Aber Das ist mir leid, daß in keiner Litteraturzeitung so schlechte Anzeigen jener Auflage gestanden haben, wie in den beiden Leipziger, die doch unter Ihrer Leitung stehn. Ganz deutlich sind solche von einem Mann, der das Mögliche thut, zu verhindern, daß man mein Buch lese: daher sagt er gar nichts vom 2ten Band, der das Neue enthält; sondern giebt einen trocknen, dürftigen unverständlichen Auszug aus dem 30 Jahr alten ersten Bd. — Eben so macht er eine längere angebliche Recension von Dorguth's kleiner Schrift über mich, redet darin aber weder von dieser, noch von mir ein einziges Wort; sondern philosophirt auf eigene Hand, u. hat durch den darüber geschriebenen Titel seinen Thaler verdient. Solche Burschen sollten Sie chaßen.

Mit vollkommener Hochachtung verbleibe ich

Ew Wohlgeborn
ganz ergebener
Arthur Schopenhauer

Frankfurt a. M.
d. 4 Aug: 1846.

[Adresse:]

Des Herrn F. A. Brockhaus
Wohlgeb:
Leipzig.

[Poststempel:] Frankfurt 5. Aug. 1846 1—2

41. F. A. Brockhaus an Arthur Schopenhauer.

Leipzig, 14. August 1846.

Ew. pp. geehrte Zuschrift vom 4. Aug. habe ich erhalten und meinerseits ist nach Ihrer Aufgabe v. 13. Mai 1844 das Ex. Ihrer Schrift „Die Welt als Wille und Vorstellung" pünktlich an Herrn Dr. Frauenstädt nach Berlin befördert worden. Auf meine jetzige Anfrage hat aber natürlich das Exemplar nicht gegeben werden können, da H. Adressat verreist war und dasselbe folgt hier bei. — Was Ihre Anfrage über den Absatz Ihrer Schrift betrifft, so kann ich Ihnen zu meinem Bedauern nur sagen, daß ich damit ein schlechtes Geschäft gemacht habe, und die nähere Auseinandersetzung darüber erlassen Sie mir wol.

IV.

Verlagsangebot der »Parerga«
Druck der kleinen Schriften

Der Versuch, die »Welt als Wille und Vorstellung« durchzusetzen, hatte im Jahre 1844 keinen größeren Erfolg als ein Vierteljahrhundert zuvor. Immerhin fand diesmal das Werk anders als bei seinem ersten Erscheinen eine auf den philosophischen Kern eingehende verständnisvolle Beurteilung. Der Rezensent, dessen Besprechung in der von Brockhaus verlegten »Neuen Jenaischen Allgemeinen Literatur-Zeitung« (4. Jahrgang, Nr. 146—151, 19. bis 25. Juni 1845) erschien, ist der Philosoph Karl Fortlage (1806—1881) gewesen. Eine jüngere Generation vermag Schopenhauer gerechter in seiner Eigenart zu würdigen als die Generation, die 1819 das Wort hatte. Aufgewachsen in der Zeit der Diadochenkämpfe der Kantischen Philosophie hat Fortlage zwischen den Kantischen Schulen seinen Standpunkt gesucht. Ursprünglich Theolog, von Hegel zur Philosophie bekehrt, kam er unter den Einfluß Schellings und der Naturphilosophie. Im Glauben an die Renaissance der Schellingschen Philosophie war er als Privatdozent von Heidelberg nach Berlin übergesiedelt, wo er mit Beneke gemeinsamen psychologischen Studien oblag. 1845 ging er nach Jena, von wo seine Rezension datiert ist, um 1846 dort als Vorgänger Euckens die Professur für Philosophie zu übernehmen.

Was Fortlage von vornherein aufnahmefähig machte für die Philosophie Schopenhauers, war zunächst seine Herkunft aus der Naturphilosophie Schellings. So konnte er die »Welt als Wille und Vorstellung« begrüßen „in der Zahl der wenigen Schriften, welche ein lebendiges Zeugnis davon ablegen, daß der deutschen Naturphilosophie noch einst der volle Tag aufgehen könne, von dem sie unter Schellings Auspizien die schöne Morgenröte sah“.

Dann aber ist er, Psychologist Benekescher Prägung, Philosoph des inneren Sinnes, der sein »System der Psychologie als empirischer Wissenschaft aus der Beobachtung des inneren Sinnes« schrieb, und glaubte sich hierin durch Schopenhauer bestätigt. Als das „eigentlich Verdienstvolle und Unzerstörbare am Schopenhauerschen Werke" betrachtete er „für alle Zukunft immer dies Allgemeine, die Wahrheit, daß der Schauplatz der Dinge an sich der innere Sinn sei". Das hat für ihn Schopenhauer „zum ersten Mal mit völliger Entschiedenheit ausgesprochen, und sowohl durch den ganzen Gang seiner Untersuchung, als durch einen Reichtum wertvoller Beispiele aus der vergleichenden Naturforschung dem Verständnis so nahe gelegt, daß bei jedem Leser, dem es nicht um sophistischen Wortkram, sondern um gesunden Menschenverstand und die objektive Natur der Seele selbst zu thun ist, ein hoher Grad von Überzeugung unumgänglich hervorgerufen wird". Daher stellt Fortlage auch eingehend und auf den Willen in der Natur Bezug nehmend die Schopenhauerschen Analogien der Natur dar, die ja seiner (und Benekes) Überzeugung vom „Gesetz der Analogie" entsprechen. „Die genialeren Jünger der Naturphilosophie, Schelling an ihrer Spitze, befanden sich schon richtig auf der Schopenhauerschen Fährte... Hätte Schelling so deutlich zu reden gewußt, wie S. zu reden versteht, Hegel hätte ihm seine Begriffe schon unmißdeutet stehen lassen müssen." Überhaupt steht Fortlage in gemeinsamer Opposition mit Schopenhauer gegen die Hegelsche Dialektik, wenn er auch Schopenhauers Ausdrücke („Windbeutelei") „unanständig und höchst tadelnswert" findet, aber wenn er selbst von der „pestilentialischen Luft der dialektischen Methode", vom „Taschenspiel mit dialektischen Begriffen" oder vom „Urschleim des Chaos der berühmten Identität von Sein und Nichts" und von der „Verblendung des Hegelianismus" spricht, steht er an Entschiedenheit des Ausdrucks kaum hinter Schopenhauer zurück. Das System Schopenhauers findet er, den auch die Wissenschaftslehre Fichtes entscheidend beeinflußt hat, in seiner Rezension ebenso wie später in seiner »Genetischen Geschichte der Philosophie seit Kant« (1852) auf der Entwicklungslinie, die von Kant zu Fichte führt. Die Identifizierung des Dings an sich mit dem Willen scheint ihm (wie später auch Kuno Fischer) im Resultat der Kantischen Lehre, nach der wir es „im praktischen Gebiet der Pflichten mit den Dingen an sich zu thun haben". Indem Fichte in der Ausübung des moralischen Gesetzes und in der hierzu fähigen reinen Tätigkeit des selbstbewußten Setzens und Wollens das Ding an sich suchte, ist auch für ihn der Wille das Ding an sich, nur ist nach Fortlages Meinung Fichte darin über Schopenhauer hinausgegangen, daß er reines Denken und reines Wollen als unzertrennliche Einheit nahm und im reinen Willen ein Werkzeug zur Konstruktion der reinen Formen des Intellekts entdeckte. Von da aus will Fortlage, obgleich er sich durchaus zum zweiten Buch der »Welt als Wille und Vorstellung« bekennt, die Lehre vom Willen als dem Wesen der Welt nur bedingt gelten lassen, möchte statt „Wille" lieber „Seele" setzen und bestreitet zugunsten des Fichteschen Ich als der reinen setzenden Tätigkeit, als des wollenden Denkens oder des denkenden Wollens die Lehre vom intelligenzlosen Willen. Auf die Gefahr hin, Gefühlsphilosoph zu heißen, will er den Vorrang des Gefühls vor dem Willen behaupten, wie er es denn doch als Voreiligkeit empfindet, daß Schopenhauer den Willen in allen seinen Gestalten für ein einiges Prinzip ansah. In der mangelnden Scheidung von „Vorstellung" und „meiner Vorstellung" scheint ihm Schopenhauer noch ganz in den Bahnen Kants und der Denkprozeß eines halben Jahrhunderts vergeblich an ihm vorübergegangen; im gleichen Sinne findet nach seiner Meinung auch der Leser von 1845 die Kantsche Vernunftkritik veraltet. Durchaus in Übereinstimmung ist Fortlage mit dem Schopenhauerschen Pessimismus und seiner Erkenntnis vom pessimistischen Urgrund des Christentums gegenüber der „flauen Oberflächlichkeit einer an nicht mehr recht geglaubten Dogmen festhangenden aristokratischen Gesellschaft" und gegenüber der „entzückten Verliebtheit, mit welcher unsere Modephilosophen an dieser fleischernen und beinernen Existenz hängen". Von Einsicht und Achtung zeugt schließlich alles, was Fortlage über die Persönlichkeit Schopenhauers und über seinen Stil sagt. Er ist für ihn „ein Philosoph wie die alten Stoiker, ihm ist die Philosophie nicht nur ersonnenes System, sondern Lebensprinzip". Das Buch ist „nicht bloß auf dem dialektischen Roste schnell fertiger Gedankenfabrikation angeglühete, sondern eine durch die auf einen einzigen Fokus concentrierten geistigen Kräfte eines ganzen Menschen ausgekochte Nahrung für Geist und Charakter", und er vergleicht es mit einer „Tafel, besetzt mit den langsam gereiften Früchten eines 25jährigen Nachdenkens, vielseitiger Studien und einer stets auf den Grundgedanken des Werks gerichtet gewesenen Lektüre, deren Ergebnisse auf das behutsamste ausgepflückt und benutzt wurden". Er rühmt die „Concentration des Ausdrucks, die Urlebendigkeit des Stils", mit der Schopenhauer den Leser „in die Denkungsart seines Standpunkts wie in eine Zaubersphäre hineinzuziehen" weiß, „sodaß das Werk als ein Muster von Darstellung immer einen hohen, ja einen klassischen Rang behaupten wird".

Die Besprechung Fortlages blieb, wie es scheint, die einzige, die die zweite Auflage der »Welt als Wille und Vorstellung« gefunden hat. Trotz aller ihrer Einsicht in die außerordentliche Natur des Werkes und trotz allen guten Willens blieb sie zunächst einflußlos.

Die Tendenz der Zeit war noch nicht gleichgerichtet, und noch herrschte nicht die Richtungslosigkeit eines Relativismus, der bereit ist, alles aufzunehmen.

Immerhin waren in der Zeit wohl Tendenzen zu finden, die sich mit der Schopenhauerschen Lehre hätten vereinbaren lassen, ja die zu ihr hinzuleiten schienen. Der Feuerbachsche Atheismus hatte die Existenz eines anthropomorphen Gottes derart in Frage gestellt, daß ihm hinfort die Philosophie nicht mehr das Asylum der Allegorien offen zu halten brauchte. Und auch für die Allgemeinheit war nach Kellers Wort der Philosoph „gleich einem Zaubervogel, der in einsamem Busche sitzt und Gott aus der

Brust von Tausenden hinwegsingt". Damit hatte die Schopenhauersche Philosophie viel von jenem Schrecken verloren, den seine entgottete Welt bei dem ersten Erscheinen des Buches noch haben mochte. Auch der Sensualismus konnte sich wohl mit der gefährlichen Lehre Schopenhauers von der Welt als einem Gehirnphänomen befreunden, die mehr von Cabanis als von Kant herstammt.

Auf der andern Seite freilich finden sich Tendenzen von vollkommener Unvereinbarkeit. Das fordernde Geschlecht, das die vierziger Jahre beherrschte, war durchaus antiasketisch. Hatten doch Heine und Gutzkow das Evangelium der Sinnlichkeit begründet und sich darin von Feuerbachs Lehre vom sinnlich-realen Menschen bestätigt gefunden. Auch hätte eine Zeit, die zuerst die soziale Forderung erhoben, sich mit einer Moral nicht einverstanden erklären können, die sich auf das Mitleid gründete.

Vor allem aber mußte die ungeschichtliche Denkart Schopenhauers einer Zeit fremd sein, die nicht nur weiter in geschichtlichen Kategorien dachte, sondern die nun sich anschickte, Geschichte zu machen. Durchaus unpolitisch in einer politischen Zeit, stand Schopenhauer, wie einst dem Entwicklungsglauben, so jetzt dem politischen Willen fremd gegenüber. Allerdings kam seine Gegnerschaft gegen alle revolutionären Tendenzen nur in vertraulichen Briefen und versteckten Protokollen zum Ausdruck, aber die Zeit konnte nichts aus seiner zeitlosen Philosophie sich zu eigen machen. Sicherlich ist Schopenhauer, am Maßstab jener Zeit gemessen, kein Reaktionär gewesen, und etwa in dem Kampfe, den sein Jugendfreund Bunsen gegen das intolerante Christentum des konservativen Neuchristen Stahl aufnahm, sind alle seine Sympathien auf der Seite Bunsens gewesen. Um aber die Schopenhauersche Philosophie der Zeit selbst einzufügen, mußte doch ein völliger Wandel der Gesinnung eintreten.

Inzwischen hatte Schopenhauer die ersten überzeugten Anhänger seiner Lehre gewonnen. Seit 1840 ist Julius Frauenstädt, seit 1843 der Magdeburger Geheime Justizrat Dorguth für ihn eingetreten. Aber gerade die Erfolglosigkeit ihrer Werbung in den vierziger Jahren beweist, daß die Schuld bei der Zeit selbst lag. Immerhin hat ihm die zweite Auflage der »Welt als Wille und Vorstellung« zwei neue Jünger gewonnen, den damaligen Alzeyer Advokaten August Becker und den bayrischen Rechtspraktikanten Adam v. Doß.

Der erneute Mißerfolg der »Welt als Wille und Vorstellung« machte es Schopenhauer schwer, eine neue Essay-Folge zur Ergänzung seines Hauptwerkes, die er seine »Parerga und Paralipomena« nannte, in die Öffentlichkeit zu bringen. Brockhaus hatte, als Schopenhauer ihm 1851 den Verlag anbot, nicht mehr den Mut dazu. Zwei andere Verleger lehnten ab, und erst Frauenstädts Bemühungen gelang es, das Werk in einem kleinen Berliner Verlag unterzubringen.

Es wurde das erste Werk Schopenhauers, das die Zeit rezipierte.

42. Arthur Schopenhauer an F. A. Brockhaus.

Ewr Wohlgeborn

erlaube ich mir anzuzeigen, daß ich nunmehr, nach sechsjähriger Arbeit, meine vermischten philos: Schriften vollendet habe: die Vorarbeiten dazu erstrecken sich durch 30 Jahre. Denn ich habe darin alle die Gedanken niedergelegt, die in meinen systematischen Werken keine Stelle finden konnten. Daher ist auch dieses, seinem größern Theile nach, ungleich populärer, als alles Bisherige; wie Sie dies schon aus dem Inhaltsverzeichniß ersehn können, welches ich beifüge. Ich gedenke nach diesem nichts mehr zu schreiben; weil ich mich hüten will, schwache Kinder des Alters in die Welt zu setzen, die den Vater anklagen u. seinen Ruhm schmälern. Dies Werk ist noch ganz schwerlöthig, wie die früheren. Ich biete es Ihnen zum Verlage an, unter den selben Bedingungen, wie die 2te Aufl meines Hauptwerks, jedoch mit dem Unterschiede, daß ich entschloßen bin, dieses so sehr viel populärere u. sonach für ein größeres Publikum geeignete Werk nicht ganz umsonst zu geben: hingegen verlange ich nur ein äußerst geringes Honorar, näml 1 Louisd'or für den Bogen: denn ich will nicht, daß durch mich ein Verleger Schaden leiden könne, berücksichtige auch die Rohheit der Zeit u. daß ich doch immer nur den Hochgebildeten zugängl bin. Aber was ich fordere ist die Sache, auch vom buchhändlerischen Standpunkt aus, werth: von einem andern kann hier nicht die Rede seyn.

Ihrer gefälligen Antwort baldigst entgegensehend verbleibe mit vollkommener Hochachtung

Ewr Wohlgeb
ganz ergebener
Arthur Schopenhauer

Frankfurt a. M.
d. 26 Juni
1850.

P. S. Sollten Sie, um etwas dickere Bände zu liefern, ein etwas kleineres Format vorziehn, so würde ich bitten, mir eine Probe des Drucks zu schicken.

Parerga und Paralipomena:
Kleine philosophische Schriften
von A. S.

Inhalt (nebst muthmaaßlicher Seitenzahl, nach dem Format u. Druck meiner 2ten Auflage)
Erster Band: [enthält 6 Abhandlungen]

Zweiter Band [ist in Kapitel getheilt]

Vereinzelte, jedoch systematisch geordnete Gedanken über vielerlei Gegenstände.

Kap:13. Ueber den Selbstmord .... 3 Seiten
14. Zur Lehre von der Bejahung u. Verneinung des Willens z. Leben .... 7 "
15. Ueber Religion .... 55 "
16. Einiges zur Sanskritlitteratur .... 5 "
17. Einige archäologische Bemerkungen .... 3 "
18. Einige mythologische Betrachtungen .... 6 "
19. Zur Metaphysik des Schönen u. zur Aesthetik .... 35 "
20. Ueber Urtheil, Kritik, Beifall u. Ruhm 26 "
21. Ueber Gelehrsamkeit u. Gelehrte ...... 9 "
22. Selbstdenken .... 10 "
23. Ueber Schriftstellerei u. Stil .... 33 "
24. Ueber Lesen u. Bücher .... 7 "
25. Ueber Sprache u. Worte .... 8 "
26. Psychologische Bemerkungen .... 26 "
27. Ueber die Weiber .... 17 "
28. Ueber Erziehung .... 8 "
29. Zur Physiognomik .... 8 "
30. Ueber Lerm u. Geräusch .... 3 "
31. Gleichniße, Parabeln u. Fabeln .... 6 "
Einige Verse .... 4 "

531 Seiten

43. F. A. Brockhaus an Arthur Schopenhauer.

Leipzig, 1. Juli 1850.

Ihre gef. Zuschrift v. 26. Juni, habe ich erhalten u. bin Ihnen für das Vertrauen welches Sie mir durch den Verlags=

antrag Ihrer vermischten philosophischen Schriften bezeigen, dankbar verbunden. In Folge vieler u. zum Theil bedeutender Unternehmungen deren Ausführung mich gegenwärtig und für die nächste Zukunft beschäftigt, sind aber meine Kräfte so vollkommen in Anspruch genommen, daß es mir in der That höchst wünschenswerth sein muß, vorläufig im Allgemeinen eine Beschränkung in Annahme neuer Anträge womit ich fortwährend beehrt werde, eintreten zu lassen. Ich kann mich daher nicht entschließen, den Verlag Ihrer gemischten philosophischen Schriften zu übernehmen u. Sie wollen meine ablehnende Antwort freundlichst entschuldigen. Könnte es Ihnen jedoch conveniren, die Schriften für Ihre eigenen Kosten herstellen zu lassen, so erkläre ich mich mit Vergnügen bereit, unter angemessenen Bedingungen nicht nur den Druck, sondern auch den Vertrieb unter meiner Firma zu besorgen.

44. Arthur Schopenhauer an F. A. Brockhaus.

Ewr Wohlgeborn

haben in Ihrem geehrten Schreiben mir einen Antrag gemacht, auf den ich nicht eingehn kann, weil ich allen Selbstverlag so sehr perhorrescire, daß ich lieber mein M. S. liegen ließe, bis es zum posthumum geworden, wo alsdann die Verleger sich darum reißen würden. Ich weiß sehr wohl, daß es jetzt noch ganz anders darum steht: dies gereicht jedoch keineswegs meinen Werken, sondern dem Publiko zum Vorwurf.

Inzwischen habe ich bedacht, daß, da Sie dies Werk nicht übernehmen können, Sie vielleicht die Güte haben würden, es einem Ihrer vielen Kollegen in Leipzig zu empfehlen, wogegen Sie ihm die Bedingung stellen könnten, daß er sich Ihrer Offizin dabei zu bedienen hätte, welche auch ich nachher im Kontrackt stipuliren könnte: auf solche Weise würde Ihre u. meine Absicht zugleich erreicht seyn u. Sie hätten zu besonderem Danke verpflichtet

Ihren
ganz ergebenen

Arthur Schopenhauer

Frankfurt a. M.
d. 8 July
1850.

P. S. Uebrigens haben wir keine Eile: ich habe eine nochmalige allerletzte Revision des M. S. angefangen u. finde, daß sie nicht ganz ohne Nutzen ist, daher ich sie durchführen werde.

[Adresse:] Des Herrn F. A. Brockhaus
Wohlgeb:
Leipzig.

[Poststempel:] Frankfurt 8 Jul. 1850 3—3½

45. F. A. Brockhaus an Arthur Schopenhauer.

Leipzig, 11. Juli 1850.

Ihre gef. Zuschrift v. 8. Juli erwidernd würde ich mich mit Vergnügen dem Versuch unterziehen, eine andere Buchhdlg. f. d. Verlag Ihrer gemischten philos. Schriften zu gewinnen, wenn es nicht in der Natur der Sache läge, daß jeder diesfallsige Antrag der von mir ausgeht gleich mit einem gewissen

Vorurtheil aufgenommen werden müßte. Ich unterlasse daher diesen jedenfalls erfolglosen Weg u indem ich bedaure Ihrem Wunsche nicht entsprechen zu können, empfehle etc.

46. Arthur Schopenhauer an F. A. Brockhaus.

Ewr Wohlgeborn

bitte ich zu entschuldigen, daß ich Ihnen nochmals mit der selben Sache komme: sie ist doch nicht so unbedeutend, daß sie nicht ein Paar Briefe werth wäre.

Seit Ihrer letzten ablehnenden Antwort habe ich durchaus nicht bei andern Verlegern angefragt, als woran ich wirklich ungern gehe, sondern habe in meiner bereits erwähnten nochmaligen letzten Revision des ganzen M. S. fortgefahren u. gedacht „kommt Zeit, kommt Rath." Sogar war mir die Verzögerung erwünscht, da dieses letzte rétouchiren der Sache noch sehr gut gethan hat. Jetzt aber bin ich damit so weit gekommen, daß ich gegen Ende dieses Monats fertig seyn werde u. dann darf ich nicht weiter hineinsehn, damit ich nichts verschlimmbeßere, wäre also gern das M. S. los. Es fällt mir schwer, bei mir fremden Buchhändlern anzufragen, wie der Leinweber mit seiner fertigen Webe. Bloß dem Suchsland habe ich es angeboten, der keine disponible Mittel dazu hat, sonst er es nehmen würde.

Selbstverlag habe ich, wie erwähnt, verschworen. Also biete ich es Ihnen jetzt nochmals u. zwar gratis an. Wenn Sie es da nicht nehmen, begehn Sie einen Fehler. Denn Sie können nicht dabei verlieren, wohl aber viel gewinnen. Denken Sie von mir was Sie wollen: ich sage, daß meine Schriften das Beste sind, was das Jahrhundert gebracht hat, u. bin nicht der Einzige, der es sagt. Wenn nur ein Mal der paßive Widerstand der Philosophieprofeßorengilde gebrochen ist, werden alle meine Werke noch oft gedruckt werden. Zudem nun aber ist das in Rede stehende bei Weitem das populärste, gewißermaaßen mein „Philosoph für die Welt“; wie Sie nach dem Inhaltsverzeichniß ermeßen können. Also bitte ich, die Sache nochmals zu überlegen u. sehe Ihrer gefälligen Antwort entgegen, mit Hochachtung verharrend

Ihr

ganz ergebener

Arthur Schopenhauer

Frankfurt a. M.
d. 3 Sept[r]
1850.

P. S. Etwan 3/4 des M. S. könnte ich Ihnen sogleich senden, das übrige jedenfalls vor Ende des Monats.

[Adresse:] Des Herrn F. A. Brockhaus
Wohlgeborn
Leipzig.

[Poststempel:] Frankfurt 3 Sep. 1850 12—12½

47. F. A. Brockhaus an Arthur Schopenhauer.

Leipzig, 5. September 1850.

Ihre gef. Zuschrift v. 3. Sept. habe ich erhalten u. bin Ihnen sehr dankbar f. d. weiteren Mittheilungen welche Sie mir über Ihre Vermischten philos. Schriften machen. Ich bedaure indeß dabei stehen bleiben zu müssen den Verlag derselben nicht übernehmen zu können, indem ich für eine geraume Zeit hinaus, schon durch das was ich in Ausführung habe, vollkommen in Anspruch genommen bin. Sollten Sie sich aber, wie Ihnen bereits vorgeschlagen, noch entschließen können, die Schriften für Ihre eigene Rechg: herstellen zu lassen, so erkläre ich mich nochmals bereit, unter angemessenen Bedingungen nicht nur den Druck, sondern auch den Vertrieb unter meiner Firma commiss:weise zu besorgen.

48. Arthur Schopenhauer an F. A. Brockhaus.

Ewr Wohlgeborn

bitte ich mir eine kleine Anfrage zu erlauben. Die hiesige Herrmannische Buchhandlung hat eine 2te vermehrte Auflage meiner Schrift „über den Willen in der Natur" in Verlag genommen. Im Kontrakt ist festgestellt, daß der Drucker nicht ohne meine Zustimmung gewählt werden darf. Die Buchhandlung wünscht bei Ihnen drucken zu laßen: damit bin auch ich vollkommen zufrieden, sobald nur ein gewißer Punkt ins Reine gebracht seyn wird, welcher eben der Anlaß meiner Anfrage ist. Ich weiß von guter Hand, daß Sie in Ihrer Offizin eine sogenannte „Hausorthographie" eingeführt haben, mit welcher alles gesetzt wird. Ich rede hier von der Sache nur sofern sie mich betreffen kann. An u. für sich ist es mir nicht wahrscheinlich, daß Sie besagte Orthographie auch auf Bücher, die nicht in Ihrem Verlag erscheinen, ausdehnen sollten. Allein die Sache ist mir zu wichtig, als daß ich mich mit Muthmaaßungen begnügen könnte. Daher also frage ich an: wollen Sie mir versprechen, besagtes Werk genau mit meiner Orthographie u. Interpunktion setzen zu laßen, wie auch dafür zu sorgen, daß die, in solcher Hinsicht, von mir bei der letzten Korrektur berichtigten, etwanigen Druckfehler vom Setzer gewißenhaft verbeßert werden? Dann bitte ich mir in Ihrer gefälligen Antwort dies Versprechen deutlich u. explicite zu ertheilen, u. die Sache ist abgemacht. Sollten Sie hingegen mir dies nicht versprechen wollen; so kann die Schrift nicht bei Ihnen gedruckt werden, u. auch sonst keine von mir, so lange Sie bei der Hausorthographie beharren. Ich will es nicht hoffen.

Wenn Sie, bei dieser Gelegenheit, mir sagen wollten, wie es jetzt um den Absatz meines in Ihrem Verlage stehenden Hauptwerks steht u. ob wohl einige Außicht zu einer 3ten Auflage vorhanden ist; so werden Sie zu besonderm Danke verpflichten

Ihren

ganz ergebenen

Frankfurt a. M. Arthur Schopenhauer.

d. 9ten Juli

1854.

[Adresse:] Des Herrn F. A. Brockhaus

Wohlgeborn,

Leipzig.

[Poststempel:] Frankfurt 9. Jul. 1854 3—3½

49. F. A. Brockhaus an Arthur Schopenhauer.

Leipzig, 18. Juli 1854.

Ihre werthe Zuschrift v. 9. d. g. M., habe ich erhalten, und erkläre mich hierdurch mit Vergnügen bereit, den Druck einer neuen Aufl. Ihrer Schrift „über den Willen in der Natur", welche in der dortigen Hermann'schen Buchh. erscheinen soll, zu besorgen. Das Bedenken welches Sie hierbei wegen der in meinem Geschäfte eingeführten „Hausorthographie" tragen, kann aber für Werke, welche nicht mein eigener Verlag sind gar nicht in Betracht kommen und kann ich Ihnen daher hierdurch die bestimmte Zusage machen, daß wenn mir der Auftrag zutheil wird auch das ganze Werk in Ihrer Orthographie und Ihren Bestimmungen zufolge gearbeitet werden soll. Daß ich mit der in meinem Geschäft eingeführten Orthographie nichts Allgemeines bezwecke und dieselbe auch Niemanden aufdrängen will, kann ich Ihnen g. H., versichern, Sie werden aber selbst einsehen, daß ich bei meinen vielen Verlagswerken und den bei mir erscheinenden Zeitschriften eine bestimmte Orthographie haben muß, da bei der großen Anzahl von Gelehrten mit denen ich in Verbindung stehe, sonst jedes Werk auch eine andere Orthographie haben würde. Ihr bei mir erscheinendes Werk hat allerdings in der letzten Zeit wieder eine allgemeine Aufmerksamkeit erfahren, jedoch dürfte der Zeitpunkt, wo eine dritte Aufl. nöthig werden sollte, noch nicht so bald eintreten, da noch eine ziemliche Anzahl Ex. auf Lager ist.

50. Arthur Schopenhauer an F. A. Brockhaus.

Ewr Wohlgeborn

sage ich meinen aufrichtigen Dank für die redliche Art, mit der Sie, hinsichtlich des Drucks des Willens in der Natur, Ihr Versprechen erfüllt haben: es ist Alles schön u. ganz nach meinem Wunsch ausgefallen. — Bloß auf Uebersendung des letzten Aushängebogens hat man mich fast 3 Wochen warten laßen, in Folge wovon ein kleiner aber fataler Druckfehler in der Vorrede von mir übersehn worden ist, den ich sonst hinten würde berichtigt haben. Es ist der einzige im ganzen Buch.

Jetzt läßt, auf mein Anrathen, die Firma Hartknoch die 2te Auflage meines „Ueber das Sehn u. die Farben" bei Ihnen drucken. Ich rechne zuversichtlich darauf, daß Sie, hinsichtl der Orthographie u. Interpunktion, die selbe Anordnung in Ihrer Druckerei werden treffen laßen, u. bitte sehr darum, wie auch um pünktliche Uebersendung der Korrekturbogen, nebst M. S. u. altem Druck, wie auch der Aushängebogen, möglichst bald.

Mit aufrichtiger Hochachtung

Ihr
ganz ergebener
Arthur Schopenhauer

Frankfurt a. M.
d. 4 Novr 1854.

[Adresse:] Des Herrn F. A. Brockhaus Leipzig.
Wohlgeborn

51. F. A. Brockhaus an Arthur Schopenhauer.

Leipzig, 11. November 1854.

Ihre werthe Zuschr. vom 4. d/s Mts. g. H., habe ich erhalten und ist mir auch gleichzeitig damit von Herrn Hartknoch, hier das Manuskript zu einer neuen Aufl. Ihres Werks „Über das Sehen und die Farben" eingehändigt worden. Ich habe den Druck sogleich beginnen lassen und schon heute das Vergnügen Ihnen den ersten Bogen davon zur gefälligen Revision zu übersenden. Der Satz ist genau so wie bei Ihrem Werke „Über den Willen in der Natur" und wird das Ganze was auch die Orthographie anlangt überhaupt Ihrem Wunsch gemäß gearbeitet werden.

V.

Die dritte Auflage der »Welt als Wille und Vorstellung« Plan der Gesamtausgabe

Schopenhauer 1857.

Drittes Oelbild von Jules Lunteschütz aus dem Besitz von Otto Lindner. Schopenhauer Archiv, Frankfurt a. M., Stadtbibliothek.

Das Jahr 1848 brachte für die Philosophie Schopenhauers und damit für die Geltung der »Welt als Wille und Vorstellung« den Umschwung. Es ist nicht so, als ob eine durch ihr Unglück pessimistisch gewordene Zeit in einer Philosophie des Pessimismus die Theorie für ihr Schicksal gesucht hätte. Wieder ist es die Geschichtslosigkeit des Schopenhauerschen Systems, die sein Verhältnis zur Zeit bestimmt.

Im Jahre 1848 schien die Geschichte selbst Bankerott gemacht zu haben. Der Entwicklungsoptimismus des deutschen Liberalismus war gescheitert, und mit ihm war die Geschichte selbst um ihren Zweck gekommen. Nun erst wurde die Bahn frei für eine Betrachtung, die die Geschichte grundsätzlich negierte.

Waren die Tendenzen der geistigen Entwicklung Deutschlands in der ersten Hälfte des Jahrhunderts (von einigen rückläufigen Bestrebungen abgesehen) von einer gewissen Einheitlichkeit und entwicklungsgemäßen Folgerichtigkeit gewesen, so trat in den fünfziger Jahren eine Spaltung im allgemeinen Bewußtsein auf. In der Hauptsache sind es drei Tendenzen, die nebeneinander die Geistigkeit der Zeit bestimmen: die Nachromantik, die Naturwissenschaft und der Sozialismus.

Die Nachromantik, deren bedeutendster Exponent eben die Schopenhauersche Philosophie ist, zeigt, daß die romantische Bewegung keineswegs durch das junge Deutschland endgültig rationalisiert und durch die Pseudo-Romantik der Reaktion verschüttet war, daß sie vielmehr, gleich einem unterirdischen Strom unter dem Tagesbewußtsein der Zeit verschwunden, jetzt wieder ins

Bewußtsein treten konnte. Und es war die Romantik in ihrer grundsätzlichsten, ihrer metaphysischen Form, nicht mehr die ironische Romantik Schlegels noch die historische Romantik Hegels, sondern die tragische Romantik Schopenhauers, die die Herrschaft gewann.

Daß es sich bei dem Erfolg der Schopenhauerschen Philosophie in den fünfziger Jahren so wenig um Zufälligkeit handelt wie bei dem Mißerfolg derselben Philosophie in den zwanziger Jahren, läßt sich dem Schicksal der andern großen Geburt der Zeit entnehmen, dem Musikdrama Richard Wagners. Auch der Meister der unendlichen Melodie wurzelt in der Romantik, in seinen Stoffen wie in seinen Ideen. Und wenn er in den vierziger Jahren durch Feuerbach hindurchgegangen ist und die (von Schopenhauer so verpönte) Revolution in den eigenen Willen aufgenommen hat, so fand er in den fünfziger Jahren sein eigenes Selbst und dieses Selbst in voller Übereinstimmung mit Schopenhauer. Wenn er dem Meister 1854 seine Nibelungendichtung sendet „aus Verehrung und Dankbarkeit", so ist es nicht der durch Schopenhauer zur Metaphysik bekehrte, sondern der metaphysische Musiker, der dem Philosophen huldigt, der ihm deutet, was er schafft.

Die Philosophie Schopenhauers und das Musikdrama Wagners bedeuten in den fünfziger Jahren die erneute Herrschaft der Romantik. Der metaphysische Irrationalismus dieser Nachromantik hat über den Historismus der mittleren Romantik gesiegt. Nietzsche ist der Erbe und Fortbildner dieser Nachromantik, wenngleich er gegen die Metaphysik Schopenhauers und Wagners seinen erneuerten romantischen Individualismus wieder in die Bahn der Geschichte zurücklenkt, freilich nicht des banalen Historismus jener deutschen Liberalen, die im Opportunismus der Wilhelminischen Periode untergegangen sind.

Die zweite beherrschende Tendenz der fünfziger Jahre ist an sich der Schopenhauerschen Philosophie nicht feindlich entgegengetreten. Es war die N a t u r w i s s e n s c h a f t, die ihre Geltung immer mehr erweiterte auf Kosten einer sterilen und um jede

Achtung gekommenen Schulphilosophie, die keine andere Sorge kannte, als in der Zeitschrift Fichtes und Ulricis den Theismus zu beweisen. Die Vorherrschaft der Naturwissenschaft in den fünfziger Jahren war nicht minder ein Rückschlag gegen die dominierende Geisteswissenschaft, die ihre eigene Resultatlosigkeit eingestehen mußte. War die naturwissenschaftliche Weltbetrachtung, die sich im Materialismus zu systematisieren wußte, ursprünglich unhistorisch, so wurde im weiteren Verlauf der fünfziger Jahre durch den Darwinismus die historische Betrachtung des Entwicklungsglaubens in sie hineingetragen; ja von hier aus fand der Entwicklungsglaube der Nachromantik Nietzsches ebenso wie der Entwicklungsglaube des marxistischen Sozialismus seine Bestätigung.

Die dritte Tendenz der fünfziger Jahre ist an sich der Schopenhauerschen Philosophie durchaus feindlich, aber sie kam mit ihr nicht in feindliche Berührung, weil sie in andern Schichten sich auswirkte und zudem ihre Entfaltung erst einer späteren Zeit angehört. Im Gegensatz zu der Geschichtslosigkeit der Nachromantik und der erst allmählich mit dem Entwicklungsgedanken sich verbindenden Naturwissenschaft ist der Entwicklungsglaube der Kern des Marxismus. Der Gedanke der schöpferischen Zeit, den Hegel der Romantik entnommen und auf das geschichtliche Leben in seinem ganzen Umfange angewandt hatte, hat sich bei Marx auf das soziale Leben zurückgezogen und ist hier zum Grundgedanken einer tiefen religiösen Überzeugung geworden, die der Erlösung vom sozialen Leid durch die gesellschaftliche Entwicklung gewiß ist.

So ist Schopenhauer als der Bahnbrecher der Nachromantik in den fünfziger Jahren zu einer geistigen Macht in Deutschland, ja über Deutschland hinaus geworden, nicht ernsthaft bestritten von der naturwissenschaftlichen Weltanschauung, die manchen Überläufer an seine naturdeutende Metaphysik verlor, kaum gekannt vom werdenden Sozialismus, vom größten Künstler Deutschlands als der Deuter des Weltgeheimnisses proklamiert.

Die »Parerga und Paralipomena«, Schopenhauers Philosophie für die Welt, die 1851 erschienen, haben ihm den Sieg errungen, für den die Zeit gekommen war. 1852 erschien der Aufsatz der »Westminster Review« »Iconoclasm in German Philosophy« und machte Deutschland aufhorchen. Gleichzeitig trat eine der größten deutschen Zeitungen, die »Vossische Zeitung« in Berlin, unter Lindners Leitung nachdrücklich und dauernd für die Schopenhauersche Philosophie ein. 1854 erschienen im Brockhausschen Verlag Frauenstädts »Briefe über die Schopenhauersche Philosophie«. Der Nil war in Kairo.

52. F. A. Brockhaus an Arthur Schopenhauer.

Leipzig, 5. August 1858.

Vor langen Jahren schrieben Sie, geehrtester Herr, einmal in einem Briefe an mich: „meine Philosophie wird sich sicherlich noch, wenn vielleicht auch erst spät, Bahn brechen.“ Diese Voraussetzung scheint ihre Bestätigung zu finden, und daraufhin hat sich die allerdings nur in einer geringen Anzahl von Exemplaren gedruckte zweite Auflage von Ihrer Schrift „Die Welt als Wille und Vorstellung“ in dem Zeitraum von 14 Jahren bis auf einen kleinen Vorrath verkauft, — eine Nachricht, die Ihnen zu geben mir zu ganz besonderer Freude gereicht. Dieser Vorrath wird zwar für einige Zeit noch ausreichen, allein es scheint mir doch angemessen, schon jetzt eine dritte Auflage mit Ihnen zur Sprache zu bringen, auch schon deshalb, damit Sie die nöthigen Vorbereitungen dazu machen können. Laut unserm Contract vom 20. Juni 1843 haben Sie sich das Verfügungsrecht in Bezug auf die dritte Auflage vorbehalten, indeß darf ich wol glauben, daß auch diese in meinem Verlage erscheinen wird, indem ich hoffe, daß Sie solche Verlagsbedingungen stellen werden, welche mir die Ausführung nach dem Stand des deutschen Buchhandels möglich machen. Wahrscheinlich werden Sie das Werk für die dritte Auflage einer geringen oder ausgedehnten Umgestaltung unterwerfen, und ich bitte Sie mir neben Ihren Mittheilungen über die Ihnen gemachte Eröffnung auch eine Notiz zu geben, in welchem Verhältnisse die neue Auflage zur zweiten stehen wird.

Ihrer gefälligen Antwort gewärtig empfehle ich mich Ihnen, geehrtester Herr,

hochachtungsvoll und ergebenst

F. A. Brockhaus.

53. Arthur Schopenhauer an F. A. Brockhaus.

Ewr Wohlgeborn

haben mir eine sehr erfreuliche Nachricht ertheilt, auf welche ich jedoch schon so lange gewartet habe, daß der Eindruck das Gegentheil der Ueberraschung gewesen ist.

Die Veränderungen, welche die 3te Aufl erfahren soll, bestehn in kleinen Verbeßerungen u. beträchtlichen Zusätzen: weggenommen wird nichts; so viel ich bis jetzt absehn kann. — Wie viel nun aber diese Zusätze betragen werden, ist mir, obgleich sie, seit 1844 nach u. nach niedergeschrieben, sämmtlich schon auf dem Papier stehn, zu sagen unmöglich: erstl weil sie theils im durchschoßenen Exemplar, theils in mehreren Gedankenbüchern vertheilt stehn; 2° weil ich nicht weiß, wie viel davon das letzte, äußerst strenge Skrutinium paßiren wird; 3° weil sie bei der Bearbeitung für den Druck bald länger, bald kürzer werden; u. endl müßte das Geschriebene auf den Druck berechnet werden. Nach so eben genommener

Uebersicht, könnte ich, mit höchster Wahrscheinlichkeit, nur so viel angeben, daß die sämmtlichen Zusätze keinenfalls weniger, als 2, noch mehr, als 8 Bogen betragen werden. Bei Weitem die meisten derselben kommen in den 2ten Band: der erste wird etwan nur um einen Bogen stärker werden; daher ich diesen wohl nach 6 Wochen würde abliefern können: aber zum 2ten Bd, werde ich 5 bis 6 Monat nöthig haben; wo nicht gar noch mehr. Daß ich so langsam arbeite, kommt daher, daß ich, seit 25 Jahren, die unverbrüchliche Maxime habe, direkt für den Druck nicht anders, als die ersten 2 Morgenstunden hindurch zu schreiben; weil nur dann der Kopf Alles ist, was er seyn kann. Die übrigen Stunden sind brauchbar zum Nachschlagen u. Lesen angezogener Stellen & ca.

Ich wünsche sehr, daß Sie Format u. Druck beibehalten, wie sie sind; damit das Buch nicht vertheuert werde, u. der Leser leicht abschätzen kann, wie viel die neue Aufl mehr hat. Meine rechten Fanatiker kaufen sie, sobald sie 50 Seiten mehr sehn.

Als Honorar verlange ich nicht mehr, als 3 Friedrichsd'or den Bogen (altes u. Neues), wofür Sie 2250 Exemplare drucken können: wollen Sie aber noch mehr drucken; so ist das Honorar im selben Verhältniß zu erhöhen: z. B. für 3000 Exemplar auf 4 Friedrichsdor. Diese Forderung ist sehr billig, wenn Sie in Anschlag bringen, daß es sich um große u. ökonomisch gedruckte Bogen handelt, davon jeder so viel hält, als 2 Bogen des kleinen Formats, darin Sie Frauenstädt's Bücherchen gedruckt haben: — u. nun gar, da Sie die 2te Aufl umsonst gehabt, wünschen Sie gewiß, daß der Autor doch auch etwas von seiner Arbeit genieße. Es ist die Arbeit meines ganzen u. langen Lebens.

Zur unerläßlichen Bedingung mache ich, daß mir jeder Bogen, selbst wenn nichts daran geändert ist, zur letzten Korrektur gesandt, u. daß meine Orthographie u. Interpunktion genau befolgt werde. Jetzt aber will ich Ihnen noch etwas sagen. Meine Parerga, welche Sie nicht umsonst haben nehmen wollen, hat Hayn in Berlin: er hat sie umsonst u. ist nur zu 750 Exemplar berechtigt worden, obgleich er 1200 wünschte. Von allen meinen Schriften ist diese, als die popularste, am meisten abgesetzt worden, — muß also beinahe vergriffen seyn. Ich denke, es wäre an der Zeit, eine Auflage meiner sämmtlichen Werke zu machen, um so mehr, als solche im engsten Zusammenhange unter einander stehn, u. ich längst erklärt habe, daß man, um mich recht zu faßen, jede Zeile von mir gelesen haben muß. Also wir hätten in „A. S.s sämmtliche Werke, in 5 Bänden", — mit dem Motto „Non multa, —"

Bd. 1 & 2. Welt a. Wille u Vorstell^{g}.

„ 3 & 4. Parerga.

„ 5. — Vierfache Wurzel, 2te Aufl 1847.

(VI & 151. Seiten.) bei Herrmansche Bchd.

— Ueber den Willen in der Natur, D^{o}

(XXI & 130 Seiten) 2te Aufl 1854.

— Grundprobleme der Ethik, 1841. D^{o}

(XXXX & 280 Seiten)

— Sehn u. Farben, 2te Aufl 1854. Hartknoch.

VIII & 86 Seiten.

Dazu müßte noch ein Sachregister zu meinen sämmtlichen Werken, welches höchst nöthig ist, kommen. Ich empfehle dazu den Frauenstädt.

Die Parerga erhalten noch viel mehr Zusätze, als mein

11*

Hauptwerk; weil sich da eben Alles unterbringen läßt. Die kleinern Schriften des 5 Bds erhalten auch Zusätze; doch nicht beträchtliche.

Die pekuniären Bedingungen würden seyn, wie die oben angegebenen. — Vor Allem frägt sich, ob Sie eine solche GeneralEdition zu machen berechtigt sind, unbeschadet der Rechte der übrigen Verleger. Hayn hat auf die 2te Aufl förmlich verzichtet. Herrmann auch. — Sie haben Zeit es sich zu überlegen; da wir einstweilen den Kontrakt über mein Hauptwerk abschließen können u. ihn nachher erweitern. — Aber wenn Hr: Hayn sich meldet zur 2ten Aufl, werde ihm antworten müßen.

Somit verharre hochachtungsvoll

Ihr
ergebener Diener
Arthur Schopenhauer

Frankfurt a. M.
d. 8 August
1858.

Verte!

P. S. Jedenfalls bitte ich mir sogleich ein rohes Exemplar zu schicken, welches ich planiren u. mit Papier durchschießen laße, um Hand ans Werk zu legen. Denn sogar falls wir nicht einig würden, werden Sie ja wohl, nach ausverkaufter Edition, mir ein 11tes Autor-Exemplar spendiren.

54. Arthur Schopenhauer an F. A. Brockhaus.

Ewr Wohlgeborn

habe ich am 8ten August geschrieben u. Ihnen die gewünschte Auskunft ausführl ertheilt, befinde mich jedoch, zu meiner Verwunderung, noch immer ohne Ihre Antwort. Wenn Sie meine Vorschläge weder annehmen, noch ablehnen; so versteht es sich, daß auch ich weiterhin mich an dieselben nicht gebunden erachten werde. — Noch mehr aber wundere ich mich, daß Sie mir nicht das Exemplar geschickt haben, welches ich Sie bat, mir sogleich zu übersenden, weil ich sofort an die Bearbeitung der 3ten Aufl gehn will. Sollten Sie vielleicht gesonnen seyn, mir jenes Exemplar nicht eher zu verabfolgen, als bis wir über die 3te Aufl abgeschloßen haben; so bitte ich mir dieses wenigstens zu eröffnen, damit ich für mein Geld mir ein Exemplar von Ihnen verschreiben laßen kann. Der ich die Ehre habe zu seyn

Ihr
ergebener Diener
Arthur Schopenhauer.

Frankfurt a. M.
d. 1 Septr
1858.

[Adresse:] Herrn F. A. Brockhaus
Leipzig.

[Poststempel:] Frankfurt a. M. 1 Sep 1858 1½—2

55. F. A. Brockhaus an Arthur Schopenhauer.

Leipzig, 2. September 1858.

Ihre Mittheilung vom 8. Aug., geehrtester Herr, habe ich bei meiner Rückkehr aus Bad Reinerz vorgefunden, sowie mir auch Ihr Brief vom gestrigen Tage zugekommen ist. Gleich nach meiner Rückkunft aus dem Bade bin ich zum Jubiläum nach Jena gegangen, wohin ich als Ehrengast ein=

geladen war, und seitdem ich wieder hier bin, habe ich bei einer fortwährenden großen Geschäftsunruhe noch nicht die Muße finden können den vorliegenden Verlagsgegenstand in nähere Erwägung zu ziehen. Indem ich Sie bitte diese unfreiwillige Verzögerung freundlichst zu entschuldigen, behalte ich mir vor, meine bestimmte Antwort in der vorliegenden Angelegenheit in möglichst kurzer Zeit folgen zu lassen.

In meiner Abwesenheit ist es leider auch übersehen worden Ihnen das erbetene Exemplar Ihres Werkes zu senden, und indem ich dasselbe hierbei folgen lasse, bitte ich jedenfalls es gratis anzunehmen.

Unter der Bitte, mir zur Beantwortung Ihrer Mittheilung vom 8. Aug. noch eine kurze Frist gewähren zu wollen, empfehle ich mich Ihnen, geehrtester Herr, hochachtungsvoll und

ergebenst
F. A. Brockhaus.

56. F. A. Brockhaus an Arthur Schopenhauer.

Leipzig, 18. Sept. 1858.

Meine Sendung vom 2. ds. wird Ihnen, geehrtester Herr, zugekommen sein, und inzwischen habe ich die nöthige Ruhe gefunden, mich mit unserer vorliegenden Verlagsangelegenheit zu beschäftigen. Während von mir nur die dritte Auflage von „Die Welt als Wille und Vorstellung“ angeregt worden ist, sind Sie weiter gegangen und haben eine neue Auflage Ihrer sämmtlichen Werke in Vorschlag gebracht, die nach Ihren Angaben aus fünf Bänden bestehen und in denselben umfassen würde:

Band 1 und 2: Welt als Wille und Vorstellung.
3 und 4: Parerga.
5 : Vierfache Wurzel.
Wille in der Natur.
Grundprobleme der Ethik.
Sehen und Farben.

Ich bekenne Ihnen, daß dieser erweiterte literarische Plan mein volles Interesse hat, und es würde mir zur Freude gereichen, wenn wir denselben miteinander ausführen könnten. Ihre diesfallsige erste Frage, ob ich auch berechtigt sei, unbeschadet der Rechte der übrigen Verleger eine solche Gesammtausgabe zu veranstalten, läßt sich von mir nicht ohne Weiteres beantworten, da ich Ihre contractlichen Verhältnisse zu den betreffenden Verlagshandlungen nicht kenne. Nur in dem Falle, daß Sie, wie es von manchen Autoren geschieht, sich das Recht vorbehalten hätten, nach einem gewissen Zeitraum Ihre Schriften für eine Gesammtausgabe zu benutzen, würden wir mit Ablauf dieser Frist ungenirt zu derselben vorschreiten können. Selbst daß dieser Vorbehalt von Ihnen gemacht worden wäre, dürfte aber schwerlich die Zeit überall schon jetzt abgelaufen sein, oder demnächst ablaufen, da einzelne Ihrer Schriften in neuen Auflagen erst 1854 erschienen sind. Haben Sie nur auflagenweise abgeschlossen, und zwar ohne diesen Vorbehalt, so würde man sich mit den Verlegern wegen der noch vorräthigen Exemplare abzufinden suchen müssen. Diese Verhandlungen wären natürlich von Ihnen zu führen und ebenso die etwaigen Abfindungsgelder aus eigenen Mitteln zu tragen. Für den zu hoffenden Fall, daß wir uns dann über die Gesammtausgabe einigen, würde ich, wenn Sie es wünschen sollten, diese Gelder gern vorschießen, die später wieder von dem Ihnen zu zahlenden Honorar zu kürzen wären.

Nach Lage der Dinge würde es somit zunächst Ihre Aufgabe sein, sich mit Ihren Verlegern zu verständigen, wenn Sie nicht, wie es scheint, von allen Ihren Schriften das völlig freie Dispositionsrecht haben sollten. Ich schlage darum vor, daß Sie dies gleich thun und daß wir bis dahin, wo wir die Ansichten Ihrer Verleger kennen werden, auch die Einzel-Verhandlungen über die neue Auflage von „Die Welt als Wille und Vorstellung" ausgesetzt lassen, um alsdann eventuell das Unternehmen gleich in seiner Totalität zu behandeln.

Ich gehe daher noch nicht näher auf Ihre vorgeschlagenen Bedingungen ein, und will nur bemerken, daß ich das von Ihnen beanspruchte Honorar von 3 f d'or pro Bogen gegenüber einer Auflage von 2250 Exemplaren, wie Sie daraufhin zugestehen, durchaus nicht unangemessen finden kann. Es ist aber bei mir feststehendes Prinzip, niemals ein Buch auf einmal sehr stark zu drucken, um ihm, wenn es einschlägt, die Aussicht zu immer neuen Auflagen zu lassen. Deshalb würde ich auch im vorliegenden Falle die Auflage schwerlich stärker als 1000 Exemplare machen und dürfte wol voraussetzen, daß Sie daraufhin auch geneigt wären, eine verhältnismäßige Honorarreduction eintreten zu lassen.

Möge nun die Gesammtausgabe sich verwirklichen lassen oder es nur bei der neuen Auflage von „Die Welt als Wille und Vorstellung" sein Bewenden haben, so hoffe ich, daß wir uns in dem einen wie in dem andern Fall leicht einigen werden.

Ich bin Ihren weiteren Mittheilungen gewärtig und empfehle mich Ihnen, geehrtester Herr,

hochachtungsvoll und ergebenst

F. A. Brockhaus.

Am besten ist es also wol, wenn Sie — falls Sie nicht ohne Weiteres contractlich zu einer Aufnahme Ihrer Schriften in eine Gesammtausgabe berechtigt sind — jeden Ihrer Verleger fragen: wieviel Exemplare er noch hat und welche Entschädigung er für die Überlassung derselben an Sie beanspruche, wenn er Ihnen nicht die Aufnahme Ihrer Schriften in die Gesammtausgabe ohne Weiteres und ohne Rücksicht auf die auch ferner noch zu verkaufenden Einzelausgaben gestatten wolle. Wenn Sie mir dann die Antworten Ihrer andern Verleger mittheilen wollen, so werde ich Ihnen darüber jedenfalls meinen Rath geben können und wir sind dann einen großen Schritt vorwärts.

D. O.

57. Arthur Schopenhauer an F. A. Brockhaus.

Ewr Wohlgeborn

geehrtes Schreiben vom 18ten dieses erheischt eine gründliche u. ausführliche Antwort, damit Sie in der Sache alle Data erhalten u. danach beschließen können.

Zuvörderst also erzähle ich Ihnen, daß vor einem Jahr Hr: Suchsland (Herrmannsche Bchhdlg) mir den Antrag machte, meine sämmtl Werke herauszugeben. Ich erwiderte sogleich, daß dies ja mit den Rechten der andern Verleger nicht bestehn könne. Worauf er mit der größten Bestimmtheit u. Zuversicht antwortete: „Sehr wohl! Eine Gesammtauflage, die aber ganz vollständig seyn muß, können die Verleger der einzelnen Werke nicht anfechten." — Ich wollte dies nicht glauben u. sagte zuletzt: „was würden Sie dazu sagen, wenn jetzt Brockhaus meine sämmtl Werke erscheinen ließe?" — Antwort: „ich müßte es mir gefallen laßen." — Theils glaubte ich es doch nicht recht, theils schien mir die ganze Herausgabe damals unangemeßen: ich schlug es also aus. — Als ich aber jetzt Ihnen den Vorschlag machte, hoffte ich im Stillen, daß Sie das Selbe sagen würden, wie Suchsland, u. dann wären wir über den Berg. Allein Sie haben es nicht gesagt; woraus ich schließe, daß es sich nicht so verhält; da Sie es doch gewiß wißen würden.

Das Recht einer Gesammtausgabe habe ich mir bei keinem meiner Verleger vorbehalten. Jetzt will ich Ihnen das hier Einschlägige aus allen Kontrakten genau anführen:

1) Herrmann'sche Buchhdlg:

a) Ethik. 1840/41. — 500 Exemplare. — Der Verfaßer verspricht, bevor die erste Aufl vergriffen ist, keine 2te erscheinen zu laßen; sonst er der H'schen Buchhdlg 200 f Entschädigung zu zahlen hat. — Das Eigenthumsrecht der 2ten Aufl geht auf den Verf: über u. die H'sche Bchhdlg begiebt sich aller Ansprüche darauf. —

b) Vierfache Wurzel. — 750 Exemplare. — 2te Aufl, 1847. — Verfaßer verspricht, bevor die 2te Aufl vergriffen ist, keine 3te erscheinen zu laßen; sonst er 200 f-Entschädigg zu zahlen hat. Das Eigenthumsrecht der 3ten Aufl geht auf den Verf: über. Die Buchhdlg begiebt sich aller Ansprüche darauf.

c) Wille in der Natur. 2te Aufl. — 1854. — 1000 Exemplare. — „Verfaßer geht die ausdrückliche Verpflichtung ein, bevor die 2te Aufl vergriffen ist, keine 3te erscheinen zu laßen, es sei in welcher Form es wolle; sonst er eine Entschädigung v. 200 f- zu zahlen hat u. außerdem das Honorar zurückvergüten muß. (!!) Auf eine 3te Aufl hat die Bchhdlg keine Ansprüche.

2.) A. W. Hayn: Parerga. 1850/51. — 750 Exemplare. „Bei einer nothwendigwerdenden 2ten Aufl fällt das Eigenthums-Recht an den Verfasser zur freien Einigung mit dem Verleger zurück." — Den Kontrakt mit Hartknoch habe ich nicht zur Hand, wiewohl er da ist. Lautet ungefähr wie der Hayn'sche.

Kürzlich sagte mir Suchsland, er habe einige Lust, den Rest der Ethik zusammenzuschlagen, um eine 2te Aufl zu machen. — „Letzten Winter hat er an Hayn geschrieben, er wünsche zu wißen, wie viel Exemplare von Parerga (auf die er einen ganz krankhaften Appetit hat) noch dawären, u. ob H. sie ihm abstehn wolle." — Die Antwort hat er mir gezeigt: H. lehnt das Abstehn ab, u. antwortet gar nicht auf die Frage nach der Zahl der Ex. —

Jetzt wünschen Ewr Wohlgeb:, ich solle mit allen diesen Verlegern in Verhandls treten u. ihnen dann die Rester abkaufen. Da Sie zugleich das Honorar im Verhältniß von 225 zu 100 herabsetzen möchten, würde ich ja ein brilliantes Geschäft machen! habe ich Ihnen die 2te Aufl umsonst gegeben; so könnte ich bei dieser noch etwas zusetzen. — Aber seyn Sie ruhig: ich bin ein Mann, der Spaaß versteht. — Aber auch schon das bloße Verhandeln mit den resp: Verlegern ist eine Corvée, zu der ich mich nicht herbeilaße. Dies sind Buchhändler-Angelegenheiten, u. die Herren wißen viel beßer mit einander fertig zu werden, als meiner Eins.

Zudem sind Sie der Matador: die Leute werden Ihnen schon Rede stehn u. sich möglichst obligeant bezeigen. Ehe aber ich an diese corvée gehe, laße ich viel lieber den Sachen ihren natürlichen Verlauf u. warte, daß jeder Verleger eine neue Auflage verlangt. An Honorar werde ich dabei nichts verlieren: im Gegentheil gedenke ich für die Parerga, für sich allein, noch einen Fried:d'or mehr zu verlangen.

Was das Honorar betrifft, so habe ich Ihnen meine Forderung so billig gestellt, daß ich entschloßen bin, nicht davon abzugehen. Wollen Sie weniger drucken, als ich Ihnen freigestellt, so steht dies in Ihrem Belieben, aber es ändert das Honorar nicht. Sie werden sich wohl anders besinnen. 1850 war ich s o o b s k u r, daß 3 Buchhandlungen die Parerga nicht umsonst gewollt haben: dennoch verlangte Hayn 1200 Exemplare zu drucken. Und jetzt, da ich berühmt bin, wollten Sie von meinem Hauptwerk nur 1000 abziehn! um ja nicht ein Paar Ballen Papier zu riskiren. Sie möchten erst sehn, „ob es einschlägt". Aber meine Werke haben eingeschlagen u. daß es kracht. Ganz Europa kennt sie. Aus Moskau u. Upsala kommen mir Besucher. Und es wird noch viel beßer kommen: noch sehr viele Jahre hindurch wird mein Ruhm wachsen, u. zwar nach den Gesetzen einer Feuersbrunst. Noch gar viele Auflagen werden meine Werke erleben. Daran ist gar nicht zu zweifeln.

Auf den Fall, daß Sie, unter den dargelegten Umständen, die Gesammtauflage doch unternehmen wollen, muß ich Ihnen 2 Dinge bemerken. Erstl, daß ich im Kontrakt die Klausel verlange, daß Sie für alle Ansprüche, welche die frühern Verleger deshalb an mich machen sollten, aufkommen. Zweitens, daß ich in der Anordnung der Bände die Aenderung beschloßen habe, daß der Band der kleineren Schriften der 3te wird, weil er lauter integrirende Theile meiner Philosophie enthält: die Parerga aber nur etwa um 1/3 in diesem Fall sind, 2/3 aber für sich bestehende kleine Abhandlungen, zuletzt sogar Allotria, u. am Schluß gar Gedichte. Daher müßen diese 2 Bände die letzten seyn.

Ich danke Ihnen für das übersandte Exemplar u. arbeite seitdem eifrig daran: aber es geht langsam, weil ich diese Auflage als letzter Hand betrachte u. daher große Sorgfalt anwende.

Verbleibe hochachtungsvoll

Ihr
ergebener Diener
Arthur Schopenhauer

Frankfurt a. M.
d. 22 Septr
1858.

[Adresse:] Herrn F. A. Brockhaus
Leipzig.

[Poststempel:] Frankfurt a. M. 22 Sep 1858 12—12½

58. Arthur Schopenhauer an F. A. Brockhaus.

Ewr Wohlgeborn

haben meinen Brief v. 21 Septr ohne Antwort gelaßen. Inzwischen ist mein Werk vergriffen u. nicht mehr im Buchhandel zu haben, wird dies auch wenigstens noch 3/4 Jahr lang nicht seyn, — ein Umstand, welcher der jetzt immer weiter gehenden Verbreitung meiner Philosophie ein großes

Hinderniß in den Weg stellt. Ich muß es höchlich beklagen, daß Sie nicht früher sich an mich gewendet haben; — außerdem die 3te Auflage jetzt gedruckt u. fertig seyn könnte.

Meine Arbeit ist vorgeschritten. Der erste Band liegt seit mehreren Wochen fertig da: die Zusätze schätze ich auf 1½ Bogen. Der 2te erhält sehr viel mehr Zusätze: ich arbeite jetzt am 15ten Bogen deßelben. Vor Ende April werde ich schwerlich damit fertig: es kann sogar noch etwas länger dauern. Jedenfalls wird der Druck des ersten Bandes die Zeit bis dahin ausfüllen. Ich will keine Zeit mehr verlieren; daher bitte ich Sie, mir definitiv zu sagen, ob Sie die 3te Aufl, zu den Ihnen gestellten Bedingungen nehmen u. mit dem Druck des Bd: 1 sofort beginnen wollen. Von jenen Bedingungen werde ich nichts nachlaßen; da sie sehr billig sind, sogar abgesehn davon, daß Sie die 2te Aufl eines so wichtigen u. auch umfangreichen Werkes ganz umsonst gehabt u. total ausverkauft haben. Sollten Sie dennoch es nicht wollen; so bitte ich mir dieses zu sagen, damit ich jetzt, ohne weiteren Zeitverlust, es einem Andern antragen kann.

Den Plan einer Gesammt-Auflage werden Sie, nach dem Ihnen dargelegten Thatbestand, wohl aufgegeben haben. Mir liegt auch nichts daran; weil ich denke, daß der Verbreitung meiner Werke es am Ende förderlicher seyn kann, daß Jeder sie einzeln allmälig kauft, als daß er Alles zugleich nehmen muß. Wollen u. können Sie es dennoch durchsetzen; so ist noch immer Zeit dazu, bis zur Vollendung des Druckes dieser 3ten Aufl: es würde ja nur alsdann eines General-Titelblatts bedürfen.

Ihrer geneigten baldigen Antwort entgegensehend bleibe hochachtungsvoll

Ihr
ergebener Diener
Arthur Schopenhauer

Frankfurt a. M.
d. 18 Jan^{r}
1859.

[Adresse:] Herrn F. A. Brockhaus
Leipzig.

[Poststempel:] Frankfurt a. M. 18 Jan 1859 3—3½

59. F. A. Brockhaus an Arthur Schopenhauer.

Leipzig, 21. Jan. 1859.

Ihre Mittheilung vom 22. Septbr. v. J., geehrter Herr, habe ich seiner Zeit erhalten, sowie mir auch Ihr Brief vom 18 ds. zugekommen ist. Es ist mir ganz begreiflich, daß Ihnen das lange Ausbleiben meiner Antwort befremdlich erscheinen mußte. Jedenfalls wollen Sie die Verzögerung derselben nicht etwa einem Mangel an Interesse für unsere vorliegende Angelegenheit zuschreiben. Im Gegentheil hat dieselbe, wie ich wol nicht mehr zu versichern brauche, meine volle Aufmerksamkeit auch in dem von Ihnen angeregten erweiterten Plan zu einer Gesammtausgabe Ihrer Schriften, und speciell in letztern liegt die Ursache, daß ich Ihnen meine Antwort so lange schuldig geblieben bin. Wenn ich die Verlagsfrage wegen der dritten Auflage von „Die Welt als Wille und Vorstellung" wol ohne Weiteres nach eigenem Ermessen hätte zur Erledigung bringen können, so wollte ich doch nicht über das erweiterte Unternehmen einer Gesammtausgabe irgendwelche Schritte thun, ohne die Ansicht unsres ältern Chefs, des Herrn Heinrich Brockhaus zu kennen. Dieser ist aber, wie Sie vielleicht aus Zeitungsnachrichten wissen, seit Mitte 1857 auf einer Reise im Oriente begriffen und befand sich damals, als Ihr Brief vom 22. Septbr. eintraf, in Kleinasien. Bei so weiter Ferne ist der briefliche Verkehr sehr erschwert, und daraus ist die so lange Verzögerung meiner Antwort hervorgegangen, die Sie unter diesen Umständen freundlichst entschuldigen wollen.

Was die von Ihnen angeregte Gesammtausgabe Ihrer Schriften betrifft, so ist diese Angelegenheit bei weitem noch nicht so reif, um sie zum Gegenstand einer nähern Besprechung unter uns machen zu können. Die Ansicht des Herrn Suchsland darüber kann ich nicht theilen, und auf Grund Ihrer Contracte habe ich die Überzeugung, daß sich eine Gesammtausgabe nur mit erlangtem Einverständniß Ihrer früheren Verleger machen läßt. Ehe daher etwas in der Sache geschehen kann, müssen geeignete Vorverhandlungen mit den betreffenden Verlegern vorausgehen, um vor allen Dingen deren Meinungen resp. Ansprüche kennen zu lernen. Diese Verhandlungen, welche freilich eigentlich Sache Autors sein müßten, will ich nun, Ihrem Wunsche gemäß, gelegentlich vornehmen und Ihnen dann das Resultat mittheilen.

Dies hindert indeß nicht, unsere Angelegenheit wegen der dritten Auflage von „Die Welt als Wille und Vorstellung" definitiv festzustellen. Wie ich schon in meinem Briefe vom 18. Septbr. v. J. ausgesprochen habe, finde ich Ihre Honorarforderung von 3 Fd'or für den Druckbogen bei einer zugestandenen Auflage von 2250 Exemplaren durchaus nicht zu hoch, allein bei meiner Abneigung, starke Auflagen zu machen, bedaure ich es, daß Sie meinen Vorschlag für eine geringere Auflage und demgemäß reducirtes Honorar nicht glauben annehmen zu können. Eine kleinere Auflage stellt natürlich die folgende in nähere Aussicht, und wenn erfahrungsmäßig mit jeder neuen Auflage ein anfrischendes Interesse für ein Werk verknüpft ist, so würde ich mir auch jetzt noch gestatten, Ihnen den Vorschlag für eine Auflage von 1500 Exemplaren gegen ein Honorar von 2 Fd'or pr Bogen zu machen, wenn Sie die Festhaltung Ihrer ursprünglich gestellten Bedingungen nicht so bestimmt ausgesprochen hätten. Wenn Sie noch auf letztern definitiv beharren zu müssen glauben, so werde ich Ihnen dieselben allerdings zugestehen und demgemäß bei einer Auflage von 2250 Exemplaren den Druckbogen von 16 Seiten mit 3 Fd'or honoriren, obschon mir nach dem ganzen Gange, den in neuerer Zeit Ihr philosophisches Hauptwerk genommen, eine Auflage von nur 1500 Exemplaren mit einem Honorar von 2 Fd'or pr Bogen wünschenswerther sein müßte, auch schon aus dem Grunde, daß Ihnen dadurch mit größerer Wahrscheinlichkeit die Möglichkeit geboten wäre, selbst noch eine neue Auflage zu veranstalten. Doch Sie mögen entscheiden, und welches von Beiden Sie wählen, soll als feststehender Satz unter uns gelten.

Geben Sie der Auflage von 2250 Exemplaren den Vorzug, so darf ich bei dem Umstande, daß ich Ihre Bedingungen pure angenommen, Ihrerseits wol erwarten, daß Sie mir das entgegenkommende Zugeständniß machen, diese Auflage theilen und nach dem Verkauf der ersten 1125 Exemplare erst die andern 1125 Exemplare drucken zu können. Vielleicht auch würde ich gleich 1250 Exemplare drucken und mir für den zweiten Abdruck die runde Zahl von 1000 Exemplaren vorbehalten, die dann, Ihre Genehmigung vorausgesetzt, als vierte unveränderte Auflage auftreten könnten. Dieses von Ihnen erbetene Entgegenkommen hat für mich die Erleichterung, daß ich dadurch von der Notwendigkeit befreit wäre, auf lange Jahre hinaus ein Capital in größern Papierbedarf verwenden zu müssen, das zinslos im Lagerhaus liegen würde. Ich hoffe daher, daß Sie mir dieses Zugeständniß machen werden.

Auch erwarte ich Ihre Zustimmung, daß das Honorar, wie allgemein üblich, erst bei der Ausgabe des Werks zur Auszahlung komme. Alle diese Stipulationen werden wir natürlich in die Form eines Contracts bringen und darin doch wol auch gleich Bestimmungen wegen weiterer neuer Auflagen treffen. Deshalb bitte ich Sie mir auch gleich darüber zur völligen Abrundung des Geschäfts Ihre Vorschläge zu machen. Wir werden uns über dies Alles leicht vollends einigen, und auf diese gewisse Aussicht hin ersuche ich Sie mit Ihren nächsten Mittheilungen mir gleich das Manuscript zum ersten Bande zukommen zu lassen, um den Druck sofort in Angriff nehmen lassen zu können. Denn es ist doch wol auch Ihre Meinung, daß dieser sofort nach Druckbeendigung ausgegeben werde und und nicht erst nach Vollendung des Ganzen.

Weil nothwendig, habe ich Sie in diesem Briefe mit vielen geschäftlichen Dingen mit behelligen müssen, und indem ich Ihren Mittheilungen mit Verlangen entgegensehe, empfehle ich mich Ihnen, geehrter Herr, hochachtungsvoll und ergebenst

F. A. Brockhaus.

60. Arthur Schopenhauer an F. A. Brockhaus.

Ewr Wohlgeborn

haben also meine Bedingungen angenommen, u. freue ich mich, daß wir so weit einig sind. So herzlich gern ich Ihnen gefällig seyn möchte, so kann ich mich doch nicht dazu verstehn, daß Sie jetzt 1250 Exemplare drucken u. nach deren Verkauf eine 4te unveränderte Aufl v. 1000 Exemplaren machen. Dies hieße Ihnen auch noch die 4te Aufl gratis geben, wie die 2te. Die ganze Sache kommt daher, daß ich, um mich freigebig zu bezeugen, Ihnen zu viele Exemplare zugestanden habe: ich dachte 3×750=2250. Sie hätten, sehe ich, an weniger genug: jedoch steht dies in Ihrem Belieben: drucken Sie so viele Sie wollen, bis 2250. 3 Friedrichsd'or sind ein honettes Honorar, aber kein großes, geschweige übermäßiges, welches Sie zu weitern Ansprüchen berechtigte. Die schlechten Schriftsteller bringen ganz andere Honorare! z. B. Westermanns Illustrirte Monatschrift bezahlt manche Bogen mit 60 ₰. Ich bin bescheiden, weil ich nicht das Glück habe ein schlechter Schriftsteller zu seyn.

Daß Sie das Honorar erst bei Ausgabe des Werkes bezahlen, bin ich zufrieden: jedoch, falls eine Gesammtaufl gelänge, dann nach dem 2ten, nach dem 3ten, u. nach dem 5ten Bande derselben, für die jedesmal ausgegebenen. Sonderbar ist es, daß Suchsland noch immer auf seiner Behauptung fest besteht, jedoch mit der Bedingung, daß von der Gesammtauflage nicht einzelne Werke verkauft werden dürfen. Ich denke Sie thäten wohl, ein Mal Wächters Buch über die Verlagsrechte, 1857, darüber nachzusehn. Denn errare humanum est, u. Ihnen würde es willkommen seyn, sich geirrt zu haben.

12*

Den ersten Band werde ich Ihnen sogleich nach abgeschloßenem Kontrakt schicken. Gegen die Ausgebung deßelben, ehe der 2te fertig ist, habe ich 2 Einwendungen. 1° Dies ist gegen Ihr Intereße, weil beide Bände *zugleich* zu lesen sind u. jedes Kapitel des 2ten auf einen § des ersten, u. dieser auf jenes verweist: sehn Sie gefälligst nach was ich hierüber in der Vorrede zur 2ten Aufl p. XXI, XXII, gesagt habe. Ueberhaupt ist der 2te Bd viel *brillianter*: der erste hat allein nicht durchdringen können, sondern erst als der 2te kam. — 2° Ich muß doch eine Vorrede zur 3ten Aufl machen: diese aber macht man stets zu allerletzt. Die 2 ersten Vorreden sind durchaus wieder abzudrucken: die zur 3ten wird kurz ausfallen, — so weit ich bis jetzt absehn kann. Jedenfalls ist beim Druck Raum für sie freizulaßen. — In den Kontrakt wünsche ich aufgenommen zu sehn, daß meine *Orthographie* u. *Interpunktion* auf das Strengste befolgt werden soll, u. daß jeder Bogen, selbst wenn nichts auf ihm geändert wäre, mir nebst betreffenden M. S. zur 3ten Korrektur übersandt werden soll. Dies liegt mir mehr als Alles am Herzen. — Ferner, daß Sie Ihren Anzeigen keine Anpreisung oder sonstigen Kommentar beigeben werden. — Die Disposition über die 4te Aufl muß ich mir vorbehalten. Wie könnte man jetzt darüber etwas festsetzen! — Daß ich sie zuerst Ihnen anbieten werde, versteht sich ja von selbst. Ob ich solche erlebe ist ungewiß, doch nicht gerade unwahrscheinlich; weil ich die Disposition habe, ein sehr hohes Alter zu erreichen. — Zehn Freiexemplare auf Velin, alle 10, bedinge mir aus.

Ich wünsche sehr, daß Sie das bisherige Format u. Druck ganz so beibehalten: dann wird sichtbar, wie viel die Vermehrungen betragen. Da die Auflage stark wird, werden Sie einen billigen Preis stellen können; was dem Absatz sehr förderlich ist. Dieser Druck ist sehr gut u. doch ökonomisch.

Sie dürfen mir nicht im Kontrakt einen Zeitpunkt festsetzen, wo ich den 2ten Band zu liefern habe: ich thue was ich nur kann, ihn zu fördern: aber ich will nicht übereilt seyn.

Ich erwarte also die Uebersendung des Kontraktes in 2 Exemplaren davon ich eines Ihnen unterschrieben zurückschicke, u. verbleibe hochachtungsvoll

Ihr
ergebener Diener
Arthur Schopenhauer.

Frankfurt a. M.
d. 27 Jan^r
1859.

[Adresse:] Herrn F. A. Brockhaus
Leipzig.

[Poststempel:] Frankfurt a. M. 27 Jan 1859 12—12½

61. F. A. Brockhaus an Arthur Schopenhauer.

Leipzig, 5. Febr. 1859.

Ihre werthe Zuschrift vom 27. Jan., geehrter Herr, ist mir zugekommen, und danach darf ich unser Geschäft hinsichtlich der dritten Auflage von „Die Welt als Wille und Vorstellung" als abgeschlossen betrachten. Die Herstellungskosten eines Buchs belaufen sich jetzt, wo nicht nur die Arbeitslöhne, sondern auch alle Materialien wesentlich gestiegen sind, bei weitem höher als früher, und gegenüber einem Honorar von 3 fd'or pro Bogen steht eine Auflage von 2250 Exemplaren nicht in zu großem Verhältniß. Da Sie meinen Vorschlag, gegen ein geringeres Honorar auch eine kleinere Auflage zu drucken, abgelehnt, so muß es bei dem Beharren an Ihrer ursprünglichen Honorarforderung auch bei der höheren Auflage sein Bewenden haben, da sich sonst das geschäftliche Exempel für mich zu ungünstig stellen würde. Der Geschäftsmann ist aber heutigen Tags mehr als je auf eine weise Ökonomie angewiesen, und so pflege ich größere Auflagen stets in zwei Abschnitten zu drucken, um nicht auf einmal eine zu große Summe auf Papier und Druck verwenden zu müssen, deren einer Teil nutz- und zinslos längere Zeit in dem Lagerhaus liegen würde, da sich ein Buch natürlich nur nach und nach aufverkauft. Mein Ihnen ausgesprochenes Anliegen, mir auch im vorliegenden Falle den Druck der Auflage in zwei Abschnitten zu gestatten, hat Ihren Beifall, wie ich lese, nicht und, wie mir scheint, wol aus dem Grunde, weil ich als eine rein buchhändlerische Operation mir gleichzeitig die Erlaubniß von Ihnen erbat, den zweiten Abdruck der dritten Auflage als „vierte Auflage" bezeichnen zu dürfen. Da dieses sicherlich nur der Stein des Anstoßes ist, so sehe ich natürlich von einer solchen Bezeichnung ab, während Sie mir das Recht gern zugestehen werden, die dritte Auflage in zwei Drucken herzustellen, welche beide selbstverständlich eben nur als „dritte Auflage" auftreten werden, der zweite Druck vielleicht mit dem Zusatz: „zweiter unveränderter Abdruck." Ihre Genehmigung dazu vorausgesetzt habe ich nun unsern Contract zusammengestellt, in dem Sie Alles aufgenommen finden werden, was Sie selbst vorgeschlagen. Der Entwurf folgt zunächst zu Ihrer Prüfung hier bei, nach dessen Rücksendung ich dann zwei gleichlautende Exemplare ausfertigen lassen werde.

Dazu, der buchhändlerischen Anzeige des Buchs keinen Commentar beizufügen, konnte ich mich nicht contractlich verpflichten. Jeder meiner buchhändlerischen Anzeigen ist ein kurzes Raisonnement beigefügt, und Sie wollen mir dies auch bei Ihrem Werke gestatten. Indeß gebe ich Ihnen die Versicherung, daß ich das Raisonnement vor dem Abdruck erst Ihrer Prüfung vorlegen werde.

Ich sehe Ihren Mittheilungen entgegen, und wenn Sie damit zugleich das Manuscript des ersten Bandes einsenden wollen, so wird es mir lieb sein, um dasselbe ohne Weiteres in Arbeit geben zu können.

Unter besonderer Hochachtung empfehle ich mich Ihnen, geehrter Herr,

ergebenst

F. A. Brockhaus.

Ich hoffe, geehrter Herr, daß wir nunmehr einig sein werden. Ich habe in der Hauptsache Ihre Wünsche erfüllt, kann deshalb aber auch wol erwarten, daß Sie meine billigen Wünsche erfüllen, namentlich da sie nur Gegenstände betreffen, die rein Sache des Verlegers sind und die Interessen des Schriftstellers nicht verletzen. Ob ich die mir zugestandene Anzahl Exemplare auf einmal drucke, oder auf zweimal oder auf zehnmal, wenn es mir Spaß macht — das denke ich ist ganz meine Sache. Höchstens könnten Sie gegen den Zusatz „zweiter unveränderter Abdruck" protestiren und ich werde ihn dann natürlich fallen lassen, sodaß das Publikum gar nichts davon erführe, ob ich die dritte Auflage auf einmal oder auf zweimal gedruckt habe. Ebenso verhält es sich mit den Ankündigungen Ihres Werks.

Diese erfolgen in meinem Namen und da muß es mir doch freistehen, etwas über Ihr Werk zu sagen, zumal ich das stets bei Ankündigungen thue und das Gegentheil deshalb auffallen würde. In die Lobposaune zu stoßen ist nicht meine Art und bei Ihrem Werke hätte ich es ja auch nicht nöthig. Außerdem aber erkläre ich mich bereit, Ihnen die Anzeige vorher zur Prüfung vorzulegen und also nichts zu sagen, was Sie nicht billigen — mehr können Sie doch nicht verlangen!

Somit hoffe ich bald auf Ihre Einwilligung und auf das Manuscript!

Ihr ergebenster
F. A. B.

62. Arthur Schopenhauer an F. A. Brockhaus.

Ewr Wohlgeborn

bitte ich, mir zu glauben, daß von allen 7 Sprachen, die ich kann, keine mir so schwer zu sprechen fällt, wie die Sprache der Verweigerung. Aber dies Mal muß sie daran: ich kann nicht zugeben, daß Sie aus Einer Auflage zwei machen; sei es unter dieser oder jener Benennung. Ich habe Ihnen eine Auflage verkauft, d. h. einen Satz, nebst der Bewilligung ihn 2250 Mal abzudrucken. Ich merke, daß ich die Zahl ein wenig zu hoch gegriffen habe; nehme sie jedoch keineswegs zurück; will aber andrerseits auch nicht, daß Sie darauf neue Koncessionen bauen. Ihr Argument anlangend; — so ist es ja ganz klar, daß die Zinsen von circa 85 000 Bogen Maschinen-Druck-Papier ohne allen Vergleich weniger betragen, als die Satz-Kosten von c^a 85 Bogen. — Also habe ich die hierauf bezügliche Klausel im Kontrakt gestrichen. — Als 1854 Suchsland den „Willen i. d. Natur" in 1000 Exemplaren gedruckt hatte, beklagte er lebhaft, nicht 2000 verlangt zu haben. Sie haben 250 mehr.

Gleichfalls kann ich nicht abgehn vom Verschontbleiben mit Ihrer Belobung u. Kommentar. Hierin appelire ich an Ihren Herrn Vater (möge der Himmel ihn bald gesund zurückführen!), welcher in diesem Punkt sich viel liberaler bewiesen, als Sie. Nämlich im Kontrakt zur 2ten Aufl hatte ich den Punkt vergeßen, schrieb es ihm aber hinterher: sogleich hat er es zugestanden, u. redlich Wort gehalten: Keine einzige Ihrer Anzeigen der 2ten Aufl: hat einen Kommentar. Sehn Sie nach. Damals aber war mein Werk wenig bekannt: u. jetzt, da es weltberühmt ist, möchten Sie es einem geehrten Publiko zu gütiger Berücksichtigung empfehlen. Ich sehe darin eine Herabwürdigung meines Werks, indem es auf gleiche Linie gestellt wird mit allen den Büchern, die so Jahr aus Jahr ein erscheinen, — kurze Zeit zu leben; — während es eine ganz andere Lebenskraft in sich trägt. Wahrlich, sich selber, d. h. dem Absatz, würden Sie durch Ihre Belobung s c h a d e n; — ganz abgesehn davon, daß ich nicht begreife, wie die Verleger die hohen Inseratsgebühren an solche Anpreisungen wenden mögen; da doch Jeder in seinem Herzen fühlt, was das Arabische Sprichwort ausspricht: „glaube nicht dem Kaufmann von seiner Waare." — Ich sage: good wine needs no bush, u. will für mein Werk keinen andern Trompeter, als sein eignes Verdienst u. seinen täglich wachsenden Ruhm.

Ich lege den Kontrakt-Entwurf bei: sobald danach der

Kontrakt unterzeichnet ist, geht der erste Band an Sie ab. Ich arbeite mit größtem Fleiß am 2ten; — da mir selbst sehr daran liegt, mein Werk wieder im Buchhandel zu wißen. An **mich** schreibt Einer aus Hamburg, ob ich ihm nicht ein Exemplar ablaßen wollte. Habe keins.

Dem endlichen Abschluß unsres Geschäfts entgegensehend verharre hochachtungsvoll

Ihr
ergebener Diener
Arthur Schopenhauer.

Frankfurt a. M.
d. 5ten Febr
1859.

[Adresse:] Herrn F. A. Brockhaus
Leipzig.

[Poststempel:] Frankfurt a. M. 6 Feb 1859 3—3½

63. F. A. Brockhaus an Arthur Schopenhauer.

Leipzig, 9. Febr. 1859.

Ihre Mittheilung vom 5. ds., geehrter Herr, ist mir zugekommen, und da Sie meinen Vorstellungen entgegen auf dem Wortlaute Ihrer ursprünglich gemachten Bedingungen stehen geblieben, so habe ich unsern Vertrag über die dritte Auflage von „Die Welt als Wille und Vorstellung" in der Weise, wie Sie meinen Entwurf festgestellt, ausfertigen lassen. Es folgen hierbei zwei gleichlautende und von mir vollzogene Exemplare, von denen Sie das eine, von Ihnen unterzeichnet und besiegelt, an mich zurückgehen lassen wollen.

Damit darf ich nun wol gleichzeitig das Manuscript zum ersten Bande des Werks erwarten.

Darin, daß Sie auch jedes kleine Raisonnement unter der buchhändlerischen Anzeige entschieden abgelehnt und diesen Punkt selbst zu einer contractlichen Bedingung gemacht haben, sind Sie wol zu weit gegangen. Anpreisungen habe ich dabei keineswegs im Sinne gehabt, und gleich Ihnen liebe ich diese überhaupt auch gar nicht. Ebenso gebe ich Ihnen vollkommen recht, daß namentlich bei Ihrem Werke die einfache Titel-Anzeige genüge, allein im Hinblick auf einen großen Theil des allgemeinen Publikums dürfte es doch gut gewesen sein, wenn der Anzeige eine gedrängte Angabe des wesentlichen Inhalts hätte beigefügt werden können.

Mit Hochachtung empfehle ich mich Ihnen, geehrter Herr,

ergebenst

F. A. Brockhaus.

64. Vertrag zwischen Arthur Schopenhauer und F. A. Brockhaus.

Zwischen Herrn Dr. Arthur Schopenhauer in Frankfurt a/M., als Verfasser an einem, und der Buchhandlung F. A. Brockhaus in Leipzig, als Verlagshandlung am andern Theile, ist auf Grund gewechselter Briefe nachstehender Vertrag abgeschlossen worden.

§ 1.

Herr Dr. Schopenhauer ertheilt hierdurch der Buchhandlung Brockhaus das Verlagsrecht der um einige Bogen vermehrten dritten Auflage seiner in demselben Verlag schon erschienenen Schrift: „Die Welt als Wille und Vorstellung“.

§ 2.

Diese dritte Auflage wird die Buchhandlung Brockhaus in derselben typographischen Einrichtung, in welcher die zweite Auflage hergestellt ist, und somit auch in zwei Bänden drucken, die indeß nicht einzeln, sondern zusammen ausgegeben werden.

§ 3.

Die Buchhandlung Brockhaus verspricht, in wenigen Tagen nach Eingang des vollständigen Manuscripts zum ersten Band den Druck beginnen zu lassen und während dieser in Arbeit ist, wird Herr Dr. Schopenhauer inzwischen es sich angelegen sein lassen, den zweiten Band druckfertig herzustellen.

§ 4.

Die Buchhandlung Brockhaus ist gehalten, die Orthographie und Interpunktion des Herrn Verfassers aufs strengste zu respectiren und demselben vor dem Reindruck jeden Satzbogen mit dem dazu gehörigen Manuscript zu einer letzten Revision zuzusenden, welche letztere indeß dieser unentgeltlich zu besorgen hat. Die durch die Hin- und Rücksendung dieser Revisionsabzüge entstehenden Portokosten fallen der Verlagshandlung zur Last.

§ 5.

Die Buchhandlung Brockhaus ist berechtigt, die dritte Auflage von A. Schopenhauer's „Die Welt als Wille und Vorstellung" bis zu der Höhe von 2250 Exemplaren zu drucken.

§ 6.

Als Honorar sind für den Druckbogen in der § 2 bezeichneten Druckeinrichtung drei Friedrichsd'or festgesetzt worden, und die Buchhandlung Brockhaus ist verpflichtet dieses bei Ausgabe des Werks an Herrn Dr. Schopenhauer auszuzahlen.

§ 7.

Auch hat die Buchhandlung Brockhaus dem Herrn Verfasser Zehn Freiexemplare auf Velinpapier von dem Werke zu liefern.

§ 8.

Die Verlagshandlung verspricht ihren Anzeigen keinen Kommentar beizufügen.

§ 9.

Nach dem Aufverkauf dieser dritten Auflage fällt das Verlagsrecht des Werks an Herrn Dr. Schopenhauer zurück, und die Contrahenten resp. deren Rechtsnachfolger, haben sich über die vierte Auflage neu zu verständigen.

Mit vorstehenden Stipulationen allenthalben einverstanden haben beide Contrahenten diesen in zwei gleichlautenden Exemplaren ausgefertigten Vertrag eigenhändig unterzeichnet und besiegelt.

Leipzig und Frankfurt a/M. 8. Februar 1859.

F. A. Brockhaus.

Arthur Schopenhauer.

65. Arthur Schopenhauer an F. A. Brockhaus.

Ewr Wohlgeborn

empfangen beifolgend den vollzogenen Kontrakt u. den bearbeiteten ersten Band. Jetzt habe ich nur noch eine Bitte an Sie: geben Sie mir einen recht gescheuten Setzer! Ich weiß aus Erfahrung, daß Sie deren vortreffliche haben: es wird aber auch nicht Einer wie der Andere seyn. — Sollten Sie belieben, eine vorläufige Anzeige, vielfachen Anfragen zu begegnen, daß die 3te Aufl. unter der Presse sei, zu machen;

so habe ich nichts dagegen: vielmehr wäre solches ein angemessener Trompetenstoß.

Ich hoffe bald den ersten Korrecturbogen zu erhalten: werde ihn unter Kreuzcouvert zurücksenden.

Ich freue mich unserer endlichen Einigkeit u. verharre hochachtungsvoll

Ihr
ergebener Diener
Arthur Schopenhauer.

Frankfurt a/M, 11. Febr.
1859.

[Adresse:] Herrn F. A. Brockhaus
Leipzig.

(Hierbei ein Packet in schwarzem Wachstuch, gezeichnet F. A. B. enthaltend Manuscript Werth 20 Rß. Pr. Ct.)

66. F. A. Brockhaus an Arthur Schopenhauer.

Leipzig, 3. März 1859.

Ihre Zuschrift vom 11. Febr., geehrter Herr, ist mir nebst dem Manuscript zu dem ersten Bande der neuen Auflage von „Die Welt als Wille und Vorstellung" zugekommen, und ich habe das Vergnügen Ihnen beifolgend den ersten Bogen zur letzten Revision zu übersenden. Ihre Orthographie und Interpunction ist durchweg respectirt, und die Druckeinrichtung ganz wie bei der zweiten Auflage, nur mit dem kaum bemerkbaren Unterschiede, daß die Seiten eine Zeile mehr zählen, was sich indeß dadurch wieder ausgleicht, daß die Breite etwas schmaler ist. Diese Einrichtung ist durch das Format des Papiers bedingt worden, und ich bitte, daß Sie dieselbe bestehen lassen wollen. Das beiliegende Manuscript wird hier nicht mehr gebraucht; Sie wollen daher dieses stets dort behalten und die leeren Bogen unter frankirtem Kreuzband an mich zurückgehen lassen. Jede derartige Sendung kostet nur eine Wenigkeit und was Sie diesfalls auslegen, werde ich Ihnen später nach Aufgabe dankbar vergüten. Die weitern Bogen werde ich ohne Begleitschreiben folgen lassen wenn dazu nicht eine besondere Veranlassung vorliegt.

Hochachtungsvoll empfehle ich mich Ihnen, geehrter Herr,

ergebenst

F. A. Brockhaus.

67. Arthur Schopenhauer an F. A. Brockhaus.

Ewr Wohlgeborn

werden den ersten Korrekturbogen, welchen ich gestern Abend unter Kreuzkouvert auf die Post gegeben habe, bereits erhalten haben. Mit der Aufmerksamkeit der Setzer bin ich sehr zufrieden: habe nur Weniges u Geringes nachzubeßern gefunden.

Daß Sie der Seite eine Zeile mehr gegeben haben, hat den bedeutenden Nachtheil, daß die Kauflustigen sich nicht werden durch die Seitenzahl von der bedeutenden Vermehrung in dieser 3ten Aufl überzeugen können; welches gar Manchen meiner ernsten u. eifrigen Anhänger bewogen haben würde, sie anzuschaffen, selbst beim Besitz der 2ten. Vielmehr wird Jeder wähnen, daß die Zusätze sehr gering sind. Denn die eine Zeile merkt Niemand. Ich habe Ihnen ja ausdrücklich zu diesem Zweck gerathen, die alte Druckeinrichtung genau beizubehalten. Sollte sich, da wir beim ersten Bogen sind, die Sache nicht noch ändern laßen? — Solche Papier-Rücksichten sollten bei einem Werk, wie dieses, nicht vorwalten. Sie geben an, die Zeilen wären ein klein wenig kürzer: dies sind sie: aber sie enthalten keine Silbe mehr, als die alten: folglich ist der Satz etwas enger; was gar nicht gut thut.

Uebrigens wird diese Eine Zeile auf das Ganze wenigstens 2 Bogen austragen. Da unsre Uebereinkunft auf ganz gleiche Druckeinrichtung lautet; so werden Sie mir das Honorar für 2 Bogen mehr, als wirklich da sind, zu zahlen haben.

Ich hoffe jedoch, daß Sie, in Betracht dieser triftigen Gründe, das schmale Papier heroisch beseitigen werden. Selbst nach dem Druck des ersten Bogens gienge es vielleicht noch. Ich verbleibe hochachtungsvoll

Ihr
ergebener Diener
Arthur Schopenhauer.

Frankfurt
d. 7 März
1859.

P. S. Auf Asher's neues Buch sind, ehe es ausgegeben, bloß auf die Anzeige deßelben in der Börsenzeitung, binnen 10 Tagen nach derselben, über 400 Bestellungen aus allen Theilen Deutschlands eingelaufen; — was offenbar bloß ist, weil mein Name den Titel eröffnet, u. die Leute glauben, es wäre von mir.

[Adresse:] Herrn F. A. Brockhaus
Leipzig.

[Poststempel:] Frankfurt a. M. 7 Mer 12—12½

68. F. A. Brockhaus an Arthur Schopenhauer.

Leipzig, 29. März 1859.

In Folge Ihrer Zuschrift vom 7. ds., geehrter Herr, habe ich die Officin angewiesen, hinsichtlich der Druckausführung der dritten Auflage von „Die Welt als Wille und Vorstellung" zu der frühern Druckeinrichtung zurückzugehen. Dies ist auch geschehen, wie Sie aus den Ihnen inzwischen zugegangenen Bogen bemerkt haben werden.

Hochachtungsvoll und ergebenst

F. A. Brockhaus.

69. Arthur Schopenhauer an F. A. Brockhaus.

Ewr Wohlgeborn

erhalten anbei den 2ten Band, mit bedeutenden Zusätzen, — der Qualität, wie der Quantität nach. Zu meiner Beruhigung bitte ich mir den Empfang anzuzeigen.

Die beiden Vorreden zum ersten Band können zwar sogleich gedruckt werden; jedoch müßte Raum gelaßen werden zur 3ten Vorrede; diese möchte ich aber gern zu allerletzt einsenden; da mir, bis zur Vollendung des Druckes, noch irgend etwas einfallen, oder vorkommen könnte: so viel ich bis jetzt absehe, wird sie sehr kurz, etwan 1½ Seite. Ich wäre neugierig zu wißen, ob Sie die ganzen 2250* Exemplare drucken; oder weniger? — Ehe wir den ersten Band abschließen, möchte ich gern alle Aushängebogen deßelben durchgelesen haben, womit ich, wegen mangelnder Zeit, erst jetzt angefangen habe: denn, trotz aller Sorgfalt, könnte mir doch

* [Dazu am Rande von fremder Hand:] 2250+10 Velin.

ein oder andrer Druckfehler entgangen seyn. Zum 4ten Aushängebogen fehlt die demselben beigegebene Tafel*, auf welcher ich Mehreres zu korrigiren gehabt habe (weil Ihre Setzer auch nicht den leisesten Anflug von Latein haben, wie sie doch sollten); daher ich solche gern sehn möchte u. sie zu übersenden bitte. Der Setzer hat eine solche Scheu vor dem Latein, daß wo ich in einem Citat z. B. Lib: V. cap: 2 geschrieben habe, er 5tes Buch, zweites Kapitel setzt; ich weiß nicht warum: neulich stand bei einem Citat „ed: Bip:" — er hat gesetzt „Ausgabe von Bip."!!!** — Da ich den Aushängebogen 24 in duplo erhalten habe, lege ich das eine Exemplar dieser Sendung bei u. verharre hochachtungsvoll

Ewr Wohlgeborn
ergebener Diener

Arthur Schopenhauer.

Frankfurt a. M.
d. 30 Juni
1859.

[Adresse:] Herrn F. A. Brockhaus
Leipzig.

[Poststempel:] Frankfurt a. M. 30 Jun 1859 12—12½
hiebei ein Packet,
in Wachstuch gez: F. A. B.
enth: Manuskripte,
Werth 25 Rh. Pr: Ct

* [Dazu am Rande von fremder Hand:] Lithographie.

** [Dazu auf der anderen Seite von fremder Hand:] War so gesetzt, jedoch in der Correctur vom Autor geändert. Die 1. Corr. liest H. Richter.

70. Arthur Schopenhauer an F. A. Brockhaus.

Ewr Wohlgeborn

bin ich genöthigt, diesen Korrekturbogen unter Couvert zu übersenden, weil ich so viel darauf geschrieben habe, daß er unter Kreuz-Couvert nicht gehn kann. Ich benutze die Gelegenheit, Sie zu bitten, daß Sie dem Setzer dieses Bogens, 36, den Kopf waschen u. ihm einschärfen wollen, daß er sich genau an meine Schrift zu halten hat u. nicht ein Tittelchen eigenmächtig ändern soll. Ich gebe den Eigennamen ihre Deutsche Flexion, deren Casus zu bezeichnen, recht im Gegensatz des jämmerlichen, sprachverhunzenden Mode-Jargons der Sudler dieser Zeit. Ich haben also Kanten, Locken im Akkusativ u. Leibnitzens im Genitiv: der Setzer beliebt dies zu korrigiren, läßt also die Flexion weg u. schreibt sogar im Genitiv Leibniz' = mit dem ganz undeutschen Apostroph, was in meinen Augen geradezu schändlich ist. Sie wißen unsre Abrede hinsichtl der Orthographie, u. werden mir zu Hülfe kommen.

Wenn ich eine Anmerkung unter der Seite will, mache ich allemal ein *), dann unten auf dem Blatt eine Linie, unter dieser wieder *) u. die Anmerkg. Nun hatte ich p. 569 am Schluß des §, als Titel geschrieben:

Anmerkung.

Diese war also als Text zu setzen. Aber er machte an einem ihm beliebigen Ort ein *) u. setzt die Anmerkg klein unter die Seite. Es muß jetzt so bleiben: habe mich aber sehr geärgert. Ich glaube es ist ein neuer Setzer: der bisherige hat sich dergleichen nicht erlaubt.

Also rufe ich Sie an: jagen Sie den Leuten einen Schreck

13*

ein: sie sollen sich nicht die kleinste Aenderung gestatten; z. B. auch nicht deutsche Lettern nehmen, wo ich lateinische habe. Denn jetzt kommt der 2te Band, eine delikate Affäre! Da muß Alles auf ein Haar seyn, wie ich es habe.

Uebrigens ist der Druck sehr schön u. auch korrekt, ganz bravo! Sie werden den 2ten Band erhalten haben.

Verbleibe hochachtungsvoll

Ihr
ergebener Diener
Arthur Schopenhauer

Frankfurt
d. 4 Juli
1859.

[Adresse:] Herrn F. A. Brockhaus
eigenhändig
Leipzig.

[Poststempel:] Frankfurt a. M. 4 Jul 1859 3—3½

71. F. A. Brockhaus an Arthur Schopenhauer.

Leipzig, 4. Juli 1859.

Ihrem Wunsche zufolge bestätige ich Ihnen, geehrter Herr, daß Ihre Zuschrift vom 30. Juni nebst dem Manuscript zum zweiten Bande der neuen Auflage von „Die Welt als Wille und Vorstellung" eingegangen ist.

Da Sie mir eine Theilung der Auflage nicht zugestanden haben, so habe ich mich allerdings dazu entschlossen, die volle Auflage von 2250 Exemplaren drucken zu lassen.

Wenn sich der Setzer Abweichungen von dem Manuscript erlaubt hat, so ist dies gegen unser Abkommen, und ich habe ihm dasselbe jetzt noch einmal eingeschärft. Darin aber, daß er ed. Bip. in „Ausgabe von Bip" verwandelt, hatte er eine mehr als komische Ballhornisirung begangen!

Die zu Bogen 4 des ersten Bandes gehörige Tafel lasse ich hier beifolgen und empfehle mich Ihnen, geehrter Herr, hochachtungsvoll und

ergebenst
F. A. Brockhaus.

72. F. A. Brockhaus an Arthur Schopenhauer.

Leipzig, 7. Juli 1859.

Zu derselben Zeit, wo Ihnen, geehrter Herr, mein Brief vom 4. ds. zugegangen sein wird, habe ich Ihre Mittheilung von demselben Tage erhalten. Es ist bei dem Satze Ihres Werks ein neuer Setzer angestellt, und obschon ihm eingeschärft worden, sich streng an Ihr Manuscript zu halten, hat er sich doch, wie ich zu meinem Bedauern ersehe, mehrfache Abweichungen erlaubt. Diese wiederholten Vorfälle sind mir sehr verdrießlich, und ich habe jetzt von neuem eine scharfe Instruction gegeben, daß derartiges schwerlich wieder vorkommen dürfte. Die „Anmerkung" auf Bogen 36 ist nach Ihrer Anordnung hergestellt worden, wie Sie sich selbst aus dem neuen Abzuge überzeugt haben.

Hochachtungsvoll empfehle ich mich Ihnen, geehrter Herr,

ergebenst
F. A. Brockhaus.

73. F. A. Brockhaus an Arthur Schopenhauer.

Leipzig, 8. August 1859.

Die frühere Auflage Ihres Werkes „Die Welt als Wille und Vorstellung" ist nur ungebunden geliefert worden, während ich die dritte mit einem Umschlag versehen und geheftet ausgeben werde. Mit dem hierbei folgenden Revisionsbogen 10 vom II. Bande sende ich Ihnen daher den Umschlag zur Ansicht und bemerke dazu, daß die Bücheranzeigen auf der Rückseite den Autor natürlich nicht berühren und nur ein buchhändlerisches Interesse haben.

Hochachtungsvoll und ergebenst

F. A. Brockhaus.

Der Leiter des Verlags (und seit 1850 auch der Druckerei) Heinrich Brockhaus war Ende Januar 1857 an einer Herzbeutelentzündung schwer erkrankt und suchte in langen Reisen, erst in Thüringen, dann im Orient, in Ägypten, Palästina, Syrien, Griechenland und Italien die Heilung. So war er anderthalb Jahre (1857—1859) von Leipzig abwesend. Währenddessen vertrat ihn sein Sohn Dr. Eduard Brockhaus (1829—1914), der unter Weiße und den Herbartianern Drobisch und Hartenstein in Leipzig und unter Michelet in Berlin Philosophie studiert hatte — auch Feuerbach hatte er 1848 in Heidelberg gehört — und der 1850 in das väterliche Geschäft eingetreten war. Er hat die Verhandlungen über die dritte Auflage der »Welt als Wille und Vorstellung« mit Schopenhauer geführt, und mehr als das, er war der erste und einzige der Brockhaus, der den berühmtesten Autor des Verlags persönlich kennen lernte. Er hat darüber, allerdings 42 Jahre später, einen Bericht gegeben, dem eine Stelle zwischen diesen Briefen gebührt.

„... Am 15. August 1859 kam ich abends in Frankfurt a. M. an, und am nächsten Morgen ging ich schon gegen 9 Uhr zu Schopenhauer, weil ich nach 10 Uhr nach Heidelberg fahren wollte, wo ich mit Bunsen über das Bibelwerk zu verhandeln hatte; auch wußte ich, daß er ein Frühaufsteher war. An seiner Tür fand ich zwar eine Notiz, daß er vormittags für niemand zu sprechen sei, weil er dann arbeite, bewog indes seine Wirtschafterin nach vielem Widerstreben, ihm wenigstens meine Visitenkarte zu übergeben mit dem Bemerken, daß ich auf der Durchreise sei, und erhielt bald die Erlaubnis zum Eintreten.

Höchst eigentümlich war mein Empfang. Ich blieb an der Mitteltür eines großen Zimmers stehen, als sich plötzlich eine Tür links am Fenster öffnete und Schopenhauer hereinstürzte, in Schlafrock und Morgentoilette, mit beiden Armen in der Luft umhervagierte, unverständliche Laute ausstoßend, und an mir vorüberlaufend durch eine Tür rechts wieder verschwand.

Mein erster Gedanke war, daß er verrückt geworden sei. Nach einigen Minuten erschien er wieder, noch im Schlafrock, lud mich ein, neben ihm auf dem Sofa Platz zu nehmen, und erklärte mir zunächst den sonderbaren Empfang. Wie ich wohl an seiner Tür gelesen haben würde, nehme er eigentlich vormittags keine Besuche an, da das die einzige Zeit sei, wo er arbeite; mit mir habe er eine Ausnahme gemacht, da er die Gelegenheit, endlich einmal jemanden von unserer Firma persönlich kennenzulernen, nicht habe versäumen wollen; indes habe er sein künstliches Gebiß noch nicht angelegt gehabt, ohne das er nicht sprechen könne, und es erst aus seinem Schlafzimmer holen müssen, weshalb er an mir vorübergeeilt sei und dabei mit den Händen auf seinen Mund hingewiesen habe, was ich freilich nicht hatte verstehen können!

Er erkundigte sich nun nach den Inhabern unserer Firma, ohne den Briefwechsel mit meinem Großvater und das sonderbare Schicksal seines Hauptwerks (»Die Welt als Wille und Vorstellung«, 1818) sowie seine vielfachen Differenzen mit uns zu erwähnen, dann auch nach mir persönlich. Ich erzählte ihm, daß ich mich erst später (vor neun Jahren) entschlossen hätte, Buchhändler zu werden, und vorher studiert hätte, 1847—50 in Heidelberg, Berlin und Leipzig. Da er weiter fragte, was für Collegia und bei wem ich gehört hätte, nannte ich ihm unter andern die Professoren

Drobisch, Hartenstein und Weiße in Leipzig, Röth, Reichlin-Meldegg und Henle in Heidelberg und Michelet in Berlin. Fast über jeden von ihnen machte er eine bissige oder wegwerfende Bemerkung, obwohl sie den verschiedensten Richtungen: Herbartianer, Hegelianer oder keiner Schule angehört hatten, fing dann aber an, im allgemeinen auf die Universitätsprofessoren zu schimpfen und sie mit Namen wie „Schufte, Schurken, Zigarrenschmaucher, elende Wichte" usw. zu belegen. Dabei beklagte er natürlich auch, wie er in seiner akademischen Laufbahn behandelt worden sei und wie die Universitätsprofessoren versucht hätten ihn totzuschweigen, was ihnen aber doch nicht gelungen sei.

Ich bedaure sehr, daß mir nach so langer Zeit von dem Gang des Gesprächs und von Einzelheiten nichts mehr erinnerlich ist, aber ich weiß noch, daß alles, was er sagte, mich in hohem Grade interessierte und daß es mir leid tat, nicht noch länger ihm zuhören zu können, da mein Zug bald abging. Auch den Eindruck habe ich behalten, daß er, obwohl ich damals erst 30 und er 72 Jahre zählte, gegen mich sehr freundlich und selbst liebenswürdig war. Als Bestätigung dessen will ich noch mitteilen, daß Schopenhauer seinen nächsten Brief an unsere Firma nach meinem Besuch, vom 10. Oktober 1859, so begann: „Ewr Wohlgeborn werden hoffentlich von Ihrer Reise gesund u. wohlbehalten heimgekehrt seyn. Es hat mich aufrichtig gefreut Ihre persönliche Bekanntschaft zu machen: es ist ganz etwas Anderes, wenn man weiß an wen man schreibt; zumal aber wenn es eine angenehme Persönlichkeit ist." Auf die „angenehme Persönlichkeit" könnte ich mir bei seinem sonstigen menschenfeindlichen und bissigen Wesen eigentlich etwas einbilden!

Ich nahm mir vor, ihn bald und länger wieder zu besuchen, wozu er mich auch beim Abschied aufforderte, doch kam es nicht dazu, besonders weil er schon ein Jahr darauf, am 21. September 1860, starb, im 73. Lebensjahre; um so lieber aber war es mir, daß ich ihn noch persönlich hatte kennenlernen."

74. Arthur Schopenhauer an F. A. Brockhaus.

Ewr Wohlgeborn

werden hoffentlich von Ihrer Reise gesund u. wohlbehalten heimgekehrt seyn. Es hat mich aufrichtig gefreut Ihre persönliche Bekanntschaft zu machen: es ist ganz etwas Anderes, wenn man weiß an wen man schreibt; zumal aber wenn es eine angenehme Persönlichkeit ist.

Einliegend erhalten Sie die Vorrede: sie wird bequem Platz finden auf den 2 freigebliebenen Seiten des letzten Vorrede-Bogens. Ich muß Sie aber bitten, die in derselben leergelaßene Seitenzahl auszufüllen, sobald Sie wißen werden, wie viele Seiten diese 3te Aufl im Ganzen hat, von welcher Summe sodann 1239, als die Seitenzahl der 2ten Aufl, abzuziehen u. der Rest hinzuzusetzen ist. Die Angabe dieser Zahl könnten Sie auch Ihren annoncen beifügen, damit die Besitzer der 2ten Aufl sehn, wieviel mehr hier gegeben wird. Großer Sporn für meine Fanatiker!

Anlangend das Honorar, so stelle ich es in Ihr Belieben, ob Sie es mir in wirklichen Friedrichsd'or, (versteht sich keine „Blinde ohne Rändchen“, wie Bürger die Verlegerlouisd'ors besingt), oder in einem Wechsel, nach dem hiesigen Courszettel berechnet auszahlen wollen.

Von den mir zukommenden 10 Exemplaren bitte ich, sobald der Druck vollendet ist, mir 5 mit der Eisenbahnpost sogleich zu übersenden, weil ich Eines davon sogleich will prachtvoll binden laßen, um es einem Herrn zu übersenden, der an meinem 70sten Geburtstag mich mit einem koloßalen silbernen Pokal erfreut hat. Hier eröffnet sich Ihnen die Gelegenheit, sich ein Mal als ein splendider Verleger zu erweisen, indem Sie mir zu diesem Behuf eines jener extra Prachtexemplare schickten, die Sie ganz gewiß für hohe Gönner oder sonstige Halbgötter abziehn laßen; — damit ich mir Ehre machen kann. — Die übrigen 5 Exemplare bitte ich, im Namen des Verfaßers zu übersenden:

1 an Dr David Asher in Leipzig

1 „ „ Frauenstädt in Berlin

1 „ „ Otto Lindner, Mitredakteur der Tante Voß in Berlin

1 an Dr Julius Bahnsen, Lehrer am Gymnasio zu Anclam

1 „ Hr: C. G. Bähr, im Hause des Prof: Bähr in Dresden

Ich bitte den betreffenden Sortiments-Buchhändlern einzuschärfen, daß sie diese Exemplare den betreffenden Herren sogleich ins Haus schicken sollen u. nicht etwan angeblich warten, daß solche geholt werden, — ich weiß schreckliche Beispiele von Exempeln, in diesem genre.

Ich lege auch das Druckfehlerverzeichniß des ersten Bandes bei. Es sind geringe u. wenige Fehler: der letzte ist bloß f i n g i r t, um nämlich die betreffende Stelle zu verdeutlichen. Sollten Sie jedoch einen so beträchtlichen Druckfehler der Ehre Ihrer Druckerei zuwider erachten; so muß er wegbleiben; — wiewohl die Schuld mich, als letzten Korrektor, getroffen hätte.

Bei der großen Stärke dieser Auflage u. der völligen Gewißheit, sie, langsamer oder schneller, ganz auszuverkaufen, (da meinen Werken noch viele Auflagen bevorstehn), glaube ich, daß es Ihrem eigenen Vortheile gemäß wäre, wenn

Schopenhauer zur Zeit der dritten Auflage der Welt als Wille und Vorstellung [illegible]

Profil der Büste von Elisabeth Ney [illegible] Schopenhauers im Schopenhauer Archiv Frankfurt a. M. [illegible] erhält.

Sie wenigstens den Preis der 2ten Aufl bestehn ließen; indem dies den Absatz sehr bevördern würde.

Die Bildhauerin Ney (Großnichte des Marschalls) ist aus Berlin hergekommen, um meine Büste zu machen, u. ist schon 8 Tage dabei. Ich werde grausam hin u. hergerißen zwischen der Skulptur u. der Korrektur: da Ihre Druckbogen wüthend auf mich eindringen. Maler Göbel sticht sein schönes Oelporträt meiner Person in Kupfer, ist beinahe fertig. Die Welt will wißen, wie eigentl aussieht

Ihr
ergebener Diener
Arthur Schopenhauer

Frankfurt
d. 10 Oct[r]
1859.

[Adresse:] Herrn F. A. Brockhaus.
Leipzig.

[Poststempel:] Frankfurt a. M. 10 Oct 1859 12—12½

75. F. A. Brockhaus an Arthur Schopenhauer.

Leipzig, 14. Oct. 1859.

Ihre Mittheilung vom 10. ds., geehrtester Herr, ist mir zugekommen, und in der Anlage übersende ich Ihnen den Schluß des ersten Bandes nebst Titel, Vorrede und Inhalt zur gefälligen Revision. Der letzten Seite des Textes finden Sie auch die Druckfehler beigefügt, und gegen die Aufführung der letztern habe ich nichts einzuwenden, namentlich wenn Sie gestatten wollen, daß wir in der Überschrift statt „Druckfehler“ das üblichere „Verbesserungen“ setzen dürfen.

Der übrige Inhalt Ihres Briefes wird bei der Ausgabe seine Erledigung finden, und inzwischen empfehle ich mich Ihnen, geehrtester Herr,

hochachtungsvoll und ergebenst

F. A. Brockhaus.

Allerdings bin ich, wenn auch erst vor wenig Tagen, von meiner Reise zurückgekehrt, und freue mich ebenfalls sehr Ihre persönliche Bekanntschaft gemacht zu haben. Bei einer abermaligen Anwesenheit in Frankfurt hoffe ich Sie ruhiger und länger sprechen zu können als es mir diesmal möglich war.

Ihr ergebenster

Dr. Eduard Brockhaus.

Corr. fr.

76. F. A. Brockhaus an Arthur Schopenhauer.

Leipzig, 28. Oct. 1859.

Aus Ihrer Bemerkung, welche ich in der gestern zurückgekommenen Schlußrevision vom zweiten Bande gefunden, muß ich wol annehmen, daß Sie die Aushängebogen zu dem Zwecke erwarten, um danach vollends das Druckfehlerverzeichniß herzustellen. Daraufhin sende ich Ihnen nebenfolgend unter Kreuzband an Aushängebogen den Schluß des ersten Bandes mit Ausnahme des letzten Viertelbogens des Textes, der noch nicht gedruckt ist, und vom zweiten Bande Signatur 30 bis 42. Weiter ist noch nicht gedruckt, und da mir an der raschen Vollendung des Werks liegt, indem es jetzt noch ausgegeben werden soll, so wollen Sie mit dem Druckfehlerverzeichniß nicht auf die letzten Aushängebogen warten, sondern diejenigen Errata, welche Sie vielleicht gefunden haben dürften, mir mit umgehender Post zusenden. Vieles und Besonderes der Art wird nicht vorkommen, und zum Überfluß werde ich die letzten Bogen nochmals sorgfältigst revidiren lassen.

Hochachtungsvoll und ergebenst

F. A. Brockhaus.

77. Arthur Schopenhauer an F. A. Brockhaus.

Ewr Wohlgeborn

habe die Ehre zu erwidern, daß ich bis Bogen 28 keine erhebliche Druckfehler gefunden habe: ich lese weiter u. falls ich etwas finde, werde ich es Ihnen anzeigen.

Aber einen mir im höchsten Grade ärgerlichen Druckfehler finde ich in der 3ten Vorrede. Die Umstände haben nöthig gemacht, daß ich die Ausfüllung der Zahl der Seiten, die diese Auflage mehr hat, Ihnen überließe, u. ist mir nicht eingefallen, zu bezweifeln, daß ich Dieses mit aller Ruhe könnte: jetzt aber finde ich, daß dasteht 177 Seiten, während es so klar, wie einfach ist, daß es nur 134 S. sind: nämlich gerade 100 im 2ten Bde, u. 34 im ersten: wollen Sie die 3te Vorrede selbst hinzurechnen, (was nicht ganz paßend wäre); so gäbe es 136 S. — Ich verlange demnach, daß Sie den Bogen umdrucken; wobei Sie, da der Satz wohl noch steht, bloß das Papier einbüßen, u. kein [Lesen Sie gefälligst 2 Seiten weiter: Habe verkehrt umgeschlagen.] Unrecht leiden, auch nicht, wenn der Satz nicht mehr stünde: denn der Fehler ist ganz allein von Ihnen ausgegangen: u. sehn Sie, wie häßlich er aussieht! Drucken Sie nicht um; so ist Anführung des Fehlers hinten als Druckfehler doch nur eine halbe Maaßregel: denn wer sucht es auf? Im schlimmsten Fall, wenn nämlich auch Dieses nicht geschähe, müßte u. würde ich den Fehler in Zeitschriften wiederholt anzeigen. Denn für mich ist es eine Ehrensache. In der Vorrede spreche ich, nicht Sie: u. nun u. nimmermehr will ich vor dem Publiko mit einer Lüge im Munde dastehn, u. gar mit einer solchen, welche die Absicht zu haben scheint, die Besitzer der 2ten Aufl zum Ankauf der 3ten zu verleiten. — Ich ersuche Sie demnach, Ihren Fehler gut zu machen u. mir Dies, zu meiner Beruhigung, alsbald anzuzeigen. — Annoch bemerke, daß der Schluß des ersten Bandes nicht mitgekommen ist, wie Ihr Brief es doch besagt; — wie auch, daß auf dem Korrekturbogen der Vorrede, die besagte Zahl noch fehlte.

Verbleibe

Ihr ergebener Diener
Arthur Schopenhauer.

Frankfurt
d. 30 Oct^r
1859.

[Adresse:] Herrn F. A. Brockhaus.
Leipzig.

[Poststempel:] Frankfurt a. M. 30 Oct 1859 9½—10

78. F. A. Brockhaus an Arthur Schopenhauer.

Leipzig, 1. Nov. 1859.

Ihr Brief von vorgestern, geehrtester Herr, ist mir

zugekommen, und ich bedaure sehr, daß ich bei der Angabe des Mehrumfangs der dritten Auflage im Verhältniß zur zweiten Auflage Ihren Sinn nicht getroffen habe. Die Vorreden rechne ich auch zu dem Umfange eines Buchs, und damit ergibt sich, wie angeführt, ein Mehrumfang von 177 Seiten. Wenn Sie aber nur den Text berücksichtigt wissen wollen, so haben Sie recht, daß nur 134 Seiten herauskommen. Da Sie auf die Berichtigung dieser Angabe, wie es scheint, sehr großes Gewicht legen, so werde ich das Blatt umdrucken lassen, was ich nach Ihrem Wunsche Ihnen hierdurch anzeige.

Daß das Schlußblatt vom Texte des ersten Bandes nebst den Berichtigungen Ihnen noch nicht in Aushängebogen zugegangen, ist kein Versehen. Dieser Achtelbogen wird aus typographischen Rücksichten erst jetzt mit gedruckt.

Den etwaigen Druckfehlern für den zweiten Band sehe ich entgegen. Aber auch für den Fall, daß Sie nichts gefunden, bitte ich um umgehende Anzeige, da ich mit dem Schluß des Druckes darauf warte.

Hochachtungsvoll empfehle ich mich Ihnen, geehrtester Herr,

ergebenst

F. A. Brockhaus.

79. Arthur Schopenhauer an F. A. Brockhaus.

Ewr Wohlgeborn

wollen das betreffende Blatt umdrucken laßen u. nehmen mir dadurch einen Stein vom Herzen: denn allerdings lege ich großes Gewicht darauf. Bei mir muß Alles rein seyn, keine Unwahrheit, u. der bloße Schein einer Unredlichkeit muß fern bleiben. Ich bitte Sie mir das umgedruckte Blatt zu schicken, daß ich mich daran weiden u. beruhigen kann.

Aber Ihre Explikation vermöge der Vorreden ist mir ganz unbegreiflich. Sind doch die beiden Vorreden in der 2ten, sowohl wie in der 3ten Auflage: ihre Hinzurechnung kann also auf die in Rede stehende Differenz der Seitenzahl keinen Einfluß haben: es sind eben hier wie dort XXX Seiten zuzulegen, welche eben so wirken, wie ein gleiches Gewicht den beiden Wagschalen zugelegt. — Jedoch, da wir im Resultat einig sind, brauchen wir über die Prämißen nicht zu streiten. — Die 3te Vorrede mögen Sie zulegen u. also setzen 136 Seiten: — ça va.

Mit dem Lesen der Aushängebogen bin ich bis B. 37 gekommen, ohne etwas Erhebliches zu finden. Ich lese weiter, u. so lange ich nicht den letzten Bogen habe, werde ich, wenn ich noch etwas finde, es Ihnen melden. Ich bitte mir doch ja die Aushängebogen komplet zu schicken, weil ich daraus ein Exemplar zusammenlege: ich bin knapp daran mit meinen 10 Ex. —

Meine Büste ist vollendet, ist sehr schön u., nach dem Urtheil Aller, höchst ähnlich. Ein Bildhauer ist schlimm daran: er kann seine Büste vervielfältigen, so gut wie der Kupferstecher, hat aber nicht, wie dieser, einen Verleger, der sie annoncirt. Da sitzt er. — Demnach bitte ich Herrn Dr E. Brockhaus, doch ja, wenn die Büste in Leipzig sichtbar seyn wird, einen kleinen Artikel darüber in die Litt: Blätter machen zu laßen. Die Büste vermehrt meine Fama

u. dadurch den Absatz des Buches: also — wasche eine Hand die andere.

Hochachtungsvoll verharrend

Ihr ergebener Diener

Frankfurt Arthur Schopenhauer

d. 3 Nov^r

1859.

[Adresse:] Herrn F. A. Brockhaus,

Leipzig.

[Poststempel:] Frankfurt a. M. 3 Nov 1859 3—3½

80. Arthur Schopenhauer an F. A. Brockhaus.

Auf den Fall, daß es noch Zeit wäre, zeige ich Ihnen an, daß ich, 42 Bog: gelesen habend, endl doch einen nennenswerthen Druckfehler gefunden habe:

S. 629. Z. 5, v. u. statt Deos lies Deus.

Dem könnte alsdann noch beigefügt werden:

S. 398, Z. 5, v. ob. statt er l. es

„ 521, „ 4, v. u. „ Etanand l. Et Anand.

Ich habe erst bis Bog: 43 incl: erhalten

Arthur Schopenhauer

4 Nov

[Adresse:] Herrn F. A. Brockhaus

Leipzig.

[Poststempel:] Frankfurt a. M. 5 Nov 1859 3—3½

81. F. A. Brockhaus an Arthur Schopenhauer.

Leipzig, 26. Nov. 1859.

Ihre Zuschriften vom 30. Oct. und 4. Nov., geehrter Herr, sind mir nacheinander zugekommen. Da Sie weitere

Druckfehler nicht eingesendet, so bin ich unserer Correspondenz gemäß zu der Annahme berechtigt gewesen, daß Sie diesfalls nichts mehr gefunden, und habe den zweiten Band vollends fertig machen lassen. Unter diesen Umständen ist auch im Einklange mit Ihren Zeilen vom 4. Nov. der einzige von Ihnen bemerkte Druckfehler auf Seite 629, wo statt Deus steht Deos, unaufgeführt geblieben. Ich lasse somit nun die neue Auflage Ihres Werkes „Die Welt als Wille und Vorstellung" an die Öffentlichkeit treten und habe heute 5 Freiexemplare auf Velinpapier pr. Eisenbahn an Sie abgehen lassen. Extra-Prachtexemplare, wie Sie meinen, habe ich aber nicht machen lassen, da ja ohnedem die Ausstattung der ganzen Auflage eine splendide genannt werden muß. Ihre übrigen 5 Freiexemplare auf Velinpapier sind in der von Ihnen aufgegebenen Weise vertheilt worden.

Der erste Band der neuen Auflage umfaßt 41½, der zweite 46½ Bogen = 88 Bogen. Den Bogen mit 3 Fd'or ausgeworfen, ergibt ein Honorar von 264 Stück Fd'or à 5 Rℓ 20 Sgr = 1496 Rℓ. oder 2618 fl. rhein, Sie wollen nach Belieben bestimmen, ob Sie die Zahlung in 264 wirklichen Fd'or oder in genau entsprechenden 2618 fl. wünschen. Nach dem Contract ist das Honorar fällig bei der Ausgabe. Könnte es Ihnen aber passen, die Zahlung bis zur Buchhändler-Ostermesse anstehen zu lassen, so würden Sie mir mit diesem Entgegenkommen eine Gefälligkeit erzeigen, da bekanntlich die Kassen der Verleger in dem letzten Vierteljahr vor der erst wieder Geld bringenden Ostermesse etwas knapp sind. Gestatten es die Verhältnisse, so bin ich überzeugt, daß Sie mir die Gewährung dieser kleinen Bitte nicht versagen werden.

Die Nummer meiner Deutschen Allgemeinen Zeitung mit der empfehlenden Notiz über Ihre Büste werden Sie erhalten haben.

Schließlich spreche ich noch den Wunsch aus, daß mir die Freude werden möge, mit Ihnen noch weitere Auflagen Ihres Lebenswerkes auszuführen, und empfehle mich Ihnen, geehrtester Herr,

hochachtungsvoll und ergebenst
F. A. Brockhaus.

82. Arthur Schopenhauer an F. A. Brockhaus.

Ewr Wohlgeborn

danke ich für die mir übersandten 5 Exemplare: sie sind sehr schön u. stellen mich ganz zufrieden. Aber zu meinem großen Bedauern, sehe ich, daß Sie die Ihnen eingesandte Druckfehlerliste zum 2ten Bande ganz übersehn u. nicht benutzt haben; — indem Sie bloß von dem nachträglichen Fehler Deos reden. Es waren 5 bis 6 Druckfehler, zwar nicht von sehr großem Belang, aber doch berichtigungswerth. Sie haben diese kleine Liste übersehn u. verlegt, oder gar bloß weggelaßen, weil am Schluß kein Raum dazu ist. Und wie viel Zeit hat es mir gekostet, diese Fehler aufzujagen! Jetzt ist es zu spät u. kein Rath dazu.

Ihre Berechnung von 2618 f— ist richtig: nur habe ich noch 3 f hinzuzufügen für Porto: näml

Abgang: 88 Bogen a 1+	1 f 28+
Ankunft: Quittiren im Buch a 2+ .	1. 32 „
	3 f —

So gern ich mich Ihnen gefällig erzeigen möchte, kann ich doch nicht mich dazu verstehn, jetzt noch ½ Jahr auf mein Honorar zu warten. Sie werden selbst, wenn Sie es überlegen, finden, daß es nicht billig ist. Bedenken Sie, daß ich 14 Monat hindurch Tag für Tag an der Auflage gearbeitet habe u. auf das Geld um diese Zeit gerechnet habe. Um Ihnen jedoch meinen guten Willen zu zeigen, bin ich zufrieden, daß Sie mir jetzt einen Wechsel von 2621 f auf hier schicken, der spätstens d. 10 Januar fällig ist u. gleich acceptirt wird: denn um die Zeit habe ich eine Zahlung zu leisten, zu der diese Summe bestimmt ist: daher es das Aeußerste ist, was ich thun kann. Meines Wißens, ist die eigentliche Abrechnung der Buchhändler um Neujahr; daher ich hoffe, daß diese Konceßion Ihnen willkommen seyn wird.

Vielen Dank für das Artikelchen in Ihrer „Deutschen Allgemeinen" u. hoffe ich, daß Sie in den Litter: Blättern, Deutsch Museum u. was sonst noch an Journälen aus Ihrer Preße hervorgeht, ähnliche Winke werden ergehn laßen. Die Ney ist jetzt in Hannover, wo sie den König in Marmor macht, (Dies ja nicht öffentlich zu erwähnen!) u. kommt erst um Weihnachten nach Berlin zurück: aber meine Büste soll in der Zwischenzeit von ihrem Gießer daselbst vervielfältigt werden: nur muß sie zuvor die juristische Formalität erfüllen, wodurch sie sich das artistische Eigenthum davon, nach dem Bundesgesetz, sichert: sonst wird sie nachgegoßen. Etwanige Bestellungen können jederzeit gemacht werden, bei Fräulein Elisabeth Ney im Lagerhause zu Berlin.

Ich bitte mir zu sagen, ob die ausländischen Bücher,

welche in Ihrem Repertorium (deßen Abonnent ich bin) mit Preisen stehn, von jedem deutschen Buchhändler müßen zu solchen Preisen geliefert werden. —*

Also „Glück auf!" wünscht Ihnen

Ihr
ergebener Diener
Arthur Schopenhauer.

Frankfurt a. M.
d. 30 Novr
1859.

[Adresse:] Herrn F. A. Brockhaus,
Leipzig.

[Poststempel:] Frankfurt a. M. 30 Nov 1859 12—12½

83. F. A. Brockhaus an Arthur Schopenhauer.

Leipzig, 7. Dec. 1859.

Ihre Zuschrift vom 30. November, geehrtester Herr, ist mir zugekommen. Meine Bitte um Verschiebung des Honorar-Zahlungstermins bis zur bevorstehenden Ostermesse, wo die jährlichen Buchhändler-Abrechnungen gehalten werden, geschah natürlich nur unter der Voraussetzung, daß dies mit Ihren Dispositionen vereinbar sei. Nach letzteren bedürfen Sie indeß, wie Sie mir gemeldet, des Geldes früher, und so übermache ich Ihnen den Betrag Ihres Guthabens von 2621 fl. (inclus. 3 fl. Portovergütung) in anliegendem Wechsel auf die dortigen Herren Gebr. Bethmann pr. 10. Jan. 1860, wie Sie selbst den Zahltag gestellt haben.

* [Dazu von fremder Hand unter dem Text:] Ja! die Preise sind in der Weise calculiert, daß diese von anderen Buchh. eingehalten werden können, eine Verpflichtung dazu liegt natürl. nicht ob.

Von Druckfehlerverzeichnissen bin ich ein großer Feind und gebe sie nur in erheblichen Fällen und wo es der Autor ausdrücklich verlangt. Den Abdruck der wenigen und ganz unbedeutenden Aufzeichnungen für Band 2 hatten Sie aber gewissermaßen in mein Belieben gestellt, und daraufhin habe ich geglaubt auch in Ihrem Sinne zu handeln, wenn sie unerwähnt bleiben.

Wo ich Gelegenheit finde auf Ihre Büste aufmerksam machen zu können, werde ich es nicht unterlassen.

Auf Ihre Anfrage bemerke ich Ihnen noch, daß die Preise der von mir angekündigten ausländischen Literatur so calculirt sind, daß diese von andern Buchhandlungen eingehalten werden können, eine Verpflichtung dazu liegt natürlich nicht ob.

Hochachtungsvoll empfehle ich mich Ihnen, geehrtester Herr,

ergebenst

F. A. Brockhaus.

84. Arthur Schopenhauer an F. A. Brockhaus.

Ewr Wohlgeborn

statte ich meinen Dank ab für den mir übermachten Wechsel von f 2621 — auf Gebr: Bethmann, welcher acceptirt worden ist. Dadurch ist unser diesmaliges Geschäft zu Ende geführt. Ich arbeite schon wohlgemuth an der 4ten Auflage, indem ich bereits einen kleinen Zusatz in mein durchschoßenes Exemplar geschrieben habe. Ich hoffe wirklich sie zu erleben, indem ich glaube, daß es mit dem Absatz schneller u. mit meinem Leben langsamer gehn wird, als Sie vielleicht denken.

Mit vorzüglicher Hochachtung verharre

Ihr
ergebener Diener
Arthur Schopenhauer

Frankfurt.
d. 12 Dec^r
1859.

[Adresse:] Herrn F. A. Brockhaus.
Leipzig.

[Poststempel:] Frankfurt a. M. 12 Dec 1859 1½—2

85. Arthur Schopenhauer an F. A. Brockhaus.

Ewr Wohlgeborn

glaube ich davon in Kenntniß setzen zu müßen, daß vor einigen Tagen Hr: Suchsland gekommen ist, mir eine 2te Aufl meiner „Grundprobleme der Ethik" anzutragen, da er nur noch ganz wenige Exemplare übrig hat. — Ich habe für's Erste dadurch Zeit gewonnen, daß er, ehe wir weiter reden, eine andre Verpflichtung erfüllen soll.

Es ist jetzt Zeit, daß Sie hinsichtlich einer Gesammt-Ausgabe meiner Werke einen Entschluß faßten. Hr: Dr Edward Br: sagte mir, daß Sie ernstlich darauf bedacht wären. — Nämlich einerseits will ich nicht, daß meine Ethik im Buchhandel fehle: andrerseits besorge ich, daß, wenn Suchsland sie jetzt wieder auflegt, die Gesammt-Ausgabe unmöglich wird; es wäre denn, daß er stipuliren wollte, daß ich sie dennoch machen könnte: u. selbst so würde es Ihnen nicht gelegen seyn.

Hayn hat sich noch immer nicht gemeldet: seine Auflage der Parerga kommt mir vor, wie der Oelkrug der Witwe im Evangelio. Es giebt Wunder, die natürlich zugehn.

Unter diesen Umständen bitte ich, daß Sie mir jetzt gründlich u. aufrichtig Ihre Absicht mittheilen wollen, u. verharre hochachtungsvoll

Ihr
ergebener Diener
Arthur Schopenhauer.

Frankfurt,
d. 6 Febr
1860.

[Adresse:] Herrn F. A. Brockhaus,
Leipzig.

[Poststempel:] Frankfurt a. M. 6 Feb 1860 3—3½

86. F. A. Brockhaus an Arthur Schopenhauer.

Leipzig, 7. Febr. 1860.

Ihre Mittheilung vom gestrigen Tage, geehrter Herr, ist mir zugekommen. Wie ich daraus gelesen, ist das Bedürfniß einer zweiten Auflage Ihrer „Grundprobleme der Ethik" eingetreten, und mit Bezug darauf kommen Sie auf die früher erwähnte Gesammtausgabe Ihrer Werke zurück. Wie bereits gegen Sie ausgesprochen, wäre ich sehr geneigt eine solche mit Ihnen zu machen. Allein solange noch Vorräthe Ihrer Schriften vorhanden sind, wird der Rückkauf wenn nicht geradezu unmöglich, doch sicherlich sehr schwierig sein, indem die Verleger entweder gar nicht zur Abgabe geneigt sein oder dafür sehr hohe Forderungen machen dürften.

Weil ich das Schwierige derartiger Verhandlungen kenne, habe ich daher auch bis jetzt unterlassen, diesfallsige Schritte zu thun. Auch sind dieselben in der Regel nicht schnell zu erledigen, und vorerst möchte ich Ihnen, da nach Lage der Dinge die Entscheidung Herrn Suchsland gegenüber drängt, einen andern Vorschlag machen. Mit Ihren andern Verlegern haben Sie nur für eine Auflage contrahirt, und nach deren Aufverkauf sich das weitere Verfügungsrecht vorbehalten. In weiter Ferne kann der Aufverkauf Ihrer Schriften nicht liegen, und der einfachste Modus, eine Gesammtausgabe herzustellen, wäre der, daß dieselbe jetzt mit der zweiten Auflage der „Grundprobleme" eröffnet würde und das Übrige sich nach und nach anschlösse, wie es von den Verlegern durch Aufverkauf eben frei wird und Ihnen wieder anheimfällt. Das Eine oder Andere wäre vielleicht auch auf dem Wege der Verhandlung zu erwerben, und diesfalls würde ich wenigstens kein Mittel unversucht lassen.

Überlegen Sie sich meinen Vorschlag und schließen Sie mit Herrn Suchsland jedenfalls nicht ab, bis wir uns weiter über das Unternehmen besprochen haben werden.

Ihrer gefälligen Antwort gewärtig empfehle ich mich Ihnen, geehrter Herr, hochachtungsvoll und ergebenst

F. A. Brockhaus.

87. Arthur Schopenhauer an F. A. Brockhaus.

Ewr Wohlgeborn

beabsichtigen, wenn ich Sie recht verstehe, meine Schriften einzeln zu drucken, je nachdem sie frei werden, u. dann sie zu einer Gesammtauflage zu verbinden. Allerdings wünsche ich, aus mehreren Gründen, eine Gesammtauflage, zumal da mir den einzigen Skrupel, den ich dabei hatte, Hr: Dr Edw: Br: benommen hat, durch die Versicherung, daß Sie alsdann auch die Schriften einzeln verkaufen würden. Wenn daher auch obiger Plan seine Uebelstände hat; so muß ich doch darauf eingehn, weil allerdings das Aufkaufen der Reste der Auflagen schwer u. kostspielig seyn mag. —

Die Gesammtauflage würde aus 5 Bänden bestehn: davon sind die 2 ersten (dies bleiben sie jedenfalls) bereits vorhanden: die 2 letzten würden die Parerga seyn, die denn doch wahrlich sehr bald vergriffen seyn müßen, selbst wenn der Teufel dahinter stäke. Die Schwierigkeit steckt also bloß im 3ten Bande, welcher die 4 kleineren Schriften enthalten soll, u. von dem die Ethik ungefähr ²/₅ ausmachen würde. Fangen wir mit dieser an, u. kommen die 3 andern langsam nach; so muß dennoch der Band fortlaufende Seitenzahl haben, u. demnach die 2te Schrift mit der Zahl nach der letzten Seite der Ethik anheben — ein Uebelstand!? Die kleinen Schriften können ja doch nicht so ganz einzeln zwischen dem Hauptwerk u. den Parergis, jedes für sich, herlaufen, wie die Planetoiden zwischen Jupiter u. Mars! — Ich bitte Sie, mir Ihren Plan in dieser Hinsicht mitzutheilen. Die Verlagsbedingungen würden die selben, wie bei dem Hauptwerk seyn. Wir müßten einen besondern Kontrakt darüber abschließen. Die Ethik kriegt Zusätze, jedoch nicht sehr beträchtliche. —

Nun aber steht uns noch eine ganz besondre u. seltsame Schwierigkeit im Wege, obwohl sie eigentl nur formell ist. Näml in meinem Kontrakt über die Ethik, mit Suchsland, heißt es im § 2: „das Werk bleibt in der ersten Aufl

„ausschließliches Eigenthum der H'schen Buchhandl[g], u. „Dr Sch: verspricht, bevor die erste Aufl vergriffen ist, „keine zweite erscheinen zu laßen: im entgegengesetzten Fall „muß der H'schen Buchhdlg eine Schadloshaltung v. 200 f— „vom Verfaßer geleistet werden." —

Ich habe damals unüberlegter Weise diesen § stehn laßen. Er ist 1° ungerecht, da, nach der Gerechtigkeit, ich bloß müßte die noch vorhandnen Exemplare ihm abkaufen. — 2° ist es insidiös: denn gewißermaaßen hat er mich dadurch in Händen: näml er braucht jetzt nur ein Paar Exemplare zurückzubehalten u. dann mit seiner Forderung aufzutreten. Da er es übel nehmen wird, wenn die 2te Aufl an Sie übergeht; so haben wir besagte Schikane zu gewärtigen. Es frägt sich also jetzt; wie wird ihr, mit Sicherheit, vorgebaut? — Sie werden Dies am Besten verstehn. Ich meyne, man müßte mehrere Bestellzettel, die mit „vergriffen" zurückgekommen wären, einsammeln, um sie als Schild zu gebrauchen. — Suchsland giebt seine Aßortimentshandl[g] auf, u. behält den Verlag.

Ich erwarte nun also von Ihnen die Lösung dieser Skrupel u. Bedenklichkeiten u. verbleibe hochachtungsvoll

Ihr ergebener Diener

Arthur Schopenhauer

Frankfurt,
d. 10 Febr
1860.

[Adresse:] Herrn F. A. Brockhaus.

Leipzig.

[Poststempel:] Frankfurt a. M. 10 Feb 1860 12—12½

88. F. A. Brockhaus an Arthur Schopenhauer.

Leipzig, 16. Febr. 1860.

Ihre Zuschrift vom 10. ds., geehrter Herr, ist mir zugekommen. Aus deren Inhalte habe ich ersehen, daß Sie meinem Vorschlage nicht abgeneigt sind, eine Gesammtausgabe Ihrer Schriften in der Weise herzustellen, daß die einzelnen Schriften nach und nach, wie Sie von den frühern Verlegern frei werden, angereiht werden. Ihrer früheren Angabe zufolge war die Gesammtausgabe auf 5 Bände berechnet:

I u. II, Die Welt als Wille und Vorstellung.
III u. IV, Die Parerga (Hayn)
V, Vierfache Wurzel,
Über den Willen in der Natur } (Hermann'sche B.)
Grundprobleme der Ethik,
Sehn und Farben (Hartknoch).

Band I u. II haben wir in dem Hauptwerke; Band III u. IV steht, wie Sie meinen, zur baldigen Verfügung in Aussicht, und von den kleinern Schriften des Bandes V wären zunächst nur die „Grundprobleme der Ethik" frei. Dies ist freilich ein Übelstand, doch nicht von der Bedeutung, daß er die Ausführung des Plans hindern könnte. Die „Ethik" wäre eben als erste Abtheilung des V. Bandes zu bezeichnen, und an ein unregelmäßiges Erscheinen in der Reihenfolge der Bände müßte man sich nicht stoßen. Nach Umständen könnte wol auch der V. Band in die Mitte genommen werden und als III. auftreten, während dann die „Parerga" den IV. und V. Band bilden würden. Auf diese

Weise wäre die Reihenfolge eingehalten, und vielleicht ließen sich die übrigen kleinen Schriften zur Füllung des III. Bandes nacheinander erlangen, ehe die „Parerga", bei denen Sie Schwierigkeiten fürchten, frei werden.

Ihre Aufgabe wäre es nun, sich wegen der „Ethik" von der Hermann'schen Buchhandlung loszumachen, und ich kann mir nicht denken, daß Herr Dr. Suchsland, wenn Sie ihm Ihren Plan mittheilen, Ihnen große Schwierigkeiten machen dürfte. Aus Chicane wenigstens könnte er die neue Auflage nicht hindern, wenn sich zu den noch vorhandenen Exemplaren ein Käufer findet, und der äußerste Fall wäre, daß Sie ihm die Conventionalsumme von 200 fl. zahlen müßten. Dazu wird es aber wol schwerlich kommen, und wahrscheinlich werden Sie sich mit ihm leicht verständigen und am Ende selbst die andern Sachen gleichzeitig losmachen können, da er begreiflich finden wird, daß die Gesammtausgabe nur der Verleger des Hauptwerks machen kann, diese aber, wenn sie ins Leben treten soll, auch nicht in die Länge zu ziehen ist. Sollten Ihre Verhandlungen mit Herrn Dr. Suchsland erfolgreich sein, so wären dann auch Hayn und Hartknoch anzugehen, die am Ende wol auch keine außerordentlichen Ansprüche machen dürften, umsoweniger, als nach Ihrer Meinung nicht viel Exemplare mehr vorhanden sein können.

Ich sehe weiterer Nachricht über den Erfolg Ihrer Schritte entgegen und empfehle mich Ihnen, geehrter Herr,

hochachtungsvoll und ergebenst

F. A. Brockhaus.

89. Arthur Schopenhauer an F. A. Brockhaus.

Ewr Wohlgeborn

stellen, in Ihrem werthen Schreiben, die Reihenfolge meiner Werke, in der projektirten Gesammtaufl, so auf, wie ich Sie Ihnen Anfangs angegeben hatte: dabei vergeßen Sie, daß ich, in einem gleich darauf folgenden Briefe, Ihnen geschrieben habe, daß ich, bei beßerer Ueberlegung, gefunden hatte, daß die 4 kleinen Schriften Band III ausmachen müßten, die Parerga aber Bd: 4 & 5. Diese Anordnung schlagen Sie mir jetzt selbst vor: wir sind also darüber einig: dieselbe ist nothwdg, weil die kleinen Schriften (mit Ausnahme der Farbenlehre) integrirende Theile meiner Philosophie sind, also sich an das Hauptwerk schließen; nicht aber so die Parerga, welche de omnibus rebus & quibusdam aliis handeln, mit Ausnahme einiger Kapitel in Bd: 2, welche ich unter „Paralipomena" verstanden habe. Diese 2 Bände könnten auch einzeln ausgegeben werden.

Jetzt aber kommen Sie mir wieder mit der schon vor Jahr u Tag auf das entschiedenste zurückgewiesenen Zumuthung, daß ich soll die alten Verleger abfinden, aufkaufen, 200 f an Suchsland zu zahlen riskiren, (die er unfehlbar einfordern würde) u. s. f. Ich bin demnach genöthigt, Ihnen zum 2ten Mal zu sagen, daß ich von dem Allen schlechterdings nichts thun werde, sondern eher, als Dies, den Dingen ihren natürlichen Lauf laßen will. Dergleichen sind Angelegenheiten der Verleger, u. werden diese viel leichter darüber einig. — Sie sagen, daß ich wegen Parerga Schwierigkeiten fürchtete: ich wüßte nicht: (belieben Sie die Auszüge aus meinen sämmtlichen Kontrakten nachzusehn, welche ich Ihnen vor 1½ Jahr geschickt habe): Schikaniren ließe sich vielleicht etwas dabei: man muß es überlegen. —

Was uns zunächst vorliegt ist die Ethik. Ihnen ist es ein Leichtes, die ganz wenigen Exemplare, die noch daseyn sollen, dem S. abzukaufen, als „Rest“ ausdrücklich, damit er mir nicht kommen kann. Dieselben sind alsdann verkauft, ehe wir die 2te Aufl fertig haben. Vielleicht sind sie aber gar nicht ein Mal vorhanden: denn mir wird er dies nie sagen, um mich mit seinem 200f-§ in Schach zu halten. Denn auf die 2te Aufl ist er versessen. Daher sage ich ihm nichts von unsern Unterhandlungen, sondern halte ihn hin mit einer andern Forderung, die erst befriedigt seyn soll. — Da Sie mir, falls wir zu Stande kommen, doch ein Exemplar zum Verarbeiten zu stellen haben (ich habe nichts, als mein durchschoßenes Handexemplar); so könnten Sie probiren Eines zu verschreiben u. dann falls er es nicht hat, von andern Buchhändlern noch mehr verschreiben laßen: denn hinsichtl der Ethik ist weiter nichts nöthig, als daß ich Beweise in Händen habe, daß er sie ausverkauft hat: dann sind wir fertig. Oder wollen Sie, im Kontrakt, die Gefahr der 200 f — übernehmen? da Sie solche so leicht erachten.

Ueber alles Dieses Ihrer geneigten Entschließung entgegensehend verbleibe hochachtungsvoll

Ihr
ergebener Diener
Arthur Schopenhauer

Frankfurt,
d. 18 Febr
1860.

P. S. Daß Sie Ihren Anzeigen die Frauenstädtischen Briefe

mit Belobung anhängen, scheint mir (von der Schmuggelei verpönter Artikel abgesehn) nicht ein Mal politisch: die faulen Schlingel greifen nach den Briefen, um es in Einer Nuß zu haben: sie möchten Alles wie Pillen auf ein Mal verschlucken.

[Adresse:] Herrn F. A. Brockhaus

Leipzig.

[Poststempel:] Frankfurt a. M. 19 Feb 1860

90. Arthur Schopenhauer an F. A. Brockhaus.

Ewr Wohlgeborn

erlaube ich mir, nachträglich zu meinem letzten Schreiben, noch folgende Nachricht zu ertheilen.

Hr: Suchsland war neulich wieder bei mir, wegen der 2ten Aufl der Ethik, welche, wie ich sehe, ihm sehr angelegen ist. Er sagte mir, daß er noch 32 Exemplare davon habe. Als ich ihm den bewußten insidiosen Paragraphen seines Kontrakts, mit den 200 f—, vorrückte, erbot er sich, ihn zu annulliren, welches sogleich geschah, in folgender Nachschrift auf dem Kontrakt:

„Der § 2 wird dahin modifizirt, daß nur die noch „vorhandenen Exemplare der alten Aufl nach dem „Buchhändler-netto-Preise zu vergüten sind, wenn eine „neue Aufl vom Verfaßer in einem andern Verlage „beliebt werden sollte."

Die Bearbeitung der 2ten Aufl würde ungefähr 2 Monat erfordern, der Druck etwa 2 bis 3 Monat. Bis dahin würden die 32 Exemplare wohl abgegangen seyn: wären einige übrig, so hätten Sie solche an sich zu kaufen, wozu Sie im Kontrakt sich verpflichten würden. Da wären nun alle

Schwierigkeiten so weit geebnet. Und was den § wegen der 2ten Aufl der Parerga in meinem Kontrakt mit Haine betrifft, so sagte mir Suchsland, daß derselbe ganz unbedenklich wäre u. mir volle Befugniß über die 2te Aufl ließe.

Das einzige Hinderniß, was einer Aufl meiner sämmtl Werke entgegenstände, sind die 3 kleinen Schriften, welche den 3ten Band kompletiren sollen, der doch fortlaufende Seitenzahl haben muß: — Wille in der Natur —, Vierfache Wurzel, — Sehn u. Farben. — Da steckt's!

Jedenfalls ist es Zeit, zu einem Entschluß zu kommen, damit nicht die Ethik im Buchhandel fehle: u. dazu können mir jeden Tag die Parerga über den Hals kommen, deren Bearbeitung sehr viel Zeit erfordern wird, wegen der vielen Zusätze.

Ihnen dies Alles zu bedenken gebend, bitte ich mir Ihre entschiedene Willensmeinung mitzutheilen u. bleibe hochachtungsvoll

Ihr
ergebener Diener
Arthur Schopenhauer

Frankfurt,
d. 19 März
1860.

P. S. Die Ney hat mit meiner Büste den ganzen Winter in Hannover zugebracht, u. will solche erst in Berlin abgießen laßen u. veröffentlichen. Daher die Pause.

[Adresse:] Herrn F. A. Brockhaus,
Leipzig.

[Poststempel:] Frankfurt a. M. 19 Mrz 1860 2—2½

91. F. A. Brockhaus an Arthur Schopenhauer.

Leipzig, 23. März 1860.

Ihre Mittheilungen vom 18. Febr. und 19. März, geehrter Herr, sind mir zugekommen. Ihrem in ersterer gegebenen Rathe zufolge habe ich ein Exemplar der Ethik bestellen lassen und aus dessen Eintreffen erfahren, daß das Buch allerdings noch nicht vergriffen ist. Aus Ihrem vorliegenden neuesten Briefe lese ich nun, daß Herr Suchsland den noch vorhandenen Bestand zu 32 Exemplaren angegeben, und wenn eine neue Auflage in anderm Verlage von Ihnen beschlossen werden sollte, sich damit begnügen wolle, daß ihm der Vorrath der alten Auflage zum buchhändlerischen Nettopreise abgekauft werde. Auf diese Weise hat sich die Angelegenheit ja verhältnißmäßig ganz günstig gestaltet, und möglicherweise wird sich auch mit den Verlegern der andern kleinen Schriften leicht verständigen lassen. Wollen wir denn zunächst mit der Ethik als des dritten Bandes ersten Abtheilung beginnen, und das Weitere wird sich dann wol finden. Indem ich mich bereit erkläre den Verlag der Ethik zu übernehmen, gestehe ich Ihnen, wie Sie vorgeschlagen, dieselben Bedingungen zu, und nehme für mich dagegen auch dieselben Rechte in Anspruch, wie solche gegenseitig in unserm Vertrag über die dritte Auflage von „Die Welt als Wille und Vorstellung" zusammengestellt sind. Außerdem will ich auch die Verpflichtung übernehmen, den Vorrath der alten Auflage, der zur Zeit des Erscheinens der neuen Auflage noch vorhanden sein wird, für meine Rechnung anzukaufen. Somit wären wir über die Sache einig, und es genügt wol, wenn wir unserm Vertrag über das Hauptwerk einen entsprechenden Nachtrag beifügen.

Das mir von Suchsland auf meine Bestellung gelieferte Exemplar der alten Auflage lasse ich hier beifolgen und erwarte es wieder, nachdem Sie es für die neue Auflage hergestellt haben werden. Darüber, ob Herr Suchsland schon jetzt und zwar ob durch Sie oder durch mich von unserm Übereinkommen unterrichtet werden soll, erwarte ich Ihre Nachricht.

Hochachtungsvoll empfehle ich mich Ihnen, geehrter Herr,

ergebenst

F. A. Brockhaus.

92. Arthur Schopenhauer an F. A. Brockhaus.

Ewr Wohlgeborn

sind also entschloßen, u. wir gehn ans Werk. Mir liegt an einer General-Auflage hauptsächlich deshalb viel, weil ich meine 4 kleinen Schriften in Einem Bande vereinigt wißen will. Denn alle meine Schriften erläutern sich wechselseitig u. deshalb soll man Alles lesen, was ich geschrieben habe. Gar Manchem ist es aber zu weitläufig, meine kleinen Schriften zusammenzusuchen, ja, ich weiß aus Erfahrung, daß es bisweilen nicht gelingt, wegen Unwißenheit u. Trägheit der Buchhändler. Daher wollen wir mit der Ethik den Anfang machen, als 3ten Bandes ersten Theil, in der Hoffnung daß es Ihnen gelingt, die 3 übrigen dazuzubringen.

Ueber die Bedingungen sind wir einig. Es ist hinreichend, daß Sie unter den ersten Kontrakt einen Anhang setzen, zu besagen, daß die selben Bedingungen auch von der Ethik gelten u. daß Sie die Exemplare der 1st Aufl, falls deren noch vorhanden seyn werden, an sich kaufen. Wenn Sie mir Ihren Kontrakt mit diesem Zusatz übersenden wollen, werde ich solchen auf mein Exemplar deßelben abschreiben u. Ihnen dieses unterschrieben zurückschicken, statt des Ihrigen. Ich bitte mir ja keinen Termin zu setzen, wann ich das verbeßerte Exemplar zu liefern habe: denn mein Grundsatz ist sat cito, si sat bene, u. arbeite ich bloß die 2 ersten Morgenstunden. Aber ich hoffe es in 2 Monaten, vielleicht noch früher, liefern zu können: doch kann es auch etwas länger dauern. Ich thue was ich kann.

Hrn Suchsland habe ich, als er zuletzt dawar, eröffnet, daß Sie das Projekt einer General-Aufl hätten, doch wäre es noch nicht beschloßen. Worauf er bloß sagte, daß, wenn dies nicht zu Stande käme, ich ihm die Ethik laßen möchte; worauf ich erwiderte, daß ich noch nichts versprechen könnte. Er versprach, mir nach der Ostermeße 100 f zu bezahlen, welche er, meiner Meinung nach, schon vor einigen Jahren hätte bezahlen sollen. Daher bitte ich Sie, ihm jetzt noch keine Mittheilung zu machen; da ihn solches irre machen könnte. Sobald er besagte Zahlung geleistet hat, werde ich ihm sagen, daß wir abgemacht haben u. die Ethik jetzt an Sie geht, u. werde Ihnen dieses melden.

Ihre Seiten unsrer Auflage halten beträchtl mehr, als die der ersten Aufl der Ethik: ich zweifle, daß die Zusätze hinreichen werden, dies auszugleichen.

Ein sehr ausgezeichneter Jurist u. Richter hat meinen Kontrakt mit Haine gesehn u. mir, nach gehöriger Erwägung, gesagt, daß ich über die 2te Aufl der Parerga frei disponiren könnte. — Also wäre Alles in Ordnung, sobald Sie nur die 3 kleinen Schriften in Ihre Gewalt brächten. —

Das mir gesandte Exemplar wird planirt: ich soll es Morgen wieder erhalten u. dann gehe ich sogleich an die

Arbeit. — Versteht sich, daß ich die letzte Korrektur selbst mache u. meine Orthographie u. Interpunktion heilig gehalten wird. Dem Kontrakt also entgegensehend, hochachtungsvoll

Ihr ergebener Diener
Arthur Schopenhauer

Frankfurt,
d. 28 März
1860.

[Adresse:] Herrn F. A. Brockhaus,
Leipzig.

[Poststempel:] Frankfurt a. M. 28 Mrz 1860 2—2½

93. Arthur Schopenhauer an F. A. Brockhaus.

Ewr Wohlgeborn

haben mir noch immer nicht unsern alten Kontrakt mit dem Zusatz die Ethik betreffend übersandt, damit ich den Zusatz auf meinem Exemplar deßelben vollziehe u. solches Ihnen zurücksende. Jetzt wäre es aber an der Zeit: denn ich bin mit meiner Arbeit so weit gediehen, daß ich solche über 8 Tage an Sie abgehn laßen kann. Doch muß der Kontrakt vorher in Ordnung seyn. Ich bitte auf demselben bloß zu sagen, daß von der Ethik ganz, in allen Punkten, das Selbe, wie von der 3ten Aufl gilt, bloß mit dem alleinigen Zusatz, daß Sie die Exemplare der erst Aufl, welche bei Erscheinung dieser Auflage noch daseyn werden, der Herrmannschen Buchhandl abzukaufen haben zum Buchhändler-Preis; Ich bitte ja keine andern Artikel hinzuzufügen; da, im Fall ich solche nicht genehmigte, wir einen neuen Kontrakt zu machen hätten.

Meine Zusätze zur Ethik sind stärker geworden, als ich dachte: ich glaube, daß sie wenigstens hinreichen werden, die Differenz zwischen dem neuen u. dem alten Format zu kompensiren. Wenn Sie sogleich daran gehn, kann die Ethik im August erscheinen. Bloß die Vorrede zur 2ten Aufl behalte ich mir vor, gegen Beendigung des Drucks nachzuschicken.

Ich fürchte, daß Sie, gegen meinen Wunsch, doch dem Hrn Suchsland geschrieben haben; da er nicht, versprochenermaaßen, die mir schuldige Summe mir gebracht hat.

Der ich hochachtungsvoll verbleibe

Ihr
ergebener Diener
Arthur Schopenhauer

Frankfurt,
d. 1 Juni
1860.

[Adresse:] Herrn F. A. Brockhaus.
Leipzig.

[Poststempel:] Frankfurt a. M. 1 Jun 1860 12—12½

94. F. A. Brockhaus an Arthur Schopenhauer.

Leipzig, 6. Juni 1860.

Ihre Zuschriften vom 28. März und 1. Juni, geehrter Herr, sind mir zugekommen. Aus letzterer habe ich ersehen, daß Sie mit der zweiten Auflage der „Ethik" so weit gediehen sind, um in acht Tagen das Manuscript an mich absenden zu können. Ich bin zur Empfangnahme desselben bereit und sende Ihnen, um unserer Verabredung noch den formellen Abschluß zu geben, beifolgend mein Exemplar des Vertrags, welchem der die „Ethik" betreffende Nachtrag beigefügt ist, wogegen ich Ihr Exemplar mit dem gleichen Nachtrag, von Ihnen ausgefertigt, erwarte.

Gegen Herrn Suchsland habe ich von unserm Übereinkommen nichts erwähnt, wie Sie anzunehmen schienen, und überlasse es Ihnen, ihn davon zu unterrichten.

Mit Hochachtung empfehle ich mich Ihnen, geehrter Herr,

ergebenst
F. A. Brockhaus.

95. Nachtrag zum Vertrag über die dritte Auflage der »Welt als Wille und Vorstellung«.

Die Buchhandlung Brockhaus u. Dr. Arthur Schopenhauer haben sich, unter heutigem Tage, auch über eine neue Auflage von Schopenhauer's „Grundprobleme der Ethik" geeiniget u. dafür die selben Bedingungen als geltend festgesetzt, welche im vorstehenden Vertrage über die dritte Auflage von „Die Welt als Wille u. Vorstellung" niedergeschrieben u. von den Kontrahenten acceptirt sind. —

Diejenigen Exemplare von der alten Auflage der „Ethik", welche bei dem Erscheinen der neuen Auflage etwan noch vorhanden seyn dürften, hat die Buchhandlung F. A. Brockhaus für ihre eigene Rechnung von der früheren Verlagshandlung anzukaufen.

Frankfurt a. M. u. Leipzig, d. 6. Juni 1860.

Arthur Schopenhauer

96. F. A. Brockhaus an Arthur Schopenhauer.

Leipzig, 21. Juni 1860.

Ihre Zuschrift vom 10. dieses, geehrter Herr, habe ich nebst dem ergänzten Contract und dem Manuscript zur zweiten Auflage der Ethik erhalten. Der Satz ist sofort begonnen worden, und ich sende Ihnen hierbei den ersten Revisionsbogen, dem die andern nacheinander nachfolgen werden. Dem Titel sowie den Vorreden sehe ich rechtzeitig entgegen.

Was an dem Papier der dritten Auflage von „Die Welt als Wille und Vorstellung" zu tadeln, wüßte ich nicht. Dasselbe ist ja in jeder Hinsicht gut, und ein besseres könnte ich zur Ethik nicht nehmen schon der Conformität wegen.

Gelegentlich werde ich mich nun auch an die Hermann'sche Buchhandlung wenden wegen Ankauf des Restes der ersten Auflage. Dieselbe ist doch wol von Ihnen unterrichtet, daß die zweite Auflage bei mir erscheint?

Hochachtungsvoll empfehle ich mich Ihnen, geehrter Herr,

ergebenst
F. A. Brockhaus.

97. Arthur Schopenhauer an F. A. Brockhaus.

Ewr Wohlgeborn

werden das bearbeitete Exemplar der Ethik erhalten haben, welches am 10 Juni mit einem Briefe an Sie abgegangen ist.

Ich finde jetzt noch ein Paar Kleinigkeiten nachzuholen, welche es beßer ist, nicht bis zur Korrektur aufzusparen. — Erstl: es wird durchaus zweckmäßig seyn, daß oben über den Seiten, die Titel der betreffenden Kapitel, oder respeclive §§, wie sie vorn im Inhaltsverzeichniß stehn, abgedruckt werden. Ich dächte, es könnte so seyn: auf der Seite links, in der ersten Preisschrift, überall „Freiheit des Willens“ u. auf der Seite rechts die betreffende Kapitelüberschrift. Sodann in der 2ten Preisschrift links „Fundament der Moral“, rechts die Ueberschrift des jedesmaligen Paragraphen. Das thut sehr gut u. entspricht auch den 2 ersten Bänden, d. h. der 3ten Aufl der W. a. W. u V., als wo es so gehalten ist.

Zweitens: Bei S. 203 sind ein Paar Verse des Petrarka citirt u. unten die Uebersetzung beigegeben: von dieser ist der erste Vers zu verändern: er muß lauten:

„Noch mehr, als Andre, scheint man Die zu neiden“,

Ich bitte sehr, dies sogleich zu korrigiren.

Die Vorrede zur ersten Aufl füllt 35 Seiten; die zur 2ten wird höchstens 3 Seiten einnehmen: ist sehr stark gepfeffert.

Es versteht sich, daß mir jeder Bogen zur Korrektur übersandt wird, auch wenn ein Mal nichts Neues hinzugeschrieben wäre, — was schwerlich der Fall ist. Ich expedire prompt.

Mit großem Verlangen nach dem ersten Korrekturbogen verharre hochachtungsvoll

Ihr
ergebener Diener
Arthur Schopenhauer

Frankfurt.
d. 22 Juni
1860.

[Adresse:] Herrn F. A. Brockhaus, Leipzig.

[Poststempel:] Frankfurt a. M. 22 Jun 1860 12—12½

98. F. A. Brockhaus an Arthur Schopenhauer.

Leipzig, 3. Juli 1860.

Ihre Zuschrift vom 22. Juni, geehrter Herr, habe ich erhalten, und Alles was Sie nachträglich darin bemerkt, ist in dem Manuscript zur zweiten Auflage der Ethik angebracht worden. Hinsichtlich der Columnentitel haben Sie mich auf das Inhaltsverzeichniß verwiesen. Dieses ist jedoch nicht mit bei mir eingegangen, und Sie wollen darum auf die Columnentitel achten, damit sie richtig gegeben werden. Den danach abgeänderten ersten Bogen sende ich Ihnen beikommend noch einmal zur Ansicht. Ihr Hauptwerk trägt unten links am Bogen die Norm: „Schopenhauer, Die Welt" und im vorliegenden Falle muß demnach stehen: „Schopenhauer, Ethik". Ich habe die Zeichnung gemacht, welche wohl Ihre Genehmigung finden wird.

Auf meinen Brief vom 21. Juni sehe ich Ihrer Antwort entgegen namentlich wegen der Hermann'schen Buchhandlung und empfehle mich Ihnen, geehrter Herr,

hochachtungsvoll und ergebenst

F. A. Brockhaus.

99. Arthur Schopenhauer an F. A. Brockhaus.

Ewr Wohlgeborn

schicke ich den Abdruck des ersten Bogens nicht zurück, da mir Dies überflüßig scheint. Es ist darauf eben Alles recht. — Das Inhaltsverzeichniß brauchen Sie nicht: die Ueberschrift jedes Abschnitts (in der 2ten Abhdlg jedes §) ist oben auf die Seite zu setzen; wie ja schon geschehn. Daß ich danach sehe, versteht sich: denn ich treibe es con amore. — „Ethik" unten am custos ist ganz recht.

Hrn Suchsland habe ich seit circa 3 Monat nicht gesehn. Im Laden ist er nicht mehr: der ist jetzt Diesterweg's. Ich bin sehr verdrießlich über ihn; weil er mir nicht bezahlt, was er schuldig ist. Er hatte versprochen, mir nach Ostern 100 f zu bringen, — u. ist nicht gekommen. Ich würde daher nur eine verdrießliche Konversation mit ihm haben. Ich warte ab, daß seine Schuld, die schon mehr ist, anwächst, — auf 300 f — Jedoch schon als er zum 2ten Mal dringend die neue Aufl der Ethik verlangte, habe ich ihm gesagt, daß ich ihm nichts versprechen könnte, weil Sie eine General-Auflage beabsichtigten. Daher also wird er wohl mit den 100 f nicht gekommen seyn. Das Definitive kann er so gut von Ihnen, wie von mir vernehmen: also können Sie ihm schreiben. Ich habe Ihnen die Aenderung geschrieben, die er freiwillig in seinem Kontrakt gemacht hat; in Folge welcher Sie ihm bloß seinen Rest zum Buchhändlerpreise abzunehmen haben: — damals, wie er sagte, 32 Exemplare. Ich denke, daß es in Ihrem Intereße ist, daß er Ihr Eintreten möglichst spät als gewiß erfahre; weil er bis dahin den Absatz des Restes ordentlich betreibt; was vielleicht nicht mehr geschehn wird, wenn er weiß, daß es für Sie geschieht; — jedoch hat er bis dahin den Ladenpreis.

Ich hoffe, daß heute der 4ten Korrektur-Bogen kommt, u. bin mit vieler Hochachtung

Ihr
ergebener Diener
Arthur Schopenhauer.

Frankfurt.
d. 5 July.
1860.

P. S. Die Ney ist jetzt in Berlin zurück u. läßt meine Büste abgießen; sie hat eine an mich abgesandt, die ich jeden Augenblick erwarte.

[Adresse:] Herrn F. A. Brockhaus,

Leipzig.

[Poststempel:] Frankfurt a. M. 5 Jul 1860 12—12½

100. Arthur Schopenhauer an F. A. Brockhaus.

Ewr Wohlgeborn

erhalten einliegend die beiden Vorreden. Sie haben schön u. schnell gedruckt; welches alles Lob verdient. Die Vorreden sind so wie die der 3ten Aufl, zu drucken, also mit den selben Lettern wie der Text, bloß die Zeilen etwas weiter auseinander.

Meine 10 Autor-Exemplare bitte ich gefälligst zu versenden wie folgt:

an Dr Frauenstädt in Berlin.

„ „ Otto Lindner. redac: der Voßisch Zeitung, in Berlin.

„ C. G. Bähr. im Hause des Profeßor Bähr in Dresden.

„ Dr D. Asher in Leipzig.

u. die 6 übrigen an mich hieher.

Das Honorar haben Sie die Güte, mir in einem Wechsel, nach dem bestehenden Course gefälligst zu übermachen: für Porto bei Empfang u. Abgang 1 f— Wir werden sehn, ob die Bogenzahl der ersten Aufl: gleich ausfällt. Ihre Bogen haben fürchterlich in sich gefreßen: viel mehr als ich dachte. —

Jetzt Glückauf! Noch viel mehr, als Sie, wünscht guten Absatz

Ihr ergebener Diener
Arthur Schopenhauer

Frankfurt
d. 4ten Aug: 1860.

P. S. Ich habe den 5ten Aushängebogen doppelt erhalten: lege ihn bei.

101. F. A. Brockhaus an Arthur Schopenhauer.

Leipzig, 18. August 1860.

In der Anlage sende ich Ihnen, geehrter Herr, den Titel noch einmal zur Ansicht. Es sind in der Anordnung Ihre Wünsche durchgehends berücksichtigt bis auf die Weglassung des Signets, welches Sie gestrichen hatten. Ich wünsche, daß letzteres stehen bliebe und Sie werden damit wol einverstanden sein, da es sich ja auch auf dem Titel von „Die Welt“ befindet. Jedenfalls wollen Sie den neuen Abzug mit Ihrer Approbation zurückgehen lassen, da wir mit dem Druck darauf warten.

Hochachtungsvoll und ergebenst
F. A. Brockhaus.

102. Arthur Schopenhauer an F. A. Brockhaus.

Ewr Wohlgeborn

erhalten den Titel, Ihrem Wunsch gemäß, einliegend zurück. Die Proportion der Lettern ist jetzt richtig, u. es kann so bleiben: aber das Ganze ist zusammengedrängt u. engbrüstig; woran Niemand anders Schuld ist, als der Greif, der da unten die nothwendige Person spielt, obgleich er weder schön, noch nützlich ist u. ich ihm ansehe, daß er schon manchen Titel verdorben hat. Von wegen der Uniformität mit der 3ten Aufl wollte ich, meines Theils, ihm schon Urlaub ertheilen.

Im ganzen Buch habe ich keinen Druckfehler entdeckt: Selber ist der Mann! Die letzten 1½ Bogen werde ich, vor Abgang Dieses noch durchlesen, — wenn keine Visiten aus fremden Landen dazwischen kommen. (Habe übrigens in den 3 letzten Tagen 2 Nachrichten erhalten, die einen Heiligen hochmüthig machen könnten.)

Ich hoffe, daß Sie den Ladenpreis etwas niedrig stellen werden, nur ja nicht höher, als den der ersten Aufl; — weil dies dem Absatz sehr günstig ist.

Wie ich bereits gebeten habe, werden Sie den Drbus Frauenstädt, Otto Lindner, Asher u. C. G. Bähr in Dresden, jedem ein Exemplar sicher zustellen laßen, u. die übrigen 6 mir übersenden. Eines muß an die Akad: zu Drontheim, wo ich (wie eben jetzt auch der König v. Schweden) gekrönt bin. Ich gedenke es durch Perthes Beßer & Mauk zu übersenden, die es ehemals besorgt haben; — da Sie wohl nicht mit Drontheim direkte Verbindung haben. Uebrigens bleibt Ihnen unbenommen, zu diesem offiziellen Zweck ein Extra-Exemplar zu liefern. Jedenfalls bitte mir die Aushängebogen zu kompletiren, — für einen bescheidenen Freund. Wollte ich aber allen meinen Feinden Exemplare einsenden, würde die Aufl bald vergriffen seyn.

Die Büste ist gekommen, wird in Berlin u. Wien ausgestellt: Die Ney will sich direkte an Sie wenden, u. bitte auch ich, daß Sie aus Ihren vielen Posaunen einige Stöße der Sache widmen wollen. Wenn Sie nur die Ney sähen, würden Sie sich für sie zerreißen: — ist inkomparabel!

Eine Kleinigkeit habe vernachläßigt: über der alten Vorrede, müßte stehn „Vorrede zur ersten Aufl"; welches ich nicht hinzugesetzt habe: hoffentl werden Sie dies aus eigener Inspiration gethan haben: — wo nicht, ist es auch kein Unglück.

Und somit empfiehlt sich Ihnen hochachtungsvoll

Ihr

ergebener Diener

Arthur Schopenhauer

Frankfurt

d. 20 Aug:

1860.

P. S. Ausgelesen: Keinen Fehler gefunden.

[Adresse:] Herrn F. A. Brockhaus,

Leipzig.

[Poststempel:] Frankfurt a. M. 20 Aug 1860 12—12½

103. F. A. Brockhaus an Arthur Schopenhauer.

Leipzig, 21. Septbr. 1860.

Ihre Mittheilungen vom 4. und 20. Aug., geehrter Herr, sind mir zugekommen, und ich zeige Ihnen hierdurch an, daß die zweite Auflage der „Ethik" morgen ausgegeben wird. In folge dessen habe ich jetzt an die Hermann'sche Buchhandlung geschrieben, und lasse mir den Rest der ersten Auflage ausliefern.

Von Ihren Freiexemplaren haben Sie über vier verfügt; diese würde ich bestens befördern und die übrigen sechs

Exemplare auf Velinpapier lasse ich heute mittelst Fahrpost an Sie abgehen.

Die neue Auflage füllt mit den Vorreden etc. genau 20 Bogen, welche, zu je 3 Fd'or ausgeworfen, ein Honorar von 60 Fd'or = 595 fl. ergeben. Dazu kommt noch 1 fl. an Portovergütung, und ich werde Ihnen den Betrag von 596 fl. in diesen Tagen, wo ich Gelegenheit habe an meinen dortigen Bankier zu schreiben, mit übermachen.

Unter dem Wunsche, daß sich die zweite Auflage der „Ethik" einer recht günstigen Aufnahme zu erfreuen haben möge, empfehle ich mich Ihnen, geehrter Herr,

Hochachtungsvoll und ergebenst

F. A. Brockhaus.

Der letzte Brief im Briefwechsel zwischen Arthur Schopenhauer und F. A. Brockhaus kam uneröffnet an den Absender zurück mit dem Vermerk, daß der Adressat verstorben sei: am 21. September 1860 hatte ein unerwarteter Tod den Philosophen hinweggenommen. Schopenhauer hatte gerade noch die »Beiden Grundprobleme der Ethik« in der zweiten Auflage vollendet gesehen.

Die »Welt als Wille und Vorstellung« hat mit der dritten Auflage ihren Siegeszug begonnen. Schopenhauer hatte durch ein Kodizill zu seinem Testament vom 4. Februar 1859 Frauenstädt zu seinem literarischen Erben ernannt, und ihm war nun die Aufgabe zugefallen, die Nebenwerke Schopenhauers in den Brockhausschen Verlag überzuleiten und nach den ihm vermachten Handexemplaren herauszugeben. 1862 veröffentlichte Frauenstädt im Brockhausschen Verlage Schopenhauers Übersetzung aus dem Spanischen von »Balthazar Gracian's Hand-Orakel und Kunst der Weltklugheit«, die der Verlag 1829 abgelehnt hatte. 1864 erschien die dritte Auflage der Dissertation »Über die vierfache Wurzel des

Satzes vom zureichenden Grunde«, deren zweite Auflage 1847 in Frankfurt erschienen war, 1867 die dritte Auflage der Schrift »Über den Willen in der Natur«, deren zweite Auflage 1854 bei Brockhaus gedruckt, aber bei Suchsland in Frankfurt verlegt worden war, 1870 die dritte Auflage der Abhandlung »Über das Sehen und die Farben«, deren zweite Auflage 1854 ebenfalls Brockhaus gedruckt und Hartknoch in Leipzig verlegt hatte. Dagegen mußte die zweite Auflage der »Parerga und Paralipomena« 1862 wieder bei Hayn in Berlin erscheinen, der ein gewisses vertragliches Anrecht darauf hatte, und erst 1872 konnte die dritte Auflage in den Brockhausschen Verlag übergeleitet werden. Nunmehr erst ließ sich Schopenhauers Plan einer Gesamtausgabe verwirklichen, und 1873 bis 1874 erschienen denn im Verlag von F. A. Brockhaus »Arthur Schopenhauers sämtliche Werke. Herausgegeben von Julius Frauenstädt« in 6 Bänden. Damit erlebte zugleich das Hauptwerk »Die Welt als Wille und Vorstellung« seine vierte Auflage.

Der Brockhaussche Verlag hat sich die Pflege der Schopenhauer-Literatur in der Folgezeit angelegen sein lassen. Das wichtigste aller dieser Werke war »Schopenhauers Leben« von Wilhelm Gwinner (1878), dem 1862 die kürzere Schrift »Arthur Schopenhauer aus persönlichem Umgang dargestellt« voraufgegangen war. In dieser Biographie ist Schopenhauers Persönlichkeit und die Geschichte seines äußeren Lebens als die Auswirkung dieser Persönlichkeit von einem der wenigen Menschen dargestellt, die diesem sehr einsamen Leben haben nahekommen dürfen, und eine Fügung des Schicksals hatte diesem Menschen dazu die Gabe des Schauens und Gestaltens verliehen, eine Gabe, die er schon zuvor in einem der seelenkundigsten Werke jener Epigonenzeit, seinem Roman »Diana und Endymion« bewährt hatte. Daneben erschienen auch bei Brockhaus Frauenstädts fernere Schriften, von denen das zweibändige »Schopenhauer-Lexikon« (1871), die »Lichtstrahlen aus Schopenhauers Werken« (1862) und die »Neuen Briefe über die Schopenhauer'sche Philosophie« (1876) der Schopenhauer-Literatur im engsten Sinn zuzurechnen sind. Labans »Schopenhauer-Literatur« (1880) und Hertslets »Schopenhauer-Register« (1890) schließen sich an, und zum 100. Geburtstag Schopenhauers (1888) brachte Brockhaus Eduard Grisebachs »Edita und Inedita Schopenhaueriana« heraus, die das erste Epistolarium Schopenhauers und die erste Schopenhauer-Ikonographie enthalten. Bei Brockhaus erschienen schließlich die beiden in der Fortbildung der Schopenhauerschen Philosophie bedeutungsvollsten Werke: 1883 »Willenswelt und Weltwillen« von Dr. Karl Peters, dem Eroberer von Deutsch-Ostafrika, und 1890 die (1877 zum erstenmal herausgegebenen) »Elemente der Metaphysik« von Paul Deussen.

Die sechziger und siebziger Jahre des 19. Jahrhunderts bezeichnen den Höhepunkt in der Wirksamkeit der Schopenhauerschen Philosophie. In weitem Bereiche beherrschte nun das Bewußtsein der Zeit die Schopenhauersche Metaphysik, wo in den vierziger und fünfziger Jahren der Materialismus geherrscht hatte. Freilich machte es sich jetzt geltend, daß es Schopenhauer seinerzeit nicht gelungen war, als Dozent seinen Irrationalismus im Bereiche der akademischen Studien durchzusetzen. Für die offizielle Philosophie blieb er auch nach seinem Siege der geniale Outsider, und während Friedrich Nietzsche als einziger schöpferischer Philosoph der Schopenhauer-Nachfolge die Lehre vom Willen ins Positive umbog, ist Schopenhauers Voluntarismus nur in mannigfacher systematischer Umsetzung in die Schulphilosophie eingegangen (Kuno Fischer, Wundt, Paulsen). Die Entwicklung der herrschenden Philosophie vollzog sich auf der Linie „Zurück zu Kant" und nahm im Neu-Idealismus der Wilhelminischen Periode (1870—1918) im Gegensatz zu der metaphysischen Synthese Schopenhauers jenen vorwiegend analytischen Charakter an, dessen Ergebnislosigkeit sich (der Resultatlosigkeit jener Periode gemäß) in unserer Zeit immer klarer herausgestellt hat.

Damit wird zum dritten Male seit hundert Jahren auch die Schopenhauersche Philosophie wieder zur Diskussion gestellt.

Vielleicht zeigt sich jetzt deutlicher als vor hundert Jahren, wo die Zeit über sie zur Tagesordnung hinwegging, deutlicher auch als vor siebzig Jahren, da sie bei ihr eine Zuflucht suchte, worin der Wert und worin die Grenze der Wirksamkeit dieser Philosophie beschlossen liegt: die »Welt als Wille und Vorstellung« war das Werk eines Künstlers und sollte das Werk eines Religionsschöpfers sein. In dieser Inkongruenz liegt die Bedingtheit Schopenhauers. So mag er Wegweiser zur Religion der Weltverneinung sein, als deren Künder er selbst den „siegreich Vollendeten" verehrt hat, er selbst außerhalb jenes innersten Bereiches, in dem Religion nicht nur gelehrt, sondern gelebt wird. Darum wäre nur dann der Schopenhauerschen Philosophie erneute Aktualität sicher, wenn sich das Abendland für die östliche Orientierung und für die Religiosität Buddhas entschiede. Ohne die Unerschütterlichkeit eines religiösen Willens könnte Schopenhauer den vielen Uneigentlichkeiten unserer Zeit nur eine neue Uneigentlichkeit hinzufügen.

Innerhalb der Grenzen der deutschen Kultur aber bedeutet die Schopenhauersche Philosophie, bedeutet die »Welt als Wille und Vorstellung« das eine von den drei großen Ergebnissen der deutschen Romantik. Die beiden andern sind das Drama Heinrich von Kleists und die Musik Richard Wagners.

Die Unendlichkeit war das Schicksal der Romantik, das Bedingungslose ihr letzter Wert. Alles Bedingte, Begrenzte war für sie — omnis determinatio est negatio — Entwertung und Abfall und das Bewußtsein solchen Falls in die Sünde Leid und Sehnsucht. Und dreimal hat die Romantik ihre Tragik — Tragik der Individuation — gestaltet, im Drama, im Ton und im Gedanken.

Die Tragik der Individuation gestaltet im Drama Heinrich von Kleist, und da er, wie Heine gesehen, als Romantiker ganz Plastiker ist, verdichtet er sie zu plastischen Symbolen. Aus der ursprünglichen Einheit der Natur löst sich der Mensch, dem das Bewußtsein die Unschuld geraubt, und erst das Aufgehen ins unendliche Bewußtsein hebt ihn über Wirrnis und Qual des Zwischenseins. Für klassische Zeiten wie etwa die Renaissance ist die Persönlichkeit als solche Endziel, denn die Plastik will plastische Formung des Menschen. Für die Romantik ist die Persönlichkeit nur Durchgang, Individuation, die ursprüngliche Allgemeinheit negierte und die wieder aufgehoben werden muß in einem absoluten Sein. „Das eben gibt dem romantischen Begriff von der Persönlichkeit die religiöse Weihe, daß sie, vom Unendlichen ausgegangen, wieder zurückkehren muß zum Unendlichen." Der Plastiker Kleist verdichtet Ideal zum Symbol: der Mensch soll zum Gott werden. Daß er es nicht ist, darin liegt für ihn die Tragik der Individuation. In der unendlichen Heiterkeit seines Todes hat er die Wandlung ins Absolute zu realisieren gesucht.

Im Ton hat Wagner der Tragik der Romantik Klang gegeben, sowie er sie in Gestalten vorgebildet. Im Einzelsein liegt Schuld und Leid; sie alle ersehnen das Aufgehen ins absolute Sein, der Holländer die „ew'ge Vernichtung", Wotan „das Ende", Tristan und Isolde „des Weltatems wehendes All", und Liebe vermag zu erlösen, weil sie die Individuation zerbricht. Wagner hat als Musiker den Stil der Romantik vollendet, indem er die Plastik von Melodie und Nummern-Oper durch die unendliche Melodie des sinfonischen Dramas ersetzte. Was aber bedeutet das thematische Gefüge der unendlichen Melodie? Nichts anderes als den Urgrund dieser Seinswelt, die sich in den Themen gleichsam zu bestimmten Willenstendenzen konkretisiert. Diesen mit den Gestalten der Dichtung verbundenen, durch sie charakterisierten Themen stehen aber im Gesamtgefüge der Melodie andere Themen gegenüber, die, ohne Korrelat in der Welt szenischer Erscheinung und dramatischen Willens, gleichsam einem anderen, höheren Sein angehören. Hier das ruhelose Meer des Lebens, das in den Wogen seines Sehnens aufrauscht, dort die Sonne durch Wolken, die das Meer überflutet, und den Motiven der Sehnsucht antwortet das Motiv der Erlösung.

der Welt einer in der Individuation negierten Unendlichkeit wird die Verheißung wahrer Unendlichkeit, dort „wo von fern die Götter niederschaun".

So kennt die Philosophie Schopenhauers nicht nur eine Welt des Unwerts, die Willenswelt — das A erst setzt das Non-A. Für die Heilslehre Schopenhauers gibt es, im „Jenseit aller Erkenntnis", eine Welt absoluten Wertes. Aus der Bejahung des Willens entspringt die Erscheinungswelt: wo Bejahung ist, da ist Individualität. So liegt im Willen zum Leben die Tragik der Individuation; jedes Sein-Wollen bedeutet: Nicht-das-ganze-Sein, und trägt in sich Leid und Sehnsucht der Begrenztheit. Erlösung ist das Zerbrechen der Einzelform. Wer durch Verneinung der Individuation sich selbst erlöst, wird, im Sinne der Erscheinungswelt zu Nichte, im wahren Sinne zum Gegensatz des Nichts, zu absolutem Sein.

So gab in dieser Dreiheit von Tragik und Erlösung Romantik ihr Letztes: im Drama Kleists, in der Musik Wagners und in der Philosophie Schopenhauers.

Anmerkungen

3. 20. Bacon. — 20–21. Hegel. — **4.** 1–13. Windelband »Geschichte der Neueren Philosophie« § 69: Der Irrationalismus; Joel, »Schopenhauer und die Romantik«, in »Nietzsche und die Romantik«, Jena 1905, S. 202–278. Einzelne Hinweise finden sich auch bei Theobald Ziegler »Die geistigen und socialen Strömungen des Neunzehnten Jahrhunderts«, Berlin 1899. Den Versuch, vom Zentralen der philosophischen Problemstellung her Schopenhauer in die Romantik einzuordnen, habe ich unternommen in »Schopenhauer und die Romantik, eine Skizze« im »Zehnten Jahrbuch der Schopenhauer-Gesellschaft«, 1921, S. 46–54. Ganz peripherisch bleibt die Doktor-Dissertation von Richard Tengler »Schopenhauer und die Romantik« in »Germanische Studien«, Heft 29, Berlin 1923, die, dem philosophischen Problem ausweichend, weder Windelbands Ausführungen noch meine Arbeit zu nutzen weiß. — **4.** 31–**5.** 15. Die Antithese Klassik = Formung und Romantik = Unendlichkeit habe ich zuerst 1921 grundsätzlich begründet in der obengenannten Skizze »Schopenhauer und die Romantik«, nachdem ich sie schon in einem Aufsatz »Deutsches Barock« in der Frankfurter Zeitung Nr. 149 vom 30. Mai 1914 anläßlich der Darmstädter Barock-Ausstellung aufgestellt hatte. Ich habe mich gefreut, die Antithese als „Vollendung und Unendlichkeit" in Fritz Strichs »Deutsche Klassik und Romantik«, München 1922, wiederzufinden und sie damit auch von der Seite der Literaturgeschichte her bestätigt zu sehen. — **5.** 7–8. Parmenides. — 27–33. Im Brief an seine Braut Wilhelmine von Zenge vom 22. März 1801, in »H. v. Kleists Werke« hg. von Erich Schmidt, 5. Bd., Leipzig und Wien, S. 204. Die Bedeutung dieser Briefstelle erkannte zuerst Nietzsche, der sie in seinem »Schopenhauer als Erzieher« anführt als Beispiel der notwendigerweise erschütternden Wirkung der Kantschen Philosophie. (Vgl. dazu Hanna Hellmann »Heinrich von Kleist, Darstellung des Problems«, Heidelberg 1911, S. 28 und 74.) — **6.** 22–23. Schelling. — 23–26. Die entscheidenden, bisher unbeachteten Stellen bei Rahel lauten (»Ein Buch des Andenkens für ihre Freunde«, 3. Tl., Berlin 1834, S. 40 f.): „Unser innerster Wille ist wie eine Pflanze: einfach, bestimmt: aber ohne Wurzel in der Erde; unser Geist das Bewußtsein drüber, wie eine in uns mitgegebene Sonne. . . Es ist kein leerer Ausdruck wenn wir sagen, ‚es will regnen, es will blitzen' u. s. w. Es ist, eigentlich gedacht, keine Regung möglich, als durch Willen. Wenn wir auch nicht einmal von uns selbst wissen, wie wir zum Willen kommen, zum Grundwillen alles unsern Wollens. Ein noch größeres Indiz, daß ein Urwille existirt, aus dem unser Grundwille, wie alle Willen hervorgehen. Eine einige große Musik. So verstand ich auch Friedrich Schlegel, als er in Frankfurt ganz ernst sagte, das Feuer sei ein Geist." Die Aufzeichnungen Rahels sind vom April 1821. An eine Beeinflussung durch die »Welt als Wille und Vorstellung« ist natürlich nicht zu denken. — **7.** 17. Über die Weimarer Entleihungen vgl. »Mitteilungen der Landesbibliothek zu Weimar« im »Zwölften Jahrbuch der Schopenhauer-Gesellschaft«, 1923–1925, S. 100 ff., über die Göttinger Entleihungen vgl. Grisebach »Schopenhauer«, Berlin 1897, S. 62. In Weimar hat Schopenhauer zweimal und auf längere Zeit Schellings »System des transcendentalen Idealismus« entliehen. — 18–21. Die Romantiker-Bände der Schopenhauerschen Bibliothek hat mir s. Z. Wilhelm v. Gwinner gezeigt, die »Ideen zu einer Philosophie der Natur« Herr Arthur v. Gwinner freundlichst zur Verfügung gestellt. — 23–24. Vgl. Brief vom 11. September 1854 an Frauenstädt. — 25. Vgl. Brief vom 21. Dezember 1829 an den Autor von Damirons Analysis. — 25–26. Vgl. Brief vom 22. Juni 1854 an Frauenstädt. — 32–33. Joseph Hillebrand (1788–1871) in seiner »Deutschen Nationalliteratur«, 3. Th., Hamburg und Gotha 1846, S. 249 f., und Asher in dem Aufsatz »Nochmals Schelling und Schopenhauer« in Brockhaus' »Blättern für litterarische Unterhaltung«, Jahrgang 1856, Nr. 50. Weiße hat die Schelling-Schopenhauer-Frage in einem Aufsatz über den »Kampf des Glaubens gegen den Materialismus« in der »Protestantischen Kirchenzeitung« von 1856, Nr. 36, behandelt. (Vgl. Schopenhauers Briefe an Frauenstädt vom 31. Oktober 1856 und an Asher vom 12. November und 15. Dezember 1856.) — **8.** 18–21. Vgl. meine biographische Skizze »Wilhelm v. Gwinner« im »Achten Jahrbuch der Schopenhauer-Gesellschaft«, 1919, S. 208–227. — **10.** 8–12. Aus dem (nicht erhaltenen) Brief ist eine Stelle mitgeteilt bei Wilhelm v. Gwinner »Schopenhauers Leben«, Leipzig 1910, S. 41. — 12–13. Brief Johanna Schopenhauers an Arthur Schopenhauer vom 30. Januar 1807, abgedruckt bei Schemann »Schopenhauer-Briefe«, Leipzig 1893, S. 55. — 16–19. Über Friedrich Majer (1772–1818) vgl. Schemann »Schopenhauer-Briefe«, S. 440–445. Majer, ursprünglich Jurist und Historiker, beschäftigte sich in Herderschem Geiste mit mythologischen Studien – im Hause Johanna Schopenhauers hieß er der „mythologische Majer" im Gegensatz zum „Kunst-Meyer", und Goethe nannte ihn „seinen Magier" – und sammelte kompilatorisch das ihm zugängliche Material über das indische Altertum, da er die höchsten Ziele der Religion im Indertum erreicht fand. Sein Einfluß auf Schopenhauer (mittelbar also der Einfluß Herders) ist von großer Bedeutung, weil er die einseitige Orientierung nach der griechischen Antike bei Schopenhauer verhinderte. Vgl. auch Paul Th. Hoffmann »Der indische und der deutsche Geist«, Tübinger Dissertation 1915, S. 53 ff. — 19–20. Schopenhauer hat das »Oupnekhat« vom 26. März bis 18. Mai 1814 der Weimarer Bibliothek entliehen (»Mitteilungen der Landesbibliothek zu Weimar« im »Zwölften Jahrbuch der Schopenhauer-Gesellschaft«, 1923–1925, S. 107). — **11.** 12–14. Nach der Schäferschen Photographie vom Frühjahr 1859 (vgl. darüber meine »Schopenhauer-Bilder, Grundlage einer Ikonographie«, Frankfurt a. M. 1913, S. 58 ff.). — 15–16. Zu seinen in Dresden geschriebenen Studien hat Schopenhauer 1849 am Rande vermerkt: „Diese zu Dresden in den Jahren 1814–1818 geschriebenen Bogen zeigen den Gährungsproceß meines Denkens, aus dem damals meine ganze Philosophie hervorging, sich nach und nach daraus hervorhebend, wie aus dem Morgennebel eine schöne Gegend." (Vgl. Lindner-Frauenstädt, »Arthur Schopenhauer. Von ihm. Über ihn«, Berlin 1863, S. 245.) — 17–19. Vgl. Gwinner, a. a. O., S. 115. — 20–24. Vgl. Gwinner, a. a. O., S. 117. — 25–32. Über Ruhl und sein Verhältnis zu Schopenhauer vgl. Schemann »Schopenhauer-Briefe«, S. 469–473. Schemann hatte Ruhls Nachlaß zur Durchsicht erhalten. Die äußerst lebendige Schilderung Schopenhauers findet sich als „Note" in einer phantastischen Novelle Ruhls »Eine Groteske«, Cassel 1882, S. 40–42. Ruhl hat Schopenhauer auch in Frankfurt noch öfters besucht. — 32–33. Offenbar hat Ruhl Schopenhauer vor dessen Weggang von Dresden gemalt, wo sich ja die beiden sehr nahestanden, um ein Andenken an ihn zu haben, ähnlich wie er bald danach auch Wilhelm Müller für sich malte. Die außerordentliche Ähnlichkeit dieses Porträts ist uns durch den Sohn Max Müller bezeugt, und wir dürfen die gleiche Ähnlichkeit auch für das Schopenhauer-Porträt annehmen, wie überhaupt Ruhl wegen der großen Lebensnähe seiner Porträts gerühmt wird. Durch die Hochherzigkeit des Besitzers des Porträts konnte ich dasselbe für das Schopenhauer-Archiv in Frankfurt a. M., Stadtbibliothek, erwerben, wo es sich seit Frühjahr 1926 befindet. Es ist hier zum ersten Male mechanisch reproduziert. (Eine Radierung darnach bei Schemann »Schopenhauer-Briefe«.) — **12.** 6–27. Biedenfeld hat seine Schilderung im »Morgenblatt für gebildete Leser«, 1859, Nr. 22, S. 519 ff. in Erinnerungen unter dem Titel »Aus meiner Pilgertasche« veröffentlicht. Das Wesentliche daraus ist abgedruckt bei Grisebach, »Schopenhauer«, Berlin 1897, S. 113 ff. — **13.** 16 ff. Über Friedrich Arnold Brockhaus unterrichtet das umfassende Werk seines Enkels Dr. Heinrich Eduard Brockhaus, »Friedrich Arnold Brockhaus. Sein Leben und Wirken nach Briefen und andern Aufzeichnungen geschildert«, Leipzig 1872–1881, drei Bde. — **15.** 22. Original im Verlagsarchiv. — **16.** 20. Vgl. oben 13, 13–15. — **17.** 6. Brief 1: Original im Verlagsarchiv. — **20.** 29. Das „Pier'sche Wörterbuch" und das 24, 28 angeführte „Piererſche Lexicon" ist Pierers »Anatomisch-physiologisches Realwörterbuch«, 3. Bd., Leipzig 1818, nicht etwa, wie Grisebach »Schopenhauer's Briefe«, Leipzig 1894, S. 463 offenbar meint, Pierers »Universal-Lexicon«, das erst 1822 zu erscheinen begann. — **21.** 2. 1817 hatte Friedrich Arnold Brockhaus das »Leipziger Kunstblatt insbesondere für Theater und Musik« (später »für gebildete Kunstfreunde«) begründet, angeregt durch die Eröffnung des Leipziger Stadttheaters. Indes ging die Zeitschrift schon 1818 infolge der Interesselosigkeit des Publikums ein. (Vgl. Heinrich Eduard Brockhaus, »Friedrich Arnold Brockhaus«, 2. Th., S. 222–227.) — 19. Brief 2: Original im Verlagsarchiv. Der Brief ist wohl aus Schopenhauers Nachlaß durch den Testamentsvollstrecker der Firma zurückgegeben worden. — **22.** 26. Friedrich Gustav Schilling (1766–1839) wurde von Schopenhauer wegen des „unerschöpflichen Humors" seiner Erzählungen sehr geschätzt. Friedrich August Schulze, mit seinem Schriftstellernamen Friedrich Laun (1770–1849), in der komischen und naiven Gattung der Erzählungsliteratur seiner Zeit bekannt, heute noch in dem (gemeinsam mit August Apel herausgegebenen) »Gespensterbuch« fortlebend, muß Schopenhauer nahegestanden sein; denn er half ihm bei einer Liebesaffäre, und in seinen »Memoiren« (Bunzlau 2837, 3. Th., S. 78) rechnet er „die Bekanntschaft mit dem Doktor Schopenhauer zu den erfreulichsten Ereignissen seines Lebens". (Vgl. Gwinner, a. a. O., S. 114 f., Grisebach, a. a. O., S. 115.) Beide sind mannigfach für Brockhaus tätig gewesen. — 29–30. Schopenhauer hatte den als Schulmann, Archäologen und Schriftsteller bekannt gewordenen August Böttiger, den Freund Fernows, im Hause seiner Mutter kennengelernt. Böttiger siedelte von Weimar nach Dresden über, wo er die Ritterakademie leitete und zugleich als Oberaufseher den Dresdener Altertumsmuseen vorstand. Schopenhauer hat Böttiger seine Dissertation mit einem Begleitbriefe geschickt und seinen Rat eingeholt, ehe er nach Dresden zog (Briefe vom 6. Dezember 1813 und 24. April 1814). — **23.** 1. Brief 3: Original im Verlagsarchiv. — **26.** 1. Vertrag (4): Original im Verlagsarchiv. — **28.** 1. Brief 5: Original im Verlagsarchiv. — 7. Der „geistreiche Fürst" war Herzog August von Sachsen-Gotha-Altenburg (1772—1822), der als Bewunderer Napoleons und Rheinbundfürst sein Land aus den Wirren der Zeit hielt. Er war Komponist und Dichter (»Emilianische Briefe«, »Panedone«, »Kyllenikon«), korrespondierte mit Jean Paul und hielt Goethe für einen Pedanten. — 16. Brief 6: Original unbekannt, Kopie im Verlagsarchiv. — **29.** 17. Brief 7: Original im Verlagsarchiv. — **32.** 14. Brief 8: Original im Verlagsarchiv. — **33.** 23. Brief 9: Original im Verlagsarchiv. — **35.** 11. Brief 10: Original im Verlagsarchiv. — **38.** 11–12. Noch vor dem Bruch mit Schopenhauer, also vor dem Brief vom 1. September 1818, äußerte sich Brockhaus über ihn: „Ich muß mich mit diesem Menschen sehr zusammennehmen, weil er ein wahrer Kettenhund ist." (Heinrich Eduard Brockhaus »Friedrich Arnold Brockhaus«, 2. Th., S. 359.) — **39.** 4. Brief 11: Original im Verlagsarchiv. — **40.** 13. Die Stuttgarter Druckerei A. F. Macklot gab von 1816 bis 1819 einen genauen Nachdruck des Brockhausschen »Conversations-Lexikons« in der dritten Auflage „Mit Königl. Württembergischer allergnädigster Genehmigung" heraus, da die in einem deutschen Territorium erscheinenden Werke in einem andern ohne besonderes Privileg nicht geschützt waren. Brockhaus mußte deshalb, nachdem Vergleichsversuche durch Macklot vereitelt worden waren und Macklot auch eine Neuauflage des »Conversations-Lexikons« nachzudrucken begann, gegen ihn prozessieren. Am 1. Juli 1818 veröffentlichte er in der Sache eine Broschüre: »Darf Macklot in Stuttgart mir, dem rechtmäßigen Verleger, und dem Privilegium seines eigenen Königs zum Hohn, das Conversations-Lexikon zum zweiten Mal nachdrucken?« (Vgl. über den für die weitere Entwicklung des deutschen Verlagsrechts sehr wichtigen Streit die Darstellung von Heinrich Eduard Brockhaus in »Friedrich Arnold Brockhaus«, 3. Th., S. 3–45.) — **42.** 1. Brief 12: Original im Verlagsarchiv. Es ist anzunehmen, daß Schopenhauer den Brief aufbewahrte und daß er nach seinem Tode an die Firma Brockhaus zurückgelangte. — **44.** 2. Dr. Wiesand ist vermutlich identisch mit G. F. Wiesand, von dem 1835 bei Brockhaus ein Werk »Von Aufrechterhaltung der öffentlichen Sicherheit, Ruhe und gesetzlichen Ordnung« erschien. Näheres über seine Beziehungen zu Schopenhauer ist nicht bekanntgeworden. Schopenhauer dürfte sich an ihn als Juristen gewandt haben. — 6. Brief 13: Original im Verlagsarchiv. — 25. Johann Gottlob Quandt ist 1787 in Leipzig geboren, war ursprünglich Kaufmann, widmete sich dann, auf langen Kunstreisen in Italien, der Kunstforschung und, nach der Heimat zurückgekehrt, wo er 1820 nobilitiert wurde, in Dresden und auf seinem Gute Dittersbach der Kunstförderung. Er ist unter den Dresdener Freunden Schopenhauers wohl der bedeutendste. Ein gehaltvoller Brief, den er nach der Lektüre der zweiten Auflage der »Welt als Wille und Vorstellung« an den Freund richtete (vom 19. Januar 1849), erweist ihn als Spinozisten. Er starb 1859. — **45.** 5. Brief 14: Original nicht erhalten, Kopie im Kopierbuch des Verlags. — **46.** 28. Original im Verlagsarchiv. — **47.** 4. Bar: Niebuhr ist der große Historiker Barthold Georg Niebuhr (1776–1831), von 1816 bis 1823 preußischer Gesandter bei der päpstlichen Kurie. Daß Schopenhauer in Rom zu ihm in Beziehungen stand, ist aus einem Briefe von Adele Schopenhauer an ihren Bruder (bei Gwinner, a. a. O., S. 138) bekannt; Schopenhauer muß irgendein Zerwürfnis mit Niebuhr gehabt haben; auf den Bericht davon schrieb Adele: „Niebuhr ist ein Esel, ich fand noch nicht Gelegenheit, dem Goethe die Geschichte zu erzählen." — 6. Johann Julius v. Voß (1768–1832). Voß hat zahlreiche realistische Lustspiele und Romane geschrieben, die als Abbild der Berliner Gesellschaft vor der Katastrophe von 1806 von zeitgeschichtlichem Interesse sind. Von ihm erschienen 1822 bei Brockhaus »Briefe über den Magnetismus«. — Das Werk des Bonner Professors Joseph Ennemoser (1787–1854) heißt »Der Magnetismus nach der allseitigen Beziehung seines Wesens, seiner Erscheinungen, Anwendung und Enträthselung in einer geschichtlichen Entwicklung von allen Zeiten und bei allen Völkern wissenschaftlich dargestellt«; es ist 1819 bei Brockhaus erschienen, der sich persönlich sehr für den Mesmerismus interessierte. — 8. Quandts Werk hat den Titel »Streifereien im Gebiete der Kunst auf einer Reise von Leipzig nach Italien im Jahre 1813«; es ist in drei Teilen 1819 bei Brockhaus erschienen. — **51.** 6—7. Wieder abgedruckt im »Sechsten Jahrbuch der Schopenhauer-Gesellschaft«, 1917, S. 47—81. — **53.** 7—9. Wieder abgedruckt a. a. O., S. 81—85. Der Verfasser hat sich noch nicht feststellen lassen. — 29—33. Wieder abgedruckt a. a. O., S. 89—117. Vgl. dazu Erpelt »Herbarts und Benekes Kritiken des Schopenhauerschen Hauptwerkes und ihre Aufnahmen« in »Archiv für Geschichte der Philosophie«, XXIX. Bd., Heft 4, und XXX. Bd., Heft 1, Berlin 1916 und 1917. — **54.** 1—2. Einiges aus diesem Briefwechsel wurde bereits veröffentlicht von Dr. Theodor Fritzsch in der »Zeitschrift für Philosophie und Pädagogik«, 18. Jahrg., Langensalza 1911, S. 257—265, unter dem Titel »Herbart und Schopenhauer«, darnach aufgenommen in die »Briefe von und an J. F. Herbart«, hg. von Th. Fritzsch, Langensalza 1912. — 7—8. Original nicht erhalten, Kopie im Kopierbuch des Verlags. — 18. Original im Verlagsarchiv. — 22—23. »Über die gute Sache. Gegen Herrn Professor Steffens«, erschienen im Mai 1819, gegen die im März 1819 ebenfalls bei Brockhaus erschienene Schrift von Steffens »Die gute Sache von Heinrich Steffens«. In den beiden kleinen Schriften sind in sachlicher Weise die Grundprinzipien der Philosophie beider entwickelt. — **56.** 5. Original im Besitz des Verlags Hermann Beyer und Söhne, Langensalza. — **58.** 12. Original im Verlagsarchiv. — **59.** 13—22. Der Brief findet sich in den Kopierbüchern des Verlags nicht. Er ist aber abgedruckt in der »Altpreußischen Monatsschrift«, 20. Bd., Königsberg 1883, S. 662 f. Auffällig ist, daß Brockhaus darin schreibt, er habe für die »Welt als Wille und Vorstellung« gar kein Honorar bezahlt. Daß er absichtlich Herbart eine Unwahrheit schrieb, etwa um dessen Ansprüche herunterzuschrauben, ist, abgesehen von seiner Geradsinnigkeit, schon deshalb nicht anzunehmen, weil er ja entschlossen war, das Werk von Herbart nicht zu verlegen. Eher ist anzunehmen, daß er in Übereinstimmung mit Schopenhauer das Honorar, das er „angemessen und billig" findet (vgl. o. 21, 24—25), als „kaum nennenswerth" betrachtet (vgl. o. 20, 9). — 22—27. Bei Heinrich

Eduard Brockhaus »Friedrich Arnold Brockhaus«, 2. Th., S. 359. — **60.** 1. Original im Verlagsarchiv. — **63.** 30–31. Die Vorrede ist wieder abgedruckt im »Sechsten Jahrbuch der Schopenhauer-Gesellschaft«, 1917, S. 86–89. — **64.** 16–18. Wieder abgedruckt a. a. O., S. 118–149. — **65.** 24–27. Wieder abgedruckt a. a. O., S. 149–158. — **66.** 1–3. Wieder abgedruckt a. a. O., S. 158–175. — 6–8. »Meine Lebensreise in sechs Stationen, beschrieben von Urceus«, Leipzig 1826. — **67.** 22–24. Wieder abgedruckt a. a. O., S. 175–178. — **68.** 8. Der Obstrynsee im Stift Bergen. — **69.** 4–5. Der im Original nicht erhaltene Brief bei Gwinner, a. a. O., S. 138 ff. — 8. Der Zettel enthält die Notiz: „pag. 320. 321. 440. 441. Goethe." Es sind nach der 3. Auflage (und der in der Paginierung damit übereinstimmenden Deussenschen Ausgabe) die Seiten 261 f. und 360 f. — **70.** 2–3. Heinrich v. Kleist in seinem Brief an Goethe vom 24. Januar 1808 bei der Übersendung des Penthesilea-Fragments. — 4–6. Die Deutung der Baccalaurus-Szene als Nachwirkung der Begegnung mit Schopenhauer hat zuerst K. Budich im »Zweiten Jahrbuch der Schopenhauer-Gesellschaft«, 1913, S. 9—18, mit einleuchtenden Gründen gegeben. Sie ist zur Evidenz erhoben durch Wilhelm Hertz »Die Baccalaureus-Szene in Goethes Faust« im »Jahrbuch der Goethe-Gesellschaft«, 9. Bd., Weimar 1922, S. 55–77. — 10–19. Brief an Goethe vom 7. Februar 1816. — 23–24. Im Lektionskatalog ist angekündigt: „A. Schopenhauer, Dr., Privatim senis p. hebd. diebus h. IV–V universam tradit philosophiam seu doctrinam de essentia mundi et mente humana. Die gesamte Philosophie, d. i. die Lehre vom Wesen der Welt und von dem menschlichen Geiste trägt privatim vor wöchentlich sechsmal von 4–5 Herr Dr. Schopenhauer." Daß Schopenhauer die Vorlesung wirklich gehalten, bezeugt ausdrücklich Gwinner, a. a. O., S. 192, mit dem (wohl auf eine Mitteilung Schopenhauers zurückgehenden) Hinzufügen, daß er wegen der Stoffülle die Vorlesung hatte abkürzen müssen. Ebenso bezeugt es Frauenstädt in Lindner-Frauenstädt, a. a. O., S. 361. (Auf ein Mißverständnis der Gwinnerschen Mitteilung geht die Angabe Kuno Fischers »Schopenhauer«, Heidelberg 1908, S. 61, zurück, Schopenhauer habe die Vorlesung vorzeitig beendet, weil ihm der Stoff ausgegangen sei, und er habe dadurch die Lust, Vorlesungen zu halten, verloren.) Das Manuskript der Vorlesung ist veröffentlicht von Franz Mockrauer im 9. und 10. Band der Deussenschen Schopenhauer-Ausgabe, München 1913. — 31–32.

»Geschichte der Königlichen Friedrich-Wilhelm-Universität zu Berlin«, 2. Bd. 1. Hälfte, Halle 1910, S. 305. — **71.** 28. Diese Behauptung ist objektiv unrichtig, wie Lenz aus jeder Schopenhauer-Biographie hätte ersehen können, und ohne jeden Versuch eines Beweises. — **76.** 17–18. „Sophisten seien aufgetreten, welche invita Minerva, durch unentwirrbare Wortgeflechte, mit Geräusch und Gezänke zuerst die Aufmerksamkeit ihrer Zeit ermüdet, dann vom Studium der Philosophie abgeschreckt und diese in Mißcredit gebracht hätten" (Gwinner, a. a. O., S. 168 f.). Die Stelle beweist, daß Schopenhauers Diatriben gegen Hegel keineswegs durch das Ressentiment der eigenen Erfolglosigkeit veranlaßt sind. — 22–23. Als drittes Buch kann in bedingtem Sinne aus der literarischen Produktion des Jahres 1819 noch Grimms »Deutsche Grammatik« genannt werden. — 26–29. Auf die romantische Natur der »Seligen Sehnsucht« hat Fritz Strich, a. a. O., S. 247, hingewiesen. — **77.** 7–9. Vgl. Gwinner, a. a. O., S. 280. — 12. B r i e f 1 5: Original im Verlagsarchiv. — 15–16. Friedrich Arnold Brockhaus war am 20. August 1823 gestorben. An die Spitze der Firma waren als Administratoren die beiden ältesten Söhne Friedrich und Heinrich und der Prokurist Karl Ferdinand Bochmann getreten. Aus 199, 18–19, geht hervor, daß Schopenhauer bei seinem Besuche in Leipzig vermutlich mit Bochmann verhandelt hat. — 17–19. 1825 gab Brockhaus ein Sammelwerk unter dem Titel »Bibliothek Classischer Romane und Novellen des Auslandes« heraus, von der bis 1830 zweiundzwanzig Bände erschienen, darunter Cervantes' »Don Quixote«, Goldsmiths »Landprediger von Wakefield«, Le Sages »Gil Blas«, Boccaccios »Decamerone«. — 23. Johann Joachim Christoph Bode (1730–1793) ist der bekannte Übersetzer, der u. a. Montaigne trefflich verdeutscht hat. Seine Übersetzung des »Tristram Shandy« ist Hamburg 1774 erschienen. — **78.** 11. Die Antwort von Brockhaus ist nicht erhalten; offenbar war sie ablehnend, denn der »Tristram Shandy« ist in der Sammlung nicht erschienen, auch nicht, als die Sammlung 1837 und 1838 um fünf weitere Bände vermehrt wurde. — 12. B r i e f 16: Original im Verlagsarchiv. — **79.** 17. B r i e f 17: Original im Verlagsarchiv. — 28–29. Zur Bibliographie von Gracians »Handorakel« vergleiche den vierten Anhang zu der vorzüglichen Ausgabe Mockrauers im sechsten Band der Deussenschen Schopenhauer-Ausgabe, München 1923, S. 761–765. — **80.** 2–3. Paris 1664 (oft nachgedruckt). — 6. Eine weitere deutsche

Übersetzung erschien 1687 ebenfalls in Leipzig. — 9–11. Die Wiener Ausgabe scheint nur ein Neudruck der 1731 in Frankfurt a. O. erschienenen Übersetzung von Meldenus zu sein. — 26–27. Schopenhauers Meinung ist irrig: es gibt noch deutsche Übersetzungen Altenberg 1723, Augsburg 1729, Leipzig 1786 und vor allem die Übersetzung Karl Heinrich Heydenreichs, des Spinozisten und späteren Kantianers, Professors in Leipzig, Leipzig 1803 und Reutlingen 1805. — **82.** 2. Hofrat Johann Georg Keil (1781–1857) in Leipzig, der Herausgeber Calderons, mit dem Schopenhauer seit langem befreundet war. (Er stand Passow, Schopenhauers Lehrer in Weimar, nahe und war bis 1814 Bibliothekar in Weimar, mag also Schopenhauer wohl als Studenten beraten haben.) Einige Jahre später wandte sich Schopenhauer an ihn mit der Bitte, ihm einen Verleger für die Gracian-Übersetzung zu verschaffen (Brief vom 16. April 1832), was Keil auch in der Person seines eigenen Verlegers Fr. Fleischer gelang. Die Sache zerschlug sich, weil Schopenhauer auf die Verlagsbedingungen nicht eingehen wollte. — **83.** 12–18. Die Antwort der Firma Brockhaus auf das Angebot ist nicht erhalten. Im Kopierbuch der Firma findet sich nur eine Notiz vom 21. Mai 1829 folgenden Wortlauts: „Lehne Verlagsantrag ab, und da ich auch mit andern Verlegern nicht über Ihr Anerbieten conferiren kann, so sende ich das Manuscript anbei zurück." — **84.** 1. Brief 18: Original im Verlagsarchiv. — **85.** 13. Die »Theoria colorum physiologica« erschien 1830 in Leipzig im dritten Band der von Justus Radius herausgegebenen Sammlung »Scriptores ophthalmologici minores«. — 22–24. Die Firma Brockhaus hatte von den 1828 (nach der Makulierung des größten Teils der Auflage) noch vorhandenen 150 Exemplaren abermals 97 makulieren lassen; von dem Rest waren immer noch 9 auf Lager. — 25. Brief 19: Original im Verlagsarchiv. — **91.** 16–17. In meinen »Schopenhauer-Bildern« Nr. 45, im Besitz des Schopenhauer-Archivs, Frankfurter Stadtbibliothek. Das nicht sehr gut erhaltene Bild, das zu den Inkunabeln der Daguerreotypie gehört, ist hier abgebildet. — **92.** 21–23. Aus dem Programm Wienbargs. — **94.** 24–25. Das »Buch des Andenkens« ist 1833, erweitert 1834 erschienen, »Goethes Briefwechsel mit einem Kinde« 1835. — **95.** 2–3. Vgl. dazu Quandts bedeutenden Brief vom 19. Januar 1849. — **96.** 1. Brief 20: Original im Verlagsarchiv. Der Entwurf Schopenhauers wurde von Lindner veröffentlicht in Lindner-Frauenstädt, a. a. O., S. 78–83. Im folgenden sind nur die sachlichen, nicht die rein stilistischen Abweichungen angeführt. — 8—**97**. 3. Der erste Entwurf lautet: „Die Ursache ist jedoch ganz einfach diese, daß ich nicht früher damit fertig geworden bin, obwohl ich alle jene Jahre hindurch wirklich unausgesetzt daran gearbeitet habe, indem ich fortwährend die Gedanken niederschrieb, ordnete und berichtigte, welche ich während der letzten vier Jahre in einer für das Publikum passenden Form und Vortrag zu diesem 2. Band höchst sorgfältig und con amore verarbeitet habe. — — Ich habe wirklich unter beständigem Arbeiten an diesem Bande die Schwelle des Alters erreicht; was ich freilich nicht vorhersah. Aber, was lange bestehen soll, braucht lange Zeit zum Werden und meine persönliche Wohlfahrt war nicht dabei beteiligt noch bezweckt. Was ich jetzt liefere ist die Frucht der unter stetem Denken seitdem durchlebten Jahre, der vollen Reife des Alters und der während derselben zugewachsenen Gelehrsamkeit. Der Inhalt des 1. Bandes erhält durch diesen 2. eine viel festere Begründung und viel reichere Ausführung, wodurch er selbst erst in seiner ganzen Bedeutsamkeit hervortreten wird. Die im 1. Bande im Allgemeinen dargelegten Gedanken habe ich 25 Jahre lang durchgearbeitet, an allem Vorkommenden, allem Gelesenem geprüft: in Folge davon verhält sich dieser 2. Band zum 1. wie ein ausgemaltes Bild zu einer blossen Skizze"; (Variante: „Der 1. Band war wie ich ihn im 30. Jahre hervorbringen konnte, wo zwar die Kraft und die Gedanken da sind, aber diese noch nicht durchgearbeitet und durch den Stoff eines reichen Wissens hervorgehoben sind, als welches Alles eine Lebenszeit erfordert") „er ist die Frucht eines unter stetem Denken und Studien zugebrachten Lebens und ganz entschieden das Beste was ich geschrieben habe. Auch habe ich jetzt mich viel unumwundener und entschiedener aussprechen können als im 1sten Theil, theils weil die Zeit in dieser Hinsicht freier geworden ist, theils weil mir das erreichte Alter und die mehr gesicherte Unabhängigkeit größere Festigkeit und Entschiedenheit erlaubt." — **96**. 18. Im Entwurf in der späteren Gestalt: „wo die Geisteskräfte ihre Energie verlieren." — **97**. 2. Im Entwurf: „vom Universitätswesen." — 26—27. Im Entwurf: „die bei ihrer Philosophie eigentlich nichts als ihren eigenen Nutzen gesucht haben." — 28—29. Im Entwurf: „der günstige Augenblick zur Erneuerung meines Werkes." — **98**. 2—9. Der erste Entwurf lautet: „Zu allen Zeiten hat man das traurige Schauspiel gesehen, daß das Aechte, das wirklich Werthvolle verkannt und vernachlässigt wurde, während die Scharlatanerie ihre Triumpfe feierte: das Falsche und Schlechte kulminirte. Allein ich glaube, daß meine Schrift und ihr Schicksal eines der stärksten Beispiele der Art sind. Sie werden diese Meinung meinem Dünkel zuschreiben, und werden sich irren. Ich verdenke Ihnen das übrigens nicht, weil sie hier nicht selbst urtheilen können. Allein um sich zu überzeugen, daß dem Anders ist, betrachten Sie einmal den Contrast der einzelnen Stimmen mir sämmtlich Unbekannter, die sich dann und wann haben vernehmen lassen, mit dem wohlberechneten zu ihrer Selbsterhaltung erforderten tiefen politischen Schweigen der Professoren, welches dem Bekanntwerden meiner Werke entgegensteht. Sehen Sie z. B. Jean Paul, Rosenkranz Geschichte der Kantschen Philosophie, ein Auffatz im Pilot, Mai 1841. »Jüngstes Gericht über die Hegelsche Philosophie«, – sogar in den H.'schen Jahrb., denen ich als der stärkste Verdammer der Hegelei todtverhaßt bin, in der Kritik der Krauseschen Schrift circa im Juli 1841 u. s. f. – Wenigstens könnten Sie daraus die Wahrheit muthmaaßen, daß ich nämlich Einer bin, dem großes Unrecht geschieht, worunter Sie mit gelitten haben, und daß ich es ein Mal überwinden werde." – – – „Habe ich nur erst ein paar Hundert aufmerksame und unbetheiligte Leser, so werde ich deren bald 10,000 haben." – – „Ich kann Ihnen nur sagen, daß mein Buch nicht wie die allermeisten ein bloßes Scheinbuch sondern ein wirkliches Buch, d. h. ein solches, welches bleibenden Werth hat, daher lange bestehen und viele Auflagen erleben wird, obgleich ich wohl weiß, daß Sie mir das nicht glauben werden: am Ende kann es Ihnen auch gleichgültig sein. Ihre Sache ist der Debit der nächsten Jahre, und daß der rasch gehe, kann ich Ihnen nicht garantiren; sondern nur, daß, wenn es daran fehlt, dies nicht die Schuld des Buchs, sondern des Publikums sein wird." (Dahinter gestrichen: „Schon Vater Gellert hat es gesagt und beseufzt": in bezug auf die später in den Parergis [2. Aufl., S. 490, Bd. 1] angeführte Stelle: „daß oft die allerbesten Gaben die wenigsten Bewundrer haben" u. s. w.) – – „dieser Kampf [gegen die Unempfänglichkeit usw. des Publikums] ist, wie der Sieg, bloß meiner." — 12–15. Im Entwurf: „daß ich mich schämen müßte, selbst Ihnen, dem Verleger, gegenüber solche auszusprechen, da ich weiß, daß Sie mir nicht glauben würden: und doch ist es bloß die Stumpfheit und Unfähigkeit der Zeitgenossen, deren ich mich zu schämen hätte." — 30. Im Entwurf: „die Unfähigkeit des Publikums." — **99.** 3–4. Der erste Entwurf lautet:

„Ich ..... will durchaus nicht daß Sie bei meiner Sache Schaden haben, auch nicht, wenn Sie reich sind. Ich muß den Kampf kämpfen den alle meines Gleichen zu führen hatten: Sie sollen darunter nicht leiden. Es ist meine Sache und die der Wahrheit: nicht Ihre." — 16. Danach im Entwurf gestrichen: „Diese Arbeit würde ich, während sie den 2. Band drucken, vornehmen und dann auch die Vorrede schreiben." — 17. Die Firma Brockhaus antwortete auf diesen Brief nach dem Kopierbuch am 13. Mai: Wie hoch sie auch das ihr durch den Antrag erzeigte Vertrauen zu schätzen wisse, könne sie doch selbst dann nicht darauf eingehen, wenn der Verfasser auf das Honorar verzichte, da sie mit der ersten Auflage „ein zu schlechtes Geschäft" gemacht habe. Dagegen wollte sie ihm wenigstens zwei Vorschläge machen, unter denen die Ausführung denkbar wäre: entweder er lasse die neue Auflage ganz für seine Rechnung drucken und von ihr commissionsweise debitiren, oder er trage die Hälfte der Herstellungskosten und nehme dann an dem Absatze in der Weise teil, daß das zweite, vierte, sechste usw. Hundert Exemplare, die verkauft werden, ihm für Druck und Honorar überwiesen würde, während ihr das erste, dritte, fünfte usw. Hundert zufiele. Auf die eine oder andere Art wäre allein die Ausführung des Unternehmens möglich. — 25. Brief 21: Original im Verlagsarchiv. Der Entwurf Schopenhauers wurde von Lindner veröffentlicht in Lindner-Frauenstädt, a. a. O., S. 83–85. — **100.** 11–13. Im Entwurf: „das werthloseste philosophische Geträtsch von 100 Alltagsköpfen vom Publiko bezahlt wird, da es messentlich erscheint." — 19. Im Entwurf dahinter gestrichen: „Für das Verhältnis zwischen Werth und Absatz der Werke ist das Tageblatt: die Locomotive, der Maaßstab, welcher täglich 8000 Exemplare absetzt." — **101.** 1–3. Der Satz „Denn irgend ... gekommen seyn" fehlt im Entwurf. — 20–21. Im Entwurf fehlt: „wobei das genaueste Detail zur Sprache kommt." — 27–30. Im Entwurf: „ja ich würde gar nicht daran zweifeln, wenn ich nicht vorhersähe, daß Jeder gleich fragen wird, warum Sie, als der natürliche Verleger, es nicht nehmen. — **102.** 6–12. Die Anführungen sind im Entwurf kürzer und minder genau. — 15–19. Im Entwurf: „der größte Philosoph des Zeitalters, womit eigentlich viel weniger gesagt ist, als der gute Mann denkt. Die Noth um einen Verleger kann mich zwar sehr verdrießen, aber meine Meinung von meiner Sache herabstimmen kann sie nie: dem großen Hume ..." — 28. Im Entwurf: „Das zeigt das Verhältnis zwischen Absatz und Werth der Dinge!" — **103.** 1–10. Im Entwurf: „von der Nachwelt können Sie freilich nicht leben. Daher bitte ich jetzt nochmals um Ihre Entscheidung und bin mit vollkommener...." — 17. Brief 22: Original im Verlagsarchiv. Der Entwurf Schopenhauers wurde von Lindner veröffentlicht in Lindner-Frauenstädt, a. a. O., S. 85 f. — **104.** 22. Brief 23: Original nicht erhalten, Kopie im Kopierbuch des Verlags. — **106.** 1. Brief 24: Original im Verlagsarchiv. Der Entwurf Schopenhauers wurde von Lindner veröffentlicht in Lindner-Frauenstädt, a. a. O., S. 86–90. — **107.** 5–7. Ludwig Friedrich Otto Baumgarten-Crusius (1788–1843), »Lehrbuch der christlichen Sittenlehre«, Leipzig 1826. — 15. Im Entwurf danach: „Mit der Versendung können Sie es natürlich halten wie Sie wollen." — 25. Im Entwurf danach gestrichen: „Diese sondern sich auch durch den Inhalt rein von einander, auch sind sie sogar, durch die langen Zwischenräume der Abfassung und die durch diese herbeigeführte Veränderung des Tons und Stils verschieden." — 27–29. Im Entwurf: „Übrigens bleibt das Typographische Ihnen anheim gestellt, da Sie schon selbst Ihr Interesse und Reputation" (ursprünglich: „Ihre Ehre") „dabei wahrnehmen werden. Doch will ich mir erlauben, Ihnen meine Wünsche darüber auszusprechen, zumal da solches nur die Beförderung des Absatzes bezweckt." — **108.** 8. Von Hermann Reuchlins (1810–1873) »Geschichte von Port Royal« erschien der erste Band 1839 in Hamburg bei Perthes. — **109.** 4. Danach im Entwurf: „Denn die Druckfehler der ersten Ausgabe habe ich noch nicht verschmerzt." — 18–22. Der Satz „Sodann bitte ich... am besten dazu" fehlt im Entwurf. — **110.** 10. Im Entwurf eine gestrichene Stelle: „Ich schreibe groß und weitläufig, dazu auf in der Mitte gebrochenen Bogen: daher besteht das M. S. aus 193 Bogen starken Schreibpapiers; läßt sich nicht ändern." — 21. Brief 25: Original im Verlagsarchiv. — **113.** 1. Brief 26: Original im Verlagsarchiv. — **115.** 1. Brief 27: Original unbekannt, Abschrift im Verlagsarchiv. — 23. Brief 28: Original im Verlagsarchiv. — **117.** 1. Brief 29: Original unbekannt. Der Entwurf ist veröffentlicht von Lindner in Lindner-Frauenstädt, a. a. O., S. 90–92 — **118.** 20. Brief 30: Original im Verlagsarchiv. — **120.** 8. Brief 31: Original auf der Stadtbibliothek zu Hamburg, Abdruck bei Schemann, a. a. O., S. 213 f. — **121.** 23. Brief 32: Original unbekannt, Kopie im Verlagsarchiv. — **122.** 23.

Brief 33: Original nicht erhalten, Kopie im Kopierbuch des Verlags. — **123.** 5. Brief 34: Original im Verlagsarchiv. — **125.** 26–27. »Repertorium der gesammten deutschen Literatur«, das von 1834 bis 1848 im Verlag von Brockhaus erschien (vgl. Heinrich Eduard Brockhaus »Die Firma F. A. Brockhaus«, S. 107 f.). Die Rezension der Schrift »Über den Willen in der Natur« findet sich im 9. Band, Leipzig 1836, S. 367–368, die Rezension der »beiden Grundprobleme der Ethik« im 27. Band, Leipzig 1841, S. 334–338. — 27–28. »Blätter für literarische Unterhaltung«, 1818 als »Literarisches Wochenblatt« von August v. Kotzebue gegründet, 1820 von Brockhaus übernommen und aus Zensurrücksichten alsbald »Literarisches Conversations-Blatt« genannt, von 1826 an »Blätter für literarische Unterhaltung« und als solche bis 1898 erscheinend (vgl. ebend. S. 36 f., 67 ff. usw.). Die Rezension findet sich Jahrgang 1841, Nr. 133, S. 539–540. — **126.** 4–5. Der Rezensent war Dr. Ludwig Braunfels (1810–1885), einer der geistvollsten Männer des damaligen Frankfurts, auch als Politiker hervorgetreten, vor allem bekannt durch seine meisterhafte Übertragung des »Don Quijote«. Braunfels rühmt unter Hinweis auf die »Welt als Wille und Vorstellung« die Tiefe der Auffassung und die Klarheit der Darstellung und findet, daß das Werk nicht „vornehm ignoriert werden dürfe". — 5–11. Die beiden Rezensionen sind gleichlautend mit der Chiffre „78" gezeichnet. In der Korrespondenz der Firma Brockhaus findet sich ein Brief Hartensteins vom 3. März 1841, mit dem er der Firma Brockhaus Schopenhauers »Grundprobleme der Ethik« als von ihm angezeigt zurücksendet. Danach kann also kein Zweifel sein, daß Schopenhauers Vermutung begründet war, und daß tatsächlich der Herbartianer Gustav Hartenstein (1880–1890), seit 1836 Ordinarius der Philosophie in Leipzig, die beiden Rezensionen verfaßt hat. In der ersten Rezension erklärt er, daß „ein einseitiges Paradoxen, wenn auch noch so geistreich ausgeführt und angewendet, zu keiner Zeit im Stande gewesen sei, auf die Ansichten eines Zeitalters im Ganzen einen fühlbaren Einfluß zu äußern". Auch die Originalität des Schopenhauerschen Gedankens bestreitet er unter Hinweis auf die Fichtesche Sittenlehre und auf das Schellingsche „Wollen ist Ursein". In der zweiten Rezension findet Hartenstein die Deduktion des Determinismus sehr klar, „wenn auch nicht auf eine Weise, die sich nicht auch bei andern Denkern, namentlich bei Herbart, nachweisen ließe", polemisiert aber gegen die transzendentale

Freiheit. Auch hinsichtlich der Grundlage der Moral findet er vieles „klar und treffend", „aber auch hier ist das Meiste nicht neu". In der Zurückführung auf das Mitleiden sieht Hartenstein „einen verkleideten Egoismus". In der „Ableitung ethischer Prinzipien aus metaphysischen Lehrsätzen" ergeben sich nach seiner Meinung nicht nur leicht Mißverständnisse, sondern auch die nachteiligsten Folgen für die sittlichen Grundgedanken. Die beiden Rezensionen sind nicht gerade böswillig, aber ohne jeden Qualitätssinn. — 12. »Die Grundbegriffe der ethischen Wissenschaften«, 1844 im Verlag von Brockhaus erschienen. — **127.** 2. Adele Schopenhauer war 1837 mit ihrer Mutter vom Rhein nach Jena übergesiedelt, wo Johanna Schopenhauer am 17. April 1838 starb. Adele zog indes gleich nach dem Tode der Mutter zu ihrer Freundin Sibylle Mertens-Schaafhausen in Bonn. 1844, als sie den Brief des Bruders empfing – Arthur scheint die Adresse der Schwester nicht gekannt zu haben –, weilte sie bei Ottilie v. Goethe im Goetheschen Haus in Weimar, im Begriff, mit Frau Mertens nach Italien zu gehen. Von Weimar aus schrieb sie am 16. August 1844 einen schönen Brief über die »Welt als Wille und Vorstellung« an den Bruder (bei Gwinner, a. a. O., S. 313). Im selben Jahre erschienen bei Brockhaus ihre »Haus-, Wald- und Feldmärchen«. — 23. Brief 35: Original nicht erhalten, Kopie im Kopierbuch des Verlags. — **128.** 20. Brief 36: Original im Verlagsarchiv. — **129.** 1–2. Die zweite Auflage trägt in der Tat die Bezeichnung „Zweite, durchgängig verbesserte und sehr vermehrte Auflage". — **130.** 4. Brief 37: Original nicht erhalten, Kopie im Kopierbuch des Verlags. — 26. Brief 38: Original im Verlagsarchiv. – **131.** 26. Brief 39: Original nicht erhalten, Kopie im Kopierbuch des Verlags. — **132.** 5. Brief 40: Original im Verlagsarchiv. — **133.** 1–6. Die eine Rezension der zweiten Auflage der »Welt als Wille und Vorstellung«, die Schopenhauer im Auge hat, findet sich in den »Blättern für literarische Unterhaltung«, 1845, Nr. 278–280. Ihr Verfasser ist Friedrich Köppen (1775—1858), 1804 lutherischer Prediger in Bremen, 1807 Professor der Philosophie an der Universität Landshut, 1827 nach Erlangen versetzt. Von Reinhold und Fichte ausgegangen, steht er dem ihm persönlich befreundeten F. H. Jacobi nahe, in dessen Sinn er gegen Schellings Lehre als „Philosophie des absoluten Nichts" polemisierte (1804), wie er denn jede Form des Pantheismus ablehnte. Auch die Schopenhauersche Philosophie als Pantheleismus scheint ihm nur „Namensvertauschung", und er macht aus seiner grundsätzlichen Ablehnung kein Hehl, auch wenn er im einzelnen Schopenhauer zustimmt und in Jacobischem Sinn dessen „Glauben an die Metaphysik" dem Glauben der Religion parallelisiert. Indessen beschränkt Köppen die eigene Stellungnahme auf einige wenige Schlußsätze, im erkennbaren Bestreben, der „orientalischen Maßlosigkeit" „durch irgend einen Rationalismus zu begegnen", gibt aber im übrigen nur ein trockenes Referat des ersten Bandes der »Welt als Wille und Vorstellung«. Die andere Rezension findet sich in dem ebenfalls bei Brockhaus erscheinenden »Leipziger Repertorium der deutschen und ausländischen Literatur« (früher »Repertorium der gesammten deutschen Literatur«), 2. Jahrgang, 3. Bd., Leipzig 1844, S. 91–93. Der anonyme Referent begnügt sich im wesentlichen damit, Stellen aus Schopenhauers Vorrede abzudrucken, wobei er in überaus hämischer Weise auf Schopenhauers Polemik gegen die Philosophieprofessoren hinweist, „damit Die, welche es angeht, in sich gehen mögen". Dabei wirft er Schopenhauer vor, daß er die „so sorgfältige und genaue Kritik" Herbarts nicht beachtet habe, und schließt: „ein Selbstgefühl, welches mit Leidenschaftlichkeit die Erniedrigung Anderer zu seinem Piedestal macht, ist widerlich." Der Ton des Ganzen und eine mit der Rezension des »Willens in der Natur« von 1836 fast wörtlich übereinstimmende Stelle lassen keinen Zweifel daran, daß auch diese Rezension Hartenstein zum Verfasser hat. — 7–8. »Schopenhauer in seiner Wahrheit, mit einem Anhange über das praktische Recht und die Dialektik des ethischen und des Rechtsbegriffs«, Magdeburg 1845. Die Rezension findet sich in den »Blättern für literarische Unterhaltung«, 1846, Nr. 157–158. Ihr Verfasser ist der Geh. Justizrat Maxim. Karl Friedr. Wilh. Grävell (1781–1860), als Verwaltungsbeamter um seines Rechtsinnes und seiner Freimütigkeit willen in mannigfachen Fehden mit seinen Behörden, als juristischer Schriftsteller auf dem Gebiete des preußischen Rechtes von eigenen Ideen, 1848 Mitglied der Nationalversammlung, auch freimaurerisch interessiert. Seine Rezension der Dorguthschen Schrift scheint ohne unmittelbare Kenntnis der Schopenhauerschen Philosophie selbst geschrieben zu sein; die Ausführungen bewegen sich zum Teil auf juristischem Gebiete. — 23. Brief 41: Original nicht erhalten, Kopie im Kopierbuch des Verlags. — **137.** 5–9. Fortlage hat später im gleichen Sinne eine Würdigung Schopenhauers gegeben in seiner »Genetischen Geschichte der Philosophie seit Kant«, Leipzig, F. A. Brockhaus 1852,

S. 407–423. — **140.** 19–21. Über die beiden Rezensionen in den Brockhausschen Blättern, dem »Leipziger Repertorium« und den »Blättern für literarische Unterhaltung« vgl. 133, 1–6, und die Anm. dazu. — **141.** 25–28. Am 26. März 1857 schreibt Bunsen an Schopenhauer, die alten Beziehungen wieder aufnehmend: „... Daß ich auch, von meinem Standpunkte, der Philisterei, Heuchelei, Pfäfferei und aufgeblasenen Professoren-Mittelmäßigkeit den Krieg erklärt," womit er seine an E. M. Arndt gerichteten »Zeichen der Zeit«, die im Brockhausschen Verlag 1855 erschienen, und seinen Kampf gegen die „jüdisch-scholastisch-pietistisch-lutheranische Weltanschauung" meint. Schopenhauer stimmt in seiner Antwort vom 28. März 1857 Bunsen bei: „wenn Sie, zu meinem Ergötzen, den Tartuffes auf den Kamm geben", wie er denn schon drei Jahre zuvor schrieb: „Eben habe ich den neuen Band der Rechtslehre von Stahl durchblättert. Mit welcher Frechheit so ein Tartüffe die Jugend zu belügen sucht!" (Brief an Frauenstädt vom 11. Mai 1854.) — **142.** 17. Brief 42: Original im Verlagsarchiv. — **145.** 24. Brief 43: Original nicht erhalten, Kopie im Kopierbuch des Verlags. — **146.** 17. Brief 44: Original im Verlagsarchiv. — **147.** 21. Brief 45: Original nicht erhalten, Kopie im Kopierbuch des Verlags. — **148.** 4. Brief 46: Original im Verlagsarchiv. — 20. F. E. Suchsland ist der Inhaber der Joh. Christ. Hermannschen Buchhandlung in Frankfurt, bei der Schopenhauers »Willen in der Natur« 1836 und 1854, seine »beiden Grundprobleme der Ethik« 1841 und die zweite Auflage des »Satzes vom zureichenden Grunde« 1847 erschienen ist. — **149.** 21. Brief 47: Original nicht erhalten, Kopie im Kopierbuch des Verlags. — **150.** 8. Brief 48: Original im Verlagsarchiv. — **151.** 22. Brief 49: Original nicht erhalten, Kopie im Kopierbuch des Verlags. — **152.** 19. Brief 50: Original im Verlagsarchiv. — **153.** 16. Brief 51: Original nicht erhalten, Kopie im Kopierbuch des Verlagsarchivs. — **160.** 3–4. Wieder abgedruckt im »Zwölften Jahrbuch der Schopenhauer-Gesellschaft«, 1923–1925, S. 115–134. — 8. 1849 hatten Brockhaus' »Blätter für literarische Unterhaltung«, Nr. 277–281, unter dem Titel »Stimmen über Schopenhauer« eine über fünf Nummern sich erstreckende Zusammenstellung alles dessen, was bis dahin über Schopenhauer erschienen war, gebracht. Der Autor, der hinter der Chiffre „46" steht, war Frauenstädt. 1852 folgte dann in der gleichen Zeitschrift,

Nr. 9, die große Anzeige Frauenstädts der »Parerga und Paralipomena«. — 10. Brief 52: Original nicht erhalten, Kopie im Kopierbuch des Verlags. — 12–14. Die Stelle findet sich in dieser Form in keinem früheren Schopenhauer-Briefe. Gedacht ist wohl an Äußerungen wie 85, 1–8, 98, 2–10, 99, 7–9, 106, 10–12. — **161.** 12. Brief 53: Original im Verlagsarchiv. — **164.** 26. Brief 54: Original im Verlagsarchiv. — **165.** 22. Brief 55: Original nicht erhalten, Kopie im Kopierbuch des Verlags. — **166.** 18. Brief 56: Original nicht erhalten, Kopie im Kopierbuch des Verlags. — **169.** 18. Brief 57: Original im Verlagsarchiv. — **173.** 21. Brief 58: Original im Verlagsarchiv. — **175.** 12. Brief 59: Original nicht erhalten, Kopie im Kopierbuch des Verlags. — **176.** 3–7. Vgl. o. 95, 8–31 und u. 198, 9–14. — **179.** 1. Brief 60: Original im Verlagsarchiv. — 27–28. Oskar von Wächter (1825–1902), »Das Verlagsrecht mit Einschluß der Lehren von dem Verlagsvertrag und Nachdruck«, Stuttgart 1857–1858. — **181.** 19. Brief 61: Original nicht erhalten, Kopie im Kopierbuch des Verlags. — 20. Das Datum ist nicht ganz gesichert. — **184.** 14. Brief 62: Original im Verlagsarchiv. — **185.** 27. „Guter Wein braucht keinen Kranz", d. h. Zeichen, daß ausgeschenkt wird. — **186.** 17. Brief 63: Original nicht erhalten, Kopie im Kopierbuch des Verlags. — **187.** 17. Vertrag (64): Original im Verlagsarchiv. — **189.** 20. Brief 65: Original nicht bekannt, Kopie im Verlagsarchiv. — **190.** 19. Brief 66: Original nicht erhalten, Kopie im Kopierbuch des Verlags. — **191.** 15. Brief 67: Original im Verlagsarchiv. — **192.** 22. »Arthur Schopenhauer als Interpret des Goethe'schen Faust. Ein Erläuterungsversuch des ersten Theils der Tragödie«, Leipzig, Arnoldische Buchhandlung, 1859. — **193.** 1. Brief 68: Original nicht erhalten, Kopie im Kopierbuch des Verlags. — 11. Brief 69: Original im Verlagsarchiv. — **195.** 1. Brief 70: Original im Verlagsarchiv. — **196.** 17. Brief 71: Original nicht erhalten, Kopie im Kopierbuch des Verlags. — **197.** 8. Brief 72: Original nicht erhalten, Kopie im Kopierbuch des Verlags. — 25. Brief 73: Original nicht erhalten, Kopie im Kopierbuch des Verlags. — **198.** 9–10. Vgl. o. 95, 8–31. — 23–24. Der Bericht ist nach den Aufzeichnungen von Dr. Eduard Brockhaus abgedruckt in »Berühmte Autoren des Verlags F. A. Brockhaus«, Leipzig 1914, S. 3f. — 27–28. Schopenhauer wohnte damals im Hause Schöne Aussicht 17, in das er am 1. Juli 1859 vom Hause Schöne Aussicht 16 aus umgezogen war. — 28–29. Bunsens »Vollständiges Bibelwerk für die Gemeinde« erschien in 9 Bänden im Brockhausschen Verlag von 1858 bis 1870. — **199.** 2. Margarethe Schnepp. Ihr Bildnis bewahrt (als Leihgabe von Justizrat Dr. Wurzmann) das Schopenhauer-Archiv in Frankfurt, Stadtbibliothek. — **200.** 1–5. In den Herbartianern Moritz Wilhelm Drobisch (1802–1896) und Gustav Hartenstein (1808–1890), beide in Leipzig, sah Schopenhauer nach deren Stellungnahme zu seiner Philosophie im »Zentralblatt« und im »Leipziger Repertorium« seine erklärten Feinde (Brief an Becker vom 20. Januar 1856, an Frauenstädt vom 31. Januar 1856). Christian Hermann Weiße (1801–1866) in Leipzig ist von Hegel ausgegangen, hat aber vom theistischen Standpunkt der Schellingschen positiven Philosophie sich gegen den pantheistischen Idealismus Hegels gekehrt. Er war Lotzes Lehrer. Weiße, der heute nur noch in den Anmerkungen der Schopenhauer-Literatur fortlebt, hatte 1855 Schopenhauers Bekanntschaft zu machen versucht, war aber abgewiesen worden (Brief an Frauenstädt vom 23. September 1855); er hat die Leipziger Preisaufgabe über die Schopenhauersche Philosophie gestellt, bei der zu Schopenhauers Verdruß der Gegner seiner Philosophie, Seydel, den Preis erhielt statt der Lösung Bährs. Eduard Maximilian Röth (1807–1858) war Professor für Philosophie und Sanskrit in Heidelberg; Jakob Henle (1809–1885) ist der bekannte Anatom und Physiologe, von 1844 bis 1852 ebenfalls in Heidelberg. Eine weitere Stellungnahme Schopenhauers zu ihnen ist nicht bekannt geworden. Karl Alexander Freiherr von Reichlin-Meldegg (1801–1877) war ebenfalls Professor der Philosophie in Heidelberg; Schopenhauer nennt ihn einen „höchst unwissenden Menschen" und setzt sich mit ihm in einem Brief an Frauenstädt (vom 21. August 1852) auseinander. Der Hegelianer Karl Ludwig Michelet (1801–1893) hatte in Fichtes »Zeitschrift für Philosophie«, XXVII, 1855, S. 34–59 und 227–249, einen Vortrag über Schopenhauer, den er am 30. Dezember 1854 gehalten hatte, veröffentlicht, den der darin Dargestellte eine „Sauerei" nennt (Brief an Frauenstädt vom 23. Dezember 1855). — **201.** 1. Brief 74: Original im Verlagsarchiv. — 20–21. Bürger im Gedicht »An Göckingk«:

„Bedenk Er nur, wie schön das ist!
Verleger, wohlgezogen,
Bezahlen oft zu dieser Frist
Mit Louisdor den Bogen.

Wächst nun im zehnten sauern Jahr
Zehn Bogen stark Sein Bändchen,
So schnappt Er ja ein Trankgeld bar
Zehn Blinde ohne Rändchen." —

26—28. Gutsbesitzer Wiesike auf Plauenhof in der Mark Brandenburg hatte Schopenhauer zu seinem 70. Geburtstag (22. Februar 1858) einen silbernen Pokal übersandt mit der Inschrift: „Nur die Wahrheit hält Stich: Sie allein beharrt: Sie ist der unzerstörbare Diamant." (Vgl. Brief vom 1. März 1858 an Frauenstädt.) — **202.** 20—22. Der fingierte Druckfehler bezieht sich auf Seite 329, Zeile 17 v. u., des ersten Bandes (in der 3. Auflage wie in der Deussenschen Ausgabe). Die Verbesserung lautet: „ist nach ‚Worte' einzufügen: verstehe also nicht simile, sondern idem." — **203.** 3. Elisabeth Ney ist am 26. Januar 1833 in Münster als Tochter des Bildhauers Joan Adam Ney geboren. Als Großnichte des (aus Saarlouis stammenden) Marschalls Ney hat sie selbst sich bezeichnet. Sie studierte 1853—1855 an der Münchner Akademie, darnach in Berlin bei Rauch, wo Gottfried Keller sie sah und liebte. Sie führte nach Rauchs Tod (1857) eine Reihe von Porträtaufträgen aus, die der Meister nicht hatte ausführen können, so von Humboldt, Jakob Grimm, Varnhagen, Mitscherlich. 1859 modellierte sie König Georg V. von Hannover und darnach die Königin Victoria von England, auch Bismarck. Von 1859—1862 lebte sie in Münster, im Umgang mit Levin Schücking, der auch über sie schrieb. Für den Sitzungssaal des Ständehauses von Münster modellierte sie acht Bildsäulen. 1863 ging sie nach Frankreich, Spanien, Ägypten, Griechenland, Italien, wo sie Garibaldi und Pius IX. modellierte, und ließ sich dann in München nieder. Hier fertigte sie eine Büste Ludwigs II. (1870). 1871 siedelte sie mit Professor Dr. med. Edward Montgomery nach Amerika über, wo sie sich, hochangesehen, in Austin in Texas niederließ, in Gewissensehe mit Montgomery verbunden. (Sie hat den ungewöhnlich schönen Mann auch modelliert, von welchem Werk ich einen Abguß besitze.) Aus jener Verbindung ist ein Sohn hervorgegangen. Wiederholt besuchte sie Europa, so 1896 und 1903—1904. Ende Juni 1907 starb sie zu Austin und wurde am 1. Juli mit hohen Ehren bestattet. Sie ist ohne Frage die bedeutendste Bildhauerin des 19. Jahrhunderts und eine der bedeutendsten Frauen und Künstlerinnen ihrer Zeit. (Eine Monographie über sie wäre sehr erwünscht; die Literatur über sie beschränkt sich, abgesehen von dem Aufsatz Levin Schückings in der »Leipziger Illustrierten Zeitung« vom 20. Dezember 1862, auf einen Aufsatz von Alfred Freiherrn Mensi v. Klarbach in »Velhagen und Klasings Monatsheften«, 37. Jahrg., Bielefeld 1923, Heft 7, abgedruckt in »Vor und hinter den Kulissen der Welt- und Kunstgeschichte«, München 1925, und auf ein aufschlußreiches Feuilleton, das Eugen Müller in Münster 1925 im Stadtblatt der »Frankfurter Zeitung« veröffentlicht hat. — 7–9. Anglibert Goebel (1821–1882) hat Schopenhauer im Herbst 1859 gemalt (das Porträt gehört jetzt der Casseler Gemäldegalerie, vgl. meine »Schopenhauer-Bilder« Nr. 34). Er hat es gleich darnach radiert (ebenda Nr. 35). — 18. Brief 75: Original nicht erhalten, Kopie im Kopierbuch des Verlags. — **204**. 15. Brief 76: Original nicht erhalten, Kopie im Kopierbuch des Verlags. — **205**. 9. Brief 77: Original im Verlagsarchiv. — 26–27. Schopenhauer hatte sich im Weiterschreiben in der Seite geirrt. — **206**. 26. Brief 78: Original nicht erhalten, Kopie im Kopierbuch des Verlags. — **207**. 24. Brief 79: Original im Verlagsarchiv. — **209**. 11. Brief 80: Original im Verlagsarchiv. — 25. Brief 81: Original nicht erhalten, Kopie im Kopierbuch des Verlags. — **211**. 1. Brockhaus hatte 1837 die »Leipziger Allgemeine Zeitung«, seit 1843 »Deutsche Allgemeine Zeitung« ins Leben gerufen, die bis 1879 erschien. — 10. Brief 82: Original im Verlagsarchiv. — **212**. 17. »Blätter für literarische Unterhaltung« (ursprünglich, 1820, »Literarisches Conversations-Blatt«), von 1826 bis 1898. — 18. »Deutsches Museum. Zeitschrift für Literatur, Kunst und öffentlichen Leben«, begründet 1851 von Robert Prutz, 1853 im Verlag von Brockhaus, bis 1865 von Prutz allein, 1866 und 1867 von diesem zusammen mit Karl Frenzel herausgegeben. — **213**. 14. Brief 83: Original nicht erhalten, Kopie im Kopierbuch des Verlags. — **214**. 19. Brief 84: Original im Verlagsarchiv. — **215**. 13. Brief 85: Original im Verlagsarchiv. — **216**. 2–3. Schopenhauer irrt bei dieser Anspielung: der Ölkrug der Witwe findet sich nicht „im Evangelio", sondern als ein Wunder Elisas 2. Buch der Könige 4, 1–7. — 16. Brief 86: Original nicht erhalten, Kopie im Kopierbuch des Verlags. — **217**. 24. Brief 87: Original im Verlagsarchiv. — **220**. 1. Brief 88: Original nicht erhalten, Kopie im Kopierbuch des Verlags. — **222.** 1. Brief 89: Original im Verlagsarchiv. — **223.** 30. Frauenstädts »Briefe über die Schopenhauer'sche Philosophie« waren 1854 im Brockhausschen Verlag erschienen. — **224.** 9. Brief 90: Original im Verlagsarchiv. — **226.** 1. Brief 91: Original nicht erhalten, Kopie im Kopierbuch des Verlags. — **227.** 11. Brief 92: Original im Verlagsarchiv. —**228.** 24–27. Vermutlich Wilhelm v. Gwinner. An August Becker kann nicht gedacht werden, weil aus den beiden letzten Briefen Schopenhauers an ihn (vom 18. Januar 1860 und 26. Juli 1860) hervorgeht, daß Schopenhauer ihn in den letzten Jahren seines Lebens nicht mehr gesehen hat. — **229.** 13. Brief 93: Original im Verlagsarchiv. — **230.** 21. Brief 94: Original nicht erhalten, Kopie im Kopierbuch des Verlags. — **231.** 12. Nachtrag zum Vertrag (95): Original auf dem Vertrag (64) im Verlagsarchiv. — **232.** 1. Brief 96: Original nicht erhalten, Kopie im Kopierbuch des Verlags. — 21. Brief 97: Original im Verlagsarchiv. — **234.** 1. Brief 98: Original nicht erhalten, Kopie im Kopierbuch des Verlags. — 21. Brief 99: Original im Verlagsarchiv. — **236.** 1–2. Der Abguß, den Schopenhauer besaß, befindet sich im Schopenhauer-Archiv in Frankfurt, Stadtbibliothek. — 6. Brief 100: Original im Verlagsarchiv. — **237.** 9. Brief 101: Original nicht erhalten, Kopie im Kopierbuch des Verlags. — 22. Brief 102: Original im Verlagsarchiv. — **238.** 19–20. Karl XV., seit Herbst 1857 Regent, seit 8. Juli 1859 König von Schweden. — 25—26. Vielleicht der Frankfurter August Kilzer, „ein ältlicher, sehr litterarischer, ja halb gelehrter Commis eines großen Hauses" (vgl. Brief an Frauenstädt vom 10. Juni 1852). — **239.** 19. Brief 103: Original im Verlagsarchiv. — **240.** 21–23. In Schopenhauers Testament vom 26. Juni 1852, das im Original im Schopenhauer-Archiv in Frankfurt, Stadtbibliothek, sich befindet, heißt es: „Nachträglich vermache ich noch dem bereits oben sub: N° VI bedachten Dr J. Frauenstädt das Verlagsrecht zu allen ferneren Auflagen aller meiner Schriften; da auf daßelbe alle meine Verleger in ihren Kontrakten förmlich verzichtet haben." — **243.** 26–27. Der metaphysische Untergrund im Leben und Schaffen Heinrich v. Kleists wurde aufgewiesen von Hanna Hellmann (»Heinrich von Kleist, das Problem seines Lebens und seiner Dichtung, ein Versuch«, Heidelberg 1908, und »Heinrich von Kleist, Darstellung des Problems«, Heidelberg 1911). Hier ist in Kleists Schrift »Über das Marionettentheater« – für die Kleist-

Forschung bis dahin ein „feinsinniger Beitrag zur romantischen Ästhetik" (Erich Schmidt) – Rune und Symbol für Kleist nachgewiesen; damit wurde die Möglichkeit gewonnen, die Gesetzmäßigkeit im Gestalten und in der Lebensführung Kleists aufzuweisen, die tragische Grunderfahrung und die innere metaphysische Notwendigkeit des Todes für seine Dichtung und für sein eigenes Leben zu verstehen und darin Kleist zugleich der Romantik einzuordnen. Die neuere Kleist-Literatur hat, indem sie das Ergebnis dieser Arbeit übernahm und damit die zentrale Stelle der Symbolik des »Marionettentheaters« für Kleists Schaffen anerkannte, nur ausgearbeitet, was sie in allem Wesentlichen in jener grundlegenden Untersuchung vorfand (Walzel, Hart, Witkop, Ermatinger, Unger, Braig). — 27. „Er ist ganz Romantiker, will nur das Romantische geben und gibt dieses durch lauter plastische Gestalten, so daß er wieder äußerlich ganz Plastiker ist." (Brief Heines an Merckel.) — **244.** 4–7. Hanna Hellmann, a. a. O., S. 26. — 32–33. Kleists »Penthesilea«. — **245.** 3–4. Vgl. den Schluß des ersten Bandes der »Welt als Wille und Vorstellung«.

Register.

(Die gesperrt gedruckten Namen und Nummern bedeuten die Anführungen Schopenhauers, die übrigen die Anführungen des Zwischentextes oder der Anmerkungen.)

H.

I.

J.

K.

L.

M.

Abbildungen.

Inhalt.

www.ingramcontent.com/pod-product-compliance
Lightning Source LLC
Chambersburg PA
CBHW070809300426
44111CB00014B/2460
9783863474201